The Hacker's Guide to Scaling Python Programming

실전 스케일링 파이썬 프로그래밍

The Hacker's Guide to Scaling Python

by Julien Danjou

실전 스케일링 파이썬 프로그래밍

초판 1쇄 발행 2018년 8월 18일 **지은이** 줄리안 단주 **옮긴이** 김현욱 **펴낸이** 한기성 **펴낸곳** 인사이트 **편집** 송우일 **제작·관리** 박미경 **표지·본문출력** 현문인쇄 **용지** 월드페이퍼 **인쇄** 현문인쇄 **후가공** 이지앤비 **제본** 자현제책 **등록번호** 제10-2313호 **등록일자** 2002년 2월 19일 **주소** 서울시 마포구 잔다리로 119 석우빌딩 3층 **전화** 02-322-5143 **팩스** 02-3143-5579 **블로그** http://blog.insightbook.co.kr **이메일** insight@insightbook.co.kr **ISBN** 978-89-6626-226-7 책값은 뒤표지에 있습니다. 잘못 만들어진 책은 바꾸어 드립니다. 이 책의 정오표는 http://insightbook.co.kr/에서 확인하실 수 있습니다. 이 도서의 국립중앙도서관 출판예정도서목록(CIP)은 서지정보유통지원시스템 홈페이지(http://seoji.nl.go.kr)와 국가자료공동목록시스템(http://www.nl.go.kr/kolisnet)에서 이용하실 수 있습니다.(CIP제어번호: CIP2018025129)

프로그래밍인사이트

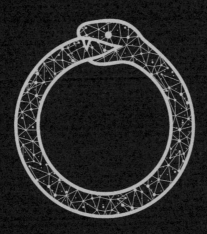

실전 스케일링
파이썬 프로그래밍

줄리안 단주 지음 | 김현욱 옮김

인사이트
insight

차례

13장 성능 205

옮긴이의 글

파이썬의 인기는 해가 갈수록 높아지고 있습니다. 2018년 스택오버플로의 설문 결과에 따르면, 파이썬은 '가장 사랑하는(loved) 언어'에서 러스트(Rust), 코틀린(Kotlin)에 이어 3위를 차지했고, '가장 바라는(wanted) 언어'에서는 자바스크립트(!)마저 누르고 1위에 오르기도 했습니다.

이런 높은 인기와 더불어 빠른 학습 속도, 개발 속도라는 장점에도 불구하고 정작 파이썬 애플리케이션의 느린 속도는 안타깝게도 많은 개발자들이 파이썬 선택을 주저하게 만드는 요인이 되고 있습니다. 파이썬이 동적 언어이기도 하고, 또 언어별 벤치마크 자료를 봐도 확실히 틀린 말은 아닙니다.

그런데 이 책을 구입했거나 구입하기 위해 책장을 넘기고 있는 독자들이라면 월간 활성 사용자 8억 명의 인스타그램, 월간 방문자 5억 명의 레딧(Reddit) 서비스의 백엔드에 파이썬이 사용된다는 사실도 들어 봤을 겁니다. 또한 구글, 페이스북, 넷플릭스에서도 중요 백엔드에 파이썬이 사용되고 있습니다. 정말로 느린 속도가 문제고 서비스에 심각한 영향을 미친다면 이들이 파이썬을 사용할 이유가 있을까요?

이렇게 보면 속도 때문에 파이썬을 선택하기 힘들다는 말은 합당한 이유가 아닌 것 같습니다. 그렇다면 느린 속도를 보완하고 그들만큼 뛰어난 파이썬 애플리케이션은 어떻게 만들 수 있을까요? 이 책은 분산과 확장을 통해 파이썬 애플리케이션의 성능을 향상시키는 방법을 알려 줍니다.

책의 지은이인 줄리안 단주(Julien Danjou)는 레드햇의 소프트웨어 엔지니어로 일하고 있으며, 오픈스택의 주요 기여자로서 활동 중입니다. 그동안의 풍부한 실전 경험을 바탕으로 명료한 설명과 적절한 예제를 이 책에 담아냈습니다. 이 책을 읽고 나면 파이썬의 분산 및 확장 방법, 속도 향상, 프로파일링에 대한 소중한 지침을 얻을 수 있습니다.

책에 있는 모든 예제는 파이썬 3.5 이상에서 확인했으며, https://github.com/surinkim/scaling_python_kor에서 코드를 받을 수 있습니다. 여러 번 검토했지만 잘못된 내용이 있다면 nnhope@hotmail.com이나 corecode.pe.kr 도서 페이지에 남겨 주시기 바랍니다.

CPU 확장, 큐를 활용한 분산, 프로세스 잠금, 함수형 프로그래밍, 캐싱 등 확장 애플리케이션을 만들 때 필요한 내용을 익히고 파이썬 전문가들의 경험에서 우러나오는 조언을 통해 수많은 요청을 안정적으로 처리해 내는 파이썬 애플리케이션 구축의 기본 토대를 다질 수 있기를 바랍니다.

이 책에 대하여

2014년 『The Hacker's Guide to Python』(한국어판 『실전 파이썬 프로그래밍』, 김영후 옮김, 인사이트 펴냄)이 출간됐을 때만 해도 새로운 책을 곧바로 쓰게 될 거라고 생각하지 못했다. 몇 년간 오픈스택(https://www.openstack.org/)에서 일하면서 앞의 책에서 다루지 못했던 파이썬의 또 다른 문제도 쉽게 해결이 가능하다는 걸 알게 됐다.

요즘 최신 컴퓨터들은 엄청난 성능을 보여 주고 있지만 초당 수백만 건의 요청을 처리할 수 있을 정도로 빠른 서버는 없다. 예전에는 애플리케이션이 느려지기 시작하면 최적화나 하드웨어 업그레이드 중 비용이 덜 드는 방법을 택했다. 하지만 이미 두 방법을 모두 적용한 뒤라면 애플리케이션을 수평으로 확장해야 한다. 즉 컴퓨터 여러 대를 병렬로 실행할 수 있어야 한다.

바로 이 조건이 동시성 문제와 장애 시나리오로 가득한 긴 여행의 출발점이다.

개발자들은 보통 성능이 중요한 분산 애플리케이션을 만들 때 파이썬을 배제한다. 파이썬은 느려서 성능에 민감한 애플리케이션에는 어울리지 않는다고 생각하기 때문이다. 물론 파이썬은 얼랭(Erlang, https://www.erlang.org/)이나 고(Go, https://golang.org/)와 다르다. 그렇지만 파이썬보다 고가 빠르다고 해서 파이썬을 버릴 필요는 없다.

외부 요소를 배제하고 언어 자체만 한정해서 생각해 보자. 언어라는 건 느리거나 빠르다고 얘기할 수 있는 대상이 아니다. 지나친 비약이라고 생각할 수도 있겠지만 우리 중 어느 누구도 영어나 프랑스어가 느리다고 말하지 않는다. 프로그래밍 언어라고 해서 다를 이유는 없다. 속도가 느린 이유는 언어 자체가 아니라 언어의 구현체(implementation) 때문이다. 파이썬의 대표적인 구현체인 CPython이 여기에 해당한다.

실제로 CPython은 매우 느릴 수 있으며 문제점도 갖고 있다. 하지만 CPython뿐 아니라 프로그래밍 언어의 모든 구현은 단점을 갖고 있으며, 파이션 생태계(ecosystem)를 통해 이 결점을 보완할 수 있다.

파이썬 생태계는 애플리케이션을 확장할 수 있는 많은 가능성을 제공하므로 이를 통해 분산 설계 시의 부족한 점과 '느린' 속도를 보완하면서 수천 개의 요청을 동시에 다룰 수 있다.

현실적인 사례를 보고 싶다면 파이썬을 대규모로 사용 중인 드롭박스(Dropbox), 페이팔(PayPal) 또는 구글을 참고할 수 있다. 특히 인스타그램은 매일 4억 명이 사용하고 있는데 이들의 기술 스택은 파이썬과 장고(Django)로 구성됐다(https://thenewstack.io/instagram-makes-smooth-move-python-3/).

이 책은 분산 및 수평 확장을 통해 파이썬 애플리케이션의 성능과 속도를 향상시키는 방법을 다룬다. 독자들 모두가 이 책을 통해 파이썬의 생산성을 더 끌어올려서 빠르고 뛰어난 애플리케이션을 개발할 수 있게 되기를 바란다.

책의 대부분의 코드는 파이썬 3로 작성했다. 일부 코드는 별다른 수정 없이도 파이썬 2에서 동작하겠지만 확실하게 보장하지는 않는다.

1장

확장이란?

"확장성(scalability)은 애플리케이션의 성장이 가능하도록 시스템, 네트워크, 프로세스가 점점 늘어나는 작업량을 처리할 수 있는 능력 또는 확대될 수 있는 잠재력을 의미한다." - 위키백과

확장 가능한 파이썬 애플리케이션을 만든다는 건 무슨 뜻일까? 먼저 확장성의 뜻부터 짚고 넘어갈 필요가 있다.

위키백과의 정의(https://en.wikipedia.org/wiki/Scalability)에 따르면, 확장성은 "애플리케이션의 성장이 가능하도록 시스템, 네트워크, 프로세스가 점점 늘어나는 작업량을 처리할 수 있는 능력 또는 확대될 수 있는 잠재력"을 뜻한다. 사실 어떤 정의(definition)도 모든 애플리케이션에 일률적으로 적용할 수는 없기 때문에 확장성에 대한 정의 역시 절대적이라고 보기는 어렵다.

이 책은 파이썬 프로그래밍 언어와 그 주요 구현인 CPython을 사용하여 애플리케이션이 더 많은 작업을 처리하도록 속도를 높이고 성장 가능하게 만드는 방법, 기술, 사례에 집중한다.

CPU 하나에서 실행되는 싱글 스레드 애플리케이션은 일정 수준에 이르면 더 이상의 작업 부하를 감당하기 어렵다. 따라서 더 많은 CPU를 사용하는 방법을 고려해야 한다. 확장 가능한 애플리케이션을 만들기 위해서는 작업을 분리하고 필요한 수만큼 워커를 만들어 CPU 여러 개에 분배한다. 필요하다면 컴

퓨터 여러 대에서 실행되도록 할 수 있다. 이런 형태가 바로 분산 애플리케이션(distributed application)이다.

파이썬으로 분산 애플리케이션을 만드는 방법을 알아보기 전에, 먼저 분산 시스템의 기본 특징을 이해할 필요가 있다. 보통 애플리케이션을 만들 때는 다음 형태 중 하나를 선택한다.

- 싱글 스레드 애플리케이션: 대부분 이 형태가 첫 번째 선택이 될 것이며 작업 분산은 고려하지 않는다. 싱글 스레드 애플리케이션은 모든 애플리케이션 중에서 가장 단순하므로 이해가 쉽고 유지 보수도 쉽다. 하지만 CPU 하나만 사용하므로 성능 제한은 필연적이다.
- 멀티 스레드 애플리케이션: 이제는 PC뿐 아니라 스마트폰도 여러 개의 CPU를 장착하고 있다. 애플리케이션이 CPU에 과부하를 준다면 새로운 스레드 또는 프로세스를 생성해서 다른 CPU로 작업 부하를 분산한다. 멀티 스레드 애플리케이션은 싱글 스레드에 비해 에러 발생 확률이 높다. 하지만 아직 네트워크를 사용하지 않으므로 네트워크 분산 애플리케이션에 비하면 에러 상황은 적은 편이다.
- 네트워크 분산 애플리케이션: 애플리케이션을 확장할 필요가 있고 충분한 CPU를 장착한 대형 컴퓨터 하나로도 애플리케이션 성능을 끌어올리지 못할 때 선택할 수 있는 마지막 방법이다. 네트워크를 사용하므로 애플리케이션 형태 중 가장 복잡하다. 즉 일부 노드(node)나 네트워크의 전체 또는 부분 오류, 긴 지연 시간, 메시지 손실, 네트워크 신뢰성 등과 관련된 모든 위험 상황을 처리할 수 있어야 한다.

분산의 특성은 어떤 유형을 선택하느냐에 따라 매우 다르게 나타난다. 하나의 CPU에서 처리하는 작업은 지연 시간이 짧아 빠르고 안정적이며 순서가 보장되지만, 여러 개의 노드에 걸친 작업은 상대적으로 느리고 긴 지연 시간이 발생한다. 또 신뢰할 수 없고 순서가 보장되지 않는다.

따라서 아키텍처를 선택하거나 변경할 때는 신중을 기해야 한다. 앞으로 이 책에서 소개하겠지만 파이썬은 이러한 선택을 할 때 도움을 주는 다양한 도구와 방법을 제공한다. 이것들을 잘 활용하면 확장 가능한 분산 애플리케이션을 만들 수 있다.

1.1 CPU를 통한 분산

CPU를 통한 확장은 보통 멀티 스레딩을 이용한다. 멀티 스레딩은 스레드 여러 개를 활용해서 코드를 병렬로 실행한다. 스레드는 보통 운영 체제에서 제공하며 싱글 프로세스에 포함돼 있다. 운영 체제는 스레드 실행을 스케줄링할 책임이 있다.

스레드는 병렬로 실행되기 때문에 싱글 프로세스에 포함되어 있더라도 분리된 CPU에서 실행할 수 있다. 하지만 사용 가능한 CPU가 하나밖에 없다면 코드가 분할되어 순차적으로 실행된다. 그런 까닭에 멀티 스레드 애플리케이션 코드는 항상 동시에 실행되지만 완전하게 병렬로 실행되는 경우는 사용 가능한 CPU가 두 개 이상일 때다.

따라서 멀티 스레딩은 컴퓨터 한 대에 CPU가 여러 개일 때 애플리케이션을 확장하고 병렬화할 수 있는 좋은 방법이다. 작업 부하를 분산하고 싶다면 스레드 하나에서 순차적으로 요청을 처리하는 대신, 각 요청마다 새로운 스레드를 생성해서 처리한다.

하지만 이 방법을 파이썬에서 사용하기에는 큰 약점이 있다. 파이썬을 오랫동안 써 봤다면 GIL이라는 용어에 익숙할 것이며 GIL이 얼마나 얄미운 단어인지도 알고 있을 것이다. GIL은 파이썬 전역 인터프리터 잠금(global interpreter lock)을 뜻하는 말로, CPython이 바이트코드를 실행할 때마다 획득하는 잠금이다. 스레드 여러 개로 애플리케이션을 확장하더라도 GIL로 인해 성능 향상은 제한적이다. 모든 스레드는 파이썬 코드를 실행할 때 GIL을 얻으려고 서로 경합한다.

GIL이 필요한 첫 번째 이유는 파이썬이 기본으로 제공하는 일부 객체가 스레드에 안전하다는 것을 보장하기 위해서다. 예들 들어 다음 예제 1.1은 GIL이 없다면 스레드에 안전하지 않다.

예제 1.1 GIL이 없다면 스레드에 안전하지 않은 코드(01_safe-code.py)

```python
import threading

x = []

def append_two(l):
    l.append(2)

threading.Thread(target=append_two, args=(x,)).start()

x.append(1)
print(x)
```

이 코드는 [2, 1] 또는 [1, 2]를 출력한다. 어느 스레드가 다른 스레드보다 먼저 1 또는 2를 추가할지 알 수 있는 방법은 없지만, 파이썬에서 list.append는 **원자적(atomic) 연산**이다. 원자적 연산이 아니라면 메모리 간섭이 발생해서 리스트의 값이 [1] 또는 [2]가 될 수 있다.

원자적 연산이 가능한 이유는 GIL을 통해 한 번에 하나의 스레드만 **바이트코드** 명령을 실행할 수 있기 때문이다. 달리 말해 스레드에서 많은 바이트코드를 실행하면 GIL을 얻기 위한 경쟁도 빈번하게 발생하므로 싱글 스레드 버전보다 오히려 속도가 느릴 수도 있다.

어떤 연산이 스레드에 안전한지 알 수 있는 가장 쉬운 방법은, 싱글 바이트코드 명령[1]으로 해석되는지 또는 원자적 연산이 가능한 기본 타입[2]을 사용하는지 파악하는 것이다.

언뜻 봐서는 스레드를 사용하는 것이 이상적인 방법으로 보이지만 내가 지금까지 봤던 대부분의 멀티 스레드 애플리케이션은 150%의 CPU 사용률, 즉 1.5코어를 겨우 사용하는 정도에 그쳤다. 요즘 컴퓨터가 보통 코어를 4~8개 갖고 있다는 걸 상기하면 부끄러운 결과다. GIL은 비난받아 마땅하다.

CPython에서 GIL을 제거하려는 작업이 gilectomy(https://github.com/larryhastings/gilectomy)라는 이름으로 진행되고 있다. 이 노력이 어떤 결과를 가져올지 알 수 없지만 그 진행 과정을 지켜보는 일도 흥미진진할 것이다.

---

1   디스어셈블링 코드와 바이트코드 명령에 관한 내용은 13장 4절에서 다룬다.
2   이 목록은 파이썬 FAQ(https://docs.python.org/3/faq/library.html#what-kinds-of-global-value-mutation-are-thread-safe)에서 확인할 수 있다.

모든 파이썬 구현이 GIL을 사용하는 것은 아니다. 예를 들어, 자이썬(http://www.jython.org/)에는 GIL이 없다(http://www.jython.org/jythonbook/en/1.0/Concurrency.html). 따라서 멀티 스레드를 병렬로 실행하는 경우는 CPython보다 효과적일 수 있다. 하지만 이 프로젝트는 본질적으로 CPython에 뒤쳐져 있기 때문에 자이썬을 사용하는 건 좋은 대안이 아니다.

한편 멀티 스레드는 빠지기 쉬운 몇 가지 함정을 갖고 있다. 그중 하나는 동시에 실행되는 모든 코드가 동일한 전역 환경과 전역 변수를 공유한다는 점이다. 전역 변수를 읽고 쓸 때는 잠금을 사용해서 독점적으로 처리해야 하는데, 코드를 복잡하게 만들며 잦은 에러를 발생시키는 주요 원인은 바로 이 잠금이다.

이처럼 멀티 스레드 애플리케이션을 제대로 만들기는 어렵다. 코드가 복잡하면 에러 발생 확률 역시 그만큼 높기 때문이다. 얻을 수 있는 이점이 많지 않다면, 복잡하고 위험한 작업에 너무 많은 공을 들이지 않는 것이 여러 면에서 좋다.

그렇다면 여기서 논의를 중단하고 다시 처음으로 돌아가야 할까? 멀티 스레드 외의 다른 대안은 없을까? 스레드 여러 개 대신 프로세스 여러 개를 사용하는 방법은 어떨까? 2장에서 보겠지만 멀티 프로세스를 사용하면 더 쉽고 효과적으로 작업을 처리할 수 있다. 또 최종 목표인 네트워크를 통한 확장으로 가기 위해 거쳐야 하는 첫 번째 관문이기도 하다.

1.2 분산 시스템

> "분산 시스템은 존재하는지도 몰랐던 컴퓨터의 오류가 자신의 컴퓨터를 사용할 수 없게 만들 수 있는 시스템이다." - 램포트(Lamport) 1987

애플리케이션이 CPU를 모두 사용 중인 상황에서 CPU를 추가하거나 더 높은 사양의 서버로 바꿀 수 없다면 플랜 B가 필요하다.

이런 경우는 보통 네트워크를 통해 서로 연결된 서버 여러 대를 사용한다. 즉 애플리케이션을 노드 하나가 아니라 연결된 노드 여러 대에서 실행하는 방식으로 '분산'한다. 이와 같은 분산은 다음과 같은 장점이 있다.

- 트래픽이 증가함에 따라 새로운 노드를 추가할 수 있는 수평 확장성
- 특정 노드가 다운됐을 때 다른 노드가 장애 발생 노드의 트래픽까지 처리할 수 있는 장애 허용성(fault tolerance)

매력적인 장점을 갖고 있는 데 반해 약점 역시 지니고 있다.

- 멀티 스레딩과 같은 동시성 및 병렬 처리로 인한 작업 흐름의 복잡성(예를 들어, 잠금 사용)
- 연산 도중 특정 노드 장애, 네트워크 지연 등 장애 상황이 다양하므로 일정 수준의 장애를 허용할 수 있어야 함

이러한 장단점은 애플리케이션 처리량이 증가하는 만큼, 작업 흐름의 복잡성 역시 증가한다는 걸 의미한다. 따라서 이런 종류의 아키텍처를 결정할 때는 현명한 지혜가 필요하다.

파이썬이 분산 시스템 개발에 사용할 수 있는 많은 도구를 제공하지는 않지만, 파이썬 생태계에는 앞으로 이 책을 통해 배울 몇 가지 좋은 방법이 있다. 예를 들어, 5장에서 다루는 것처럼 작업을 여러 노드로 분산하는 과정이 굉장히 쉽다. 또 인접 노드들의 동기화, 조정(coordination)과 같은 더 큰 문제에 대해서도 몇 가지 해결 방안을 갖고 있다. 여기에 관해서는 7장과 8장에서 다룬다.

마지막으로, 분산 시스템을 만드는 가장 좋은 방법은 공유 상태가 없는 완전한 순수(pure) 함수를 만드는 것이다. 즉 분산된 모든 프로세스에서 어떤 전역 변수도 공유하지 않는 것이다. 상태가 없는 시스템은 나누고 확장하기가 가장 쉬운 시스템이므로 가능한 한 이렇게 설계해야 한다. 4장에서는 함수형 프로그래밍(functional programming)과 이러한 프로그램을 작성할 때의 사고방식에 대해 다룬다.

1.3 서비스 지향 아키텍처

서비스 지향 아키텍처(service-oriented architecture, SOA)는 독립적인 컴포넌트 여러 개가 네트워크를 통해 연동되는 아키텍처 형태다. 각 서비스는 자체적으로 동작 가능한 개별적인 기능 단위이므로 처리할 작업 역시 상호 작용에 따

른 논리적 단위로 나뉘어야 한다. 이번 장의 처음 부분에서 정의한 다양한 애플리케이션 형태를 다시 언급하자면 SOA는 네트워크 분산 애플리케이션을 의미한다.

이 아키텍처는 완벽하지도 않고 마술 같은 솔루션도 아니기 때문에 여러 가지 단점도 갖고 있다. 반면에 가치 있는 장점 또한 제공하므로 최근에 분산 애플리케이션 구축과 관련하여 많은 인기를 끌고 있다.

파이썬이 만들어질 때 SOA를 염두에 둔 건 아니지만 파이썬의 제네릭(generic)한 특성과 풍부한 생태계 덕분에 SOA 구현과 사용이 쉬워진다.

이 아키텍처를 적용해서 개발하는 서비스는 **상태 없음(stateless)**이라는 원칙[3]을 따라야 한다. 즉 SOA 서비스는 데이터 상태와 함수를 분리하기 때문에 반드시 요청된 값을 수정하고 반환해야 한다. 이 특징은 필수 속성으로 서비스의 수평 확장을 용이하게 한다.

'상태 없음'은 4장에서 설명할 함수형 프로그래밍 개념과 일치하는 속성이기도 하다. 함수형 프로그래밍이나 '상태 없음'은 모두 확장 가능한 애플리케이션을 설계하기 위해 알고 있어야 할 주제와 원칙이다.

애플리케이션을 어떻게 분할할 것인지는 별도의 책으로 다룰 만한 주제지만 보통 두 가지 방법을 사용한다.

- 객체 지향 접근 방법: 각 명사가 서비스를 표현한다. 예를 들어 catalog 서비스, phone 서비스, queue 서비스 등이다. 이러한 서비스 타입은 데이터 타입을 표현하는 좋은 방법이다.
- 함수형 접근 방법: 각 동사가 서비스를 표현한다. 예를 들어 authentication 서비스, crawl 서비스 등이다. 이러한 서비스 타입은 변환(transformation)을 표현하는 좋은 방법이다.

지나친 분할로 인해 너무 많은 서비스를 만들게 되면 비용이 상승하며 과부하가 발생할 수 있다. 애플리케이션 분할은 개발 시간만이 아니라 유지 보수 및

---

3 SOA에서 지켜야 할 원칙의 전체 목록은 위키백과에서 볼 수 있다. https://en.wikipedia.org/wiki/Service-oriented_architecture#Principles

배포와 관련된 모든 비용을 고려해서 항상 신중하게 결정해야 한다.

어떤 서비스가 독립적으로 확장될 필요가 있다면 분리해야 한다. 하지만 지연 시간에 민감하고 다른 서비스와 매우 밀접하게 연동되며 많은 커뮤니케이션도 필요하다면 분리하지 않는 것이 더 나을 수 있다.

소프트웨어 개발은 기술적인 측면과 사회적인 측면 모두와 연관되므로 프로젝트의 조직 구성으로 인해 자연스럽게 떠오르는 서비스가 있을 수 있다. 예를 들어, 일부 팀에서 사용자 데이터베이스를 관리한다면 그 팀의 업무는 독립적인 사용자 서비스, 즉 다른 컴포넌트가 정보를 얻고 인증하기 위해 필요한 서비스를 개발하고 유지 보수하는 것이 될 수 있다. 이 기준은 서비스들의 경계 (boundary)를 설정할 때 중요한 기준으로 삼을 수 있다.

모든 것이 준비됐다면[4] 이제는 구현에 필요한 기술적 측면을 염두에 두어야 할 시간이다. 요즘 가장 일반적이며 어디에서나 인기 높은 서비스 타입은 HTTP 프로토콜을 기반으로 하는 웹 서비스다. 여기에 대해서는 9장에서 알아본다.

---

4   사회 조직이 변화하고 성장하는 것처럼 서비스 역시 새롭게 추가되거나 제거될 수 있다.

2장

CPU 확장

CPU 속도는 무한히 빨라지지 않으므로 CPU 여러 개를 사용하는 것이 확장성을 위한 최선의 방법이다. CPU 여러 개를 사용한다는 말은 결국 애플리케이션에 동시성과 병렬성을 도입하는 것이므로 까다로운 작업이지만, 제대로 만들기만 하면 전체 처리량을 크게 높일 수 있다.

파이썬은 여러 CPU로 작업 부하를 분산하는 두 가지 방법으로 스레드와 프로세스를 제공한다. 둘 중 어느 방법을 사용하든지 해결해야 할 문제가 있다. 이 문제들 중 일부는 파이썬에만 해당되는 문제는 아니며, 나머지는 파이썬 구현인 CPython과 관련된 문제들이다.

2.1 스레드 사용하기

파이썬에서 스레드는 여러 함수를 동시에 실행하기에 좋은 방법이다. 시스템이 싱글 CPU만 지원한다면 운영 체제의 스케줄에 따라 스레드가 차례로 실행된나. 멀티 CPU를 사용할 수 있다면 여러 CPU에서 스레드가 실행된다. 마찬가지로 스레드 스케줄링은 운영 체제가 관여한다.

기본으로, 메인 스레드가 하나 존재하며 파이썬 애플리케이션을 실행하는 역할을 한다. 메인 스레드 이외의 다른 스레드 실행을 위해서 파이썬은 threading 모듈을 제공한다.

예제 2.1 스레드 생성(01_threading-start.py)

```
import threading

def print_something(something):
    print(something)

t = threading.Thread(target=print_something, args=("hello",))
t.start()
print("thread started")
t.join()
```

예제 2.1을 여러 번 실행해 보면 출력 결과가 매번 다르게 나타날 것이다. 개인 노트북에서 실행한 결과는 다음과 같다.

```
$ python 01_threading-start.py
hellothread started
$ python 01_threading-start.py
hello
 thread started
$ python 01_threading-start.py
hello
thread started
```

스레드 실행 순서는 보장되지 않기 때문에 출력 결과는 매번 다르게 나타난다.

스레드를 시작하고 완료되기를 기다린다. join 함수를 호출하면 두 번째 스레드가 완료될 때까지 메인 스레드는 대기한다. join을 사용하면 스레드의 작업 완료를 확실히 할 수 있기 때문에 편리하다.

모든 스레드를 조인(join)하지 않으면 다른 스레드가 완료되기 전에 메인 스레드가 먼저 끝나서 종료될 수 있다. 이때는 프로그램이 블록된 것처럼 보이며 키보드 중단(KeyboardInterrupt) 시그널에도 응답하지 않는다.

이처럼 프로그램이 스레드 완료를 기다릴 수 없는 상황이라면 스레드를 데몬으로 만들 수 있다. 스레드를 데몬으로 돌리면 백그라운드 스레드로 간주되어 메인 스레드가 종료되자마자 같이 종료된다.

예제 2.2 데몬으로 스레드 생성(02_threading-daemon.py)

```
import threading

def print_something(something):
    print(something)
```

```
t = threading.Thread(target=print_something, args=("hello",))
t.daemon = True
t.start()
print("thread started")
```

예제 2.2에서는 스레드가 daemon으로 설정됐으므로 더 이상 join 함수를 사용할 필요가 없다.

다음 코드는 100만 개의 무작위 정수의 합계를 구하는 작업을 스레드 여덟개에 분산해서 실행한다.

예제 2.3 멀티 스레딩을 사용한 워커(03_multithreading-worker.py)

```
import random
import threading

results = []

def compute():
    results.append(sum(
        [random.randint(1, 100) for i in range(1000000)]))

workers = [threading.Thread(target=compute) for x in range(8)]
for worker in workers:
    worker.start()
for worker in workers:
    worker.join()
print("Results: %s" % results)
```

다음은 예제 2.3을 실행한 결과다.

```
$ time -f "%Us user %Ss system %P cpu %e total" python 03_multithreading-worker.py
Results: [50461554, 50516448, 50495345, 50494248, 50473811, 50513437, ↵
    50498950, 50541112]
15.48s user 8.65s system 137% cpu 17.52 total
```

이 프로그램을 코어 네 개를 장착한 컴퓨터에서 실행했다. 코어가 네 개라면 최대 400%의 CPU를 쓸 수 있어야 한다. 하지만 스레드 여덟 개를 병렬로 실행했음에도 그렇게 할 수 없었다. CPU 사용량은 137%에 머물렀고 하드웨어 성능의 약 34%를 쓰는 데 그쳤다.

그림 2.1의 그래프는 병목 현상을 보여 준다. 시스템의 CPU에 접근하기 위해서는 CPython의 GIL이 지키고 있는 구간을 통과해야 한다.

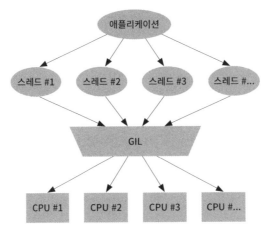

그림 2.1 CPython의 스레드 사용 흐름

1장 1절에서 말한 대로 GIL은 멀티 스레드를 실행할 때 CPython의 성능을 제한한다. 그러므로 스레드는 병렬 컴퓨팅을 수행하거나 네트워크나 파일처럼 느린 입출력을 처리할 때 유용하다. 이러한 작업은 메인 스레드를 차단하지 않고 병렬로 실행할 수 있다.

여러 CPU를 사용해서 처리량을 늘리기 위해서는 프로세스를 사용하는 것이 좋은 대안이다.

2.2 프로세스 사용하기

멀티 스레딩은 GIL의 제약 때문에 완벽한 확장성 솔루션이 아니다. 따라서 스레드 대신 프로세스를 사용하는 것이 더 좋은 방법이다. 파이썬에서는 새로운 프로세스를 생성할 때 os.fork 시스템 호출을 명시적으로 사용할 수 있다. 하지만 이 방법은 대부분의 경우에 적용하기에는 너무 낮은 수준의 방법이다.

대신 multiprocessing 패키지를 사용하는 것이 좋다. 이 패키지는 운영 체제에 상관없이 새 프로세스를 생성할 수 있는 동일한 인터페이스를 제공한다. 조금 전에 스레드를 사용해서 작성했던 예제 2.3의 코드는 multiprocessing 패키지를 사용하면 다음처럼 고쳐 쓸 수 있다.

예제 2.4 multiprocessing 사용하기(04_multithreading-process.py)

```python
import random
import multiprocessing

def compute(results):
    results.append(sum(
        [random.randint(1, 100) for i in range(1000000)]))

with multiprocessing.Manager() as manager:
    results = manager.list()
    workers = [multiprocessing.Process(target=compute, args=(results,))
               for x in range(8)]
    for worker in workers:
        worker.start()
    for worker in workers:
        worker.join()
    print("Results: %s" % results)
```

이 예제는 다른 프로세스 간에 공유 가능한 데이터가 없으므로 작성하기가 조
금 까다롭다. 각 프로세스는 새로운 독립적인 파이썬이므로 데이터는 **복사되**
며 각 프로세스는 고유한 전역 상태를 가진다. multiprocessing.Manager 클래
스는 동시 접근에 안전한 공유 데이터 구조를 만드는 방법을 제공한다.

  코드 실행 결과는 다음과 같다.

예제 2.5 multiprocessing 사용 결과

```
$ time -f "%Us user %Ss system %P cpu %e total" python 04_multithreading-process.py
Results: [50442304, 50475690, 50505306, 50469266, 50480592, 50533818, ↵
    50506806, 50460421]
7.41s user 0.18s system 380% cpu 1.99 total
```

예제 2.3과 비교하면 멀티 프로세스를 사용했을 때 실행 시간은 90% 가까이
빨라졌다. CPU 사용량은 380%까지 올라갔는데 멀티 스레드 버전에 비하면 세
배 가까운 양이다.

  그림 2.2의 그래프는 프로세스 스케줄링이 어떻게 동작하며 스레드보다 왜
더 효율적인지 보여 준다.

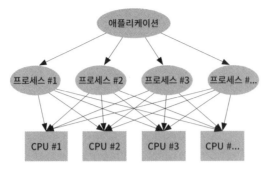

그림 2.2 CPython의 프로세스 사용 흐름

일정 시간 동안 작업 일부를 **병렬화**할 수 있다면 threading 모듈보다 multi processing 모듈과 작업 분기를 통해 CPU 여러 개에 부하를 분산하는 것이 훨 씬 좋다.

　multiprocessing 라이브러리는 풀(pool) 메커니즘을 제공하므로 예제 2.4의 코드를 함수형 방식으로 작성할 수 있다. 다음 코드를 보자.

예제 2.6 multiprocessing을 사용하는 워커(06_multiprocessing-worker.py)

```
import multiprocessing
import random

def compute(n):
    return sum(
        [random.randint(1, 100) for i in range(1000000)])

# 여덟 개의 워커를 시작한다.
pool = multiprocessing.Pool(processes=8)
print("Results: %s" % pool.map(compute, range(8)))
```

multiprocessing.Pool을 사용하면 프로세스를 '수동으로' 관리할 필요가 없다. 풀(pool)은 주문형 방식으로 프로세스를 시작하고 작업이 완료되면 결과를 가 져오며 재사용이 가능하므로 비용이 높은 fork 시스템 호출 수도 줄일 수 있다. 또한 다음 2장 3절에서 알아볼 퓨처스(futures)에서도 활용할 수 있는 편리한 디자인 패턴이다.

2.3 퓨처스 사용하기

파이썬 3.2에 도입된 concurrent.futures 모듈을 사용하면 비동기 작업을 쉽게 처리할 수 있다. 이 모듈은 파이썬 2에도 백포팅(back-porting)됐으며 pip install futures 명령으로 설치할 수 있다.

concurrent.futures 모듈은 사용 방법이 꽤 단순하다. 먼저 실행자(executor)를 선택해야 한다. 실행자는 스케줄링과 비동기 작업을 실행할 책임을 갖고 있으며 어떤 작업을 실행할 때 사용할 '엔진'으로 볼 수 있다. 이 모듈은 concurrent.futures.ThreadPoolExecutor와 concurrent.futures.Process PoolExecutor, 두 종류의 실행자를 제공한다. 이름에서 짐작되는 것처럼 첫 번째는 스레드 기반, 두 번째는 프로세스 기반이다.

1장 1절에서 설명했듯이 프로세스 기반 실행자는 전체 CPU를 사용할 때 더 큰 이득이 있는, 오랜 시간 동안 실행되는 작업에 훨씬 효율적이다. 스레드 기반 실행자는 앞에서 다뤘던 threading 모듈과 동일한 제약을 받는다.

concurrent.futures 모듈의 흥미로운 점은 threading 및 multiprocessing 모듈 상위에서 추상 계층을 쉽게 사용할 수 있게 한다는 것인데, 이를 통해 concurrent.futures.Future와 같은 추상 데이터 구조를 활용해서 코드 실행 및 병렬화를 간단히 처리할 수 있다.

프로그램이 스레드나 프로세스에서 실행할 작업을 스케줄하면, concurrent. futures 모듈은 스케줄된 각 작업에 대해 Future 객체를 반환한다. 이 Future 객체는 해당 작업이 미래에 언젠가 완료될 것이라는, 일종의 약속(promise)을 나타낸다. 그리고 작업이 완료되면 그 결과를 Future 객체에서 얻을 수 있다. 이 과정을 다시 보면 '미래'와 '약속'이라는 주요 키워드가 눈에 띌 것이다. 그래서 파이썬에서는 Future를 사용하지만 다른 언어에서는 'promise'를 사용해서 동일한 역할의 객체를 지칭하기도 한다.

예제 2.7 concurrent.futures.ThreadPoolExecutor를 사용한 워커(07_futures-threads-worker.py)

```
from concurrent import futures
import random

def compute():
    return sum(
```

```
        [random.randint(1, 100) for i in range(1000000)])

with futures.ThreadPoolExecutor(max_workers=8) as executor:
    futures = [executor.submit(compute) for _ in range(8)]

results = [f.result() for f in futures]

print("Results: %s" % results)
```

threading 모듈을 사용했던 예제 코드와 비교하면 지금 코드는 좀 더 함수형에 가깝다. compute 함수는 이제 공유 객체의 상태를 변경하는 대신 결괏값을 반환한다. 이렇게 하면 Future 객체를 변경해서 전송하기 편리하며, 필요할 때 원하는 결과를 수집하기도 쉽다. 함수형 프로그래밍은 워커 여러 개로 작업 부하를 분산하는 데 있어 완벽한 패러다임이다. 여기에 관한 내용은 4장에서 다룬다.

이 코드는 result 함수를 사용하여 Future 객체로부터 결과를 가져와 채우는 작업을 스케줄한다. result 함수는 프로그램이 오랫동안 응답이 없을 경우를 대비하여 timeout 매개 변수를 제공한다. Future 객체는 result 함수 외에도 다른 유용한 함수들을 제공한다.

· done(): 호출이 성공적으로 취소되거나 정확하게 종료되면 True를 반환한다.
· add_done_callback(fn): 작업이 완료됐을 때 호출될 콜백을 추가한다. 콜백은 하나의 인수를 가진다. 작업이 취소되거나 정확하게 종료되면 즉시 콜백이 호출된다.

예제 2.8 07_futures-threads-worker.py 실행 결과
```
$ time -f "%Us user %Ss system %P cpu %e total" python 07_futures-threads-worker.py
Results: [50520369, 50487060, 50518800, 50487821, 50536812, 50572364, ↵
    50488365, 50470042]
7.83s user 0.20s system 99% cpu 8.03 total
```

실행 시간은 threading을 사용했던 예제와 비슷하다. 실제로 이 예제를 실행할 때 기본 엔진으로 threading 모듈이 사용된다.

이미 설명한 것처럼, concurrent.futures는 concurrent.futures.ProcessPool Executor도 제공하므로 이를 활용해서 스레드 대신 프로세스를 사용하도록 쉽게 변경이 가능하다.

예제 2.9 concurrent.futures.ProcessPoolExecutor를 사용한 워커(09_futures-process-worker.py)

```
from concurrent import futures
import random

def compute():
    return sum(
        [random.randint(1, 100) for i in range(1000000)])

with futures.ProcessPoolExecutor() as executor:
    futures = [executor.submit(compute) for _ in range(8)]

results = [f.result() for f in futures]

print("Results: %s" % results)
```

기본 동작으로, concurrent.futures가 multiprocessing.cpu_count 함수를 호출해서 사용할 워커 수를 결정하기 때문에 max_workers를 별도로 설정할 필요는 없다. 이 숫자는 예제 2.10처럼 시스템이 사용할 수 있는 CPU 개수와 동일하다.

예제 2.10 concurrent.futures.process에서 가져온 코드(10_class_ProcessPoolExecutor.py)

```
class ProcessPoolExecutor(_base.Executor):
    def __init__(self, max_workers=None):
        # [...]
        if max_workers is None:
            self._max_workers = multiprocessing.cpu_count()
        else:
            self._max_workers = max_workers
```

이제는 결과가 예상될 것이다. 짐작한 대로 프로세스를 사용한 코드는 스레드 기반 코드보다 훨씬 빠르다.

예제 2.11 09_futures-process-worker.py의 출력과 실행 시간

```
$ time -f "%Us user %Ss system %P cpu %e total" python 09_futures-process-
worker.py
Results: [50505416, 50482381, 50481845, 50450014, 50542044, 50482980, ↵
    50499632, 50540725]
8.68s user 0.06s system 379% cpu 2.30 total
```

> 두 개의 풀(pool) 기반 실행자에서 알고 있어야 할 중요한 점은, 생성한 프로세스와 스레드를 관리하는 방법이다. 몇 가지 구현 원칙이 있는데, 그중 하나는 승인된 각 작업에 대해 새로운 워커를 생성하고, 해당 작업을 모든 워커가 공유하는 큐에 넣는 것이다. 따라서 max_workers를 20으로 설정했다면 작업 20개가 승인되는 즉시 워커 20개가 만들어진다. 이것들 중 어느 것도 종료되지 않는다. 이런 동작은 유휴 상태로 있다가 종료되는 아파치 httpd 워커와 다르다. 그래서 예제 2.12와 같이 '큐에 있는 작업 수보다 더 많은 유휴 스레드가 있다면 새로운 스레드 생성을 피해야 한다(Should avoid creating new threads if there are more idle threads than items in the work queue.)'는 TODO 주석이 파이썬 소스 코드에 달려 있다.

예제 2.12 concurrent.futures.thread에서 가져옴(12_class_ThreadPoolExecutor.py)

```python
class ThreadPoolExecutor(_base.Executor):
    def submit(self, fn, *args, **kwargs):
        [...]
        self._adjust_thread_count()

    def _adjust_thread_count(self):
    [...]
        # TODO(bquinlan): Should avoid creating new threads if there
        # are more idle threads than items in the work queue.
        if len(self._threads) < self._max_workers:
            t = threading.Thread(target=_worker,
                                 args=(weakref.ref(self, weakref_cb),
                                       self._work_queue))
        t.daemon = True
        t.start()
        self._threads.add(t)
        _threads_queues[t] = self._work_queue
```

2.4 고급 퓨처스 사용법

2장 3절에서 본 것처럼 Future 객체는 애플리케이션이 병렬화 작업을 간단히 구현할 수 있게 해 준다. 퓨처리스트(futurist) 라이브러리는 concurrent.futures를 사용해서 만들었으며, 곧이어 소개할 몇 가지 추가 기능도 제공한다. 이 라이브러리는 concurrent.futures 라이브러리를 (거의) 완벽하게 대체하므로 별다른 구분 없이 손쉽게 쓸 수 있다.

예제 2.13 **futurist.ThreadPoolExecutor를 사용한 워커(13_futurist-threads-worker.py)**

```
import futurist
from futurist import waiters
import random

def compute():
    return sum(
        [random.randint(1, 100) for i in range(10000)])

with futurist.ThreadPoolExecutor(max_workers=8) as executor:
    futures = [executor.submit(compute) for _ in range(8)]
    print(executor.statistics)

results = waiters.wait_for_all(futures)
print(executor.statistics)

print("Results: %s" % [r.result() for r in results.done])
```

예제 2.14 **13_futurist-threads-worker.py 출력**

```
$ python 13_futurist-threads-worker.py
<ExecutorStatistics object at 0x7fc4defe2480 (failures=0, executed=7, ↵
    runtime=0.12, cancelled=0)>
<ExecutorStatistics object at 0x7fc4defd8d80 (failures=0, executed=8, ↵
    runtime=0.13, cancelled=0)>
Results: [501777, 506940, 503201, 503991, 510709, 510079, 502735, 508326]
```

퓨처리스트는 사용 중인 실행자에 관한 통계(statistics)를 제공한다. 이 기능은 작업의 현재 상태를 추적하고 어떻게 코드가 실행되는지에 관한 정보를 얻을 때 유용하다.

퓨처리스트는 또한 함수 전달과 check_and_reject 인수를 써서 작업을 거부할 수도 있다. 이 인수는 메모리 오버플로를 피하기 위해 큐의 최대 크기를 제한한다.

예제 2.15 **check_and_reject로 큐의 크기 제한(15_futurist-check-and-reject.py)**

```
import futurist
from futurist import rejection
import random

def compute():
    return sum(
        [random.randint(1, 100) for i in range(1000000)])

with futurist.ThreadPoolExecutor(
        max_workers=8,
        check_and_reject=rejection.reject_when_reached(2)) as executor:
```

```
    futures = [executor.submit(compute) for _ in range(20)]
    print(executor.statistics)

results = [f.result() for f in futures]
print(executor.statistics)

print("Results: %s" % results)
```

이 예제에서는 백로그 크기를 2로 제한했기 때문에 컴퓨터 속도에 따라 실행자가 작업을 빠르게 처리하지 못하면, futurist.RejectedSubmission 예외가 발생할 수 있다. 예제 코드에서는 예외 처리를 하지 않지만 실제 업무에 쓰이는 코드라면 재시도하거나 예외 전파가 필요하다.

퓨처리스트는 함수 실행을 주기적으로 스케줄링해 주는 futurist.periodics.PeriodicWorker 클래스와 함께 자주 사용된다.

예제 2.16 futurist.periodics 사용하기(16_futurist-periodics.py)

```
import time

from futurist import periodics

@periodics.periodic(1)
def every_one(started_at):
    print("1: %s" % (time.time() - started_at))

w = periodics.PeriodicWorker([
    (every_one, (time.time(),), {}),
])

@periodics.periodic(4)
def print_stats():
    print("stats: %s" % list(w.iter_watchers()))

w.add(print_stats)
w.start()
```

예제 2.17 16_futurist-periodics.py 출력 결과

```
$ python 16_futurist-periodics.py
1: 1.0100576877593994
1: 2.024115562438965
1: 3.0381736755371094
stats: [<Watcher(metrics={'runs': 3, 'elapsed': 0, 'elapsed_↵
    waiting': 0, 'failures': 0, 'successes': 3, 'requested_stop': ↵
    False}, work=Work(name='__main__.every_one', callback=<function ↵
    every_one at 0x02BBCA08>, args=(1519377117.9572504,), kwargs={})) ↵
    object at 0x2baabf0>, <Watcher(metrics={'runs': 0, 'elapsed': 0, ↵
```

```
            'elapsed_waiting': 0, 'failures': 0, 'successes': 0, ↵
            'requested_stop': False}, work=Work(name='__main__.print_stats', ↵
            callback=<function print_stats at 0x02BBCAE0>, args=(), kwargs={})) ↵
            object at 0x2baab70>]
1: 4.052231550216675
1: 5.066289663314819
1: 6.079347610473633
1: 7.093405723571777
stats: [<Watcher(metrics={'runs': 7, 'elapsed': 0, 'elapsed_↵
       waiting': 0, 'failures': 0, 'successes': 7, 'requested_stop': ↵
       False}, work=Work(name='__main__.every_one', callback=<function ↵
       every_one at 0x02BBCA08>, args=(1519377117.9572504,), kwargs={})) ↵
       object at 0x2baabf0>, <Watcher(metrics={'runs': 1, 'elapsed': 0, \ ↵
       'elapsed_waiting': 0, 'failures': 0, 'successes': 1, 'requested_↵
       stop': False}, work=Work(name='__main__.print_stats', ↵
       callback=<function print_stats at 0x02BBCAE0>, args=(), kwargs={})) ↵
       object at 0x2baab70>]
1: 8.107463598251343
1: 9.121521711349487
[...]
```

예제 2.16은 두 가지 작업을 처리한다. 하나는 1초마다 실행되어 작업 경과 시간을 출력하고, 다른 하나는 4초마다 실행되어 작업 진행에 관한 통계를 출력한다. 앞서 말했듯이 퓨처리스트는 처리 중인 작업 통계를 제공하므로 애플리케이션 상태를 알고 싶을 때 매우 유용하다.

너무 의존할 필요는 없지만 스레드나 프로세스 실행을 세밀하게 조정할 필요가 있다면 concurrent.futures에 비해 더 향상된 기능을 제공하는 퓨처리스트를 사용하는 것이 좋다.

2.5 데몬 프로세스

파이썬에서 멀티 스레딩과 멀티 프로세싱의 차이점을 알게 되면 프로세스 여러 개를 사용해서 작업을 스케줄링하는 것이 더 효과적이라는 것을 확실히 알수 있다. 이 방법이 널리 사용되는 예로 데몬(daemon)을 들 수 있다. 데몬은 보통 오랜 시간 동안 백그라운드에서 실행되는 프로세스를 지칭하며, 주기적으로 작업을 스케줄링하거나 큐에서 작업을 꺼내 와 처리한다.

데몬은 2장 3절에서 살펴본 concurrent.futures의 ProcessPoolExecutor를 활용해서 만들 수 있다. 하지만 풀(pool)은 작업을 처리하는 방법에 관해서는 별

다른 수단을 제공하지 않는다. `multiprocessing` 모듈을 사용할 때도 마찬가지다. 양쪽 모두 백그라운드 작업을 효과적으로 제어하기 어렵다. 프로세스와 이들의 차이를 비유하자면, '반려동물 대 가축(pets vs. cattle)'이라고 표현할 수 있다.[1]

이번 절에서는 코틀리든(https://github.com/sileht/cotyledon) 라이브러리를 소개한다. 이 파이썬 라이브러리는 오랜 시간 실행되는 프로세스를 만들기 위한 목적으로 개발됐다.

예제 2.18 **코틀리든을 사용한 데몬(18_cotyledon.py)**

```python
import threading
import time

import cotyledon

class PrinterService(cotyledon.Service):
    name = "printer"

    def __init__(self, worker_id):
        super(PrinterService, self).__init__(worker_id)
        self._shutdown = threading.Event()

    def run(self):
        while not self._shutdown.is_set():
            print("Doing stuff")
            time.sleep(1)

    def terminate(self):
        self._shutdown.set()

# manager 생성
manager = cotyledon.ServiceManager()
# PrinterService 두 개를 실행하기 위해 추가
manager.add(PrinterService, 2)
# manager에 추가된 작업을 모두 실행
manager.run()
```

예제 2.18은 코틀리든을 사용해서 구현한 간단한 데몬이다. `PrinterService`

---

1 (옮긴이) 반려동물 대 가축(pets vs cattle)은 클라우드를 쉽게 설명하기 위해 자주 인용되는데, 서버마다 의미 있고 고유한 이름을 부여하며 좋은 성능의 하드웨어를 장착(scale up)해서 마치 반려동물(pets)처럼 애정을 갖고 장비를 다루던 시대와 달리, 클라우드 환경에서는 시리얼 번호 부여, 수평 확장(scale out), 문제 발생 시 자동 교체와 같이 그저 무수히 많은 가축(cattle) 중 하나로, 별다른 애정 없이 장비를 다루는 데서 유래한 표현이다. 지은이는 여기서 프로세스를 '반려동물(pets)'로, `ProcessPoolExecutor`와 `multiprocessing`으로 생성한 백그라운드 프로세스를 '가축(cattle)'으로 비유하고 있다.

클래스는 cotyledon.Service 클래스의 run과 terminate 함수를 구현한다. run 은 메인 루프를 포함하며 terminate는 다른 스레드가 서비스를 종료할 때 호출 된다.

코틀리든은 내부적으로 여러 개의 스레드를 사용하기 때문에 threading. Event 객체가 run과 terminate 함수를 동기화하는 데 사용된다.

예제 코드는 많은 일을 하지 않는다. 매초마다 단순히 "Doing stuff"란 메시 지를 출력할 뿐이다. manager.add 함수에 시작할 서비스 개수로 2를 지정했기 때문에 서비스는 두 번 시작된다. 이 말은 코틀리든이 프로세스 두 개를 시작 하고, 각 프로세스는 PrinterService.run 함수를 하나씩 실행한다는 뜻이다.

리눅스를 사용 중이라면, ps 명령으로 실행 중인 프로세스를 볼 수 있다.

```
$ ps ax | grep 18_cotyledon
11996 pts/19  0:00 18_cotyledon.py: master process [18_cotyledon.py]
11999 pts/19  0:00 18_cotyledon.py: printer worker(0)
12002 pts/19  0:00 18_cotyledon.py: printer worker(1)
```

코틀리든은 주(master) 프로세스를 실행해서 자식 프로세스를 관리한다. 다음 으로 PrinterService 인스턴스 두 개를 시작한다. 또한 독특한 프로세스 이름 을 부여해서 프로세스 목록에서 쉽게 구분할 수 있게 한다. 프로세스 중 하나 가 죽거나 크래시되면 코틀리든이 자동으로 프로세스를 다시 실행한다. 이 라 이브러리는 os.fork 호출을 수행하고 데몬에 올바른 모드를 설정하는 등 내부 에서 많은 작업을 처리한다.

코틀리든은 또한 파이썬이 지원하는 모든 운영 체제에서 사용 가능하므로 개발자가 운영 체제 호환성을 고민할 필요가 없다.

예제 2.18에서는 단순히 독립적인 워커들을 실행했다. 즉 각 워커가 자신만 의 고유 작업을 처리하기 때문에 서로 커뮤니케이션할 필요가 없었다. 하지만 실제 업무에서 이런 상황은 드물며 워커들 사이에 정보 교환이 필요하다.

예제 2.19는 일반적인 생산자(producer)/소비자(consumer) 패턴을 보여 준 다. 이 패턴에서 생산자 서비스는 큐에 필요한 작업을 채우고, 소비자 서비스 는 큐에서 작업을 꺼내 실행한다.

예제 2.19 코틀리든을 사용한 생산자/소비자 패턴(19_producer-consumer.py)

```python
import multiprocessing
import time

import cotyledon

class Manager(cotyledon.ServiceManager):
    def __init__(self):
        super(Manager, self).__init__()
        queue = multiprocessing.Manager().Queue()
        self.add(ProducerService, args=(queue,))
        self.add(PrinterService, args=(queue,), workers=2)

class ProducerService(cotyledon.Service):
    def __init__(self, worker_id, queue):
        super(ProducerService, self).__init__(worker_id)
        self.queue = queue

    def run(self):
        i = 0
        while True:
            self.queue.put(i)
            i += 1
            time.sleep(1)

class PrinterService(cotyledon.Service):
    name = "printer"

    def __init__(self, worker_id, queue):
        super(PrinterService, self).__init__(worker_id)
        self.queue = queue

    def run(self):
        while True:
            job = self.queue.get(block=True)
            print("I am Worker: %d PID: %d and I print %s"
                % (self.worker_id, self.pid, job))

Manager().run()
```

예제 2.19는 큐 객체를 생성하는 사용자 정의 cotyledon.ServiceManager를 구현한다. 이 큐 객체는 모든 서비스에 전달된다. ProducerService는 1초마다 하나씩 증가하는 정수로 큐를 채우고, PrinterService는 큐의 내용을 꺼내 출력한다. 프로그램 실행 결과는 다음과 같다.

```
I am Worker: 0 PID: 11451 and I print 0
I am Worker: 0 PID: 11451 and I print 1
```

```
I am Worker: 1 PID: 11456 and I print 2
I am Worker: 0 PID: 11451 and I print 3
```

multiprocessing.queues.Queue 객체는 서로 다른 프로세스 간의 커뮤니케이션을 쉽게 해 준다. 데이터 안전성을 보장하기 위해 내부적인 잠금을 사용하므로 여러 스레드와 프로세스에서 안전하게 사용할 수 있다.

 고(Go) 언어에 익숙하다면 고루틴(Goroutine)과 채널(channel)에 대해 알 것이다. 조금 전 알아본 방법은 이 두 가지 개념을 구현할 때 사용된 기본적인 패턴과 동일하다. 평범하면서도 효율적인 이 패턴으로 고는 많은 인기를 얻고 있다. 고에서는 새로운 프로세스 생성(fork) 및 프로세스 간 메시지 전달이 언어의 기본 요소(built-in)로 제공된다. 제공되는 간편 표기법(syntactic sugar)을 사용하면 이 패턴을 사용해서 프로그램을 더 빨리 만들수 있다. 물론 파이썬에서도 동일하게 할 수 있지만 상대적으로 손이 더 많이 간다.

코틀리든은 또한 프로그램 설정을 다시 로딩하거나 클래스의 워커 수를 동적으로 변경하는 등 몇 가지 추가 기능도 제공한다.

예제 2.20 코틀리든으로 프로세스 개수 변경하기(20_reconfig-process.py)

```python
import multiprocessing
import time

import cotyledon

class Manager(cotyledon.ServiceManager):
    def __init__(self):
        super(Manager, self).__init__()
        queue = multiprocessing.Manager().Queue()
        self.add(ProducerService, args=(queue,))
        self.printer = self.add(PrinterService, args=(queue,), workers=2)
        self.register_hooks(on_reload=self.reload)

    def reload(self):
        print("Reloading")
        self.reconfigure(self.printer, 5)

class ProducerService(cotyledon.Service):
    def __init__(self, worker_id, queue):
        super(ProducerService, self).__init__(worker_id)
        self.queue = queue

    def run(self):
        i = 0
```

```
            while True:
                self.queue.put(i)
                i += 1
                time.sleep(1)

class PrinterService(cotyledon.Service):
    name = "printer"

    def __init__(self, worker_id, queue):
        super(PrinterService, self).__init__(worker_id)
        self.queue = queue

    def run(self):
        while True:
            job = self.queue.get(block=True)
            print("I am Worker: %d PID: %d and I print %s"
                % (self.worker_id, self.pid, job))

Manager().run()
```

예제 2.20에서 PrinterService는 프로세스 두 개로 시작된다. 주 프로세스에 SIGHUP(signal hang up)이 보내지면 코틀리든이 Manager.reload 함수를 호출해서 PrinterService 프로세스를 다섯 개로 늘린다. 다음처럼 쉽게 확인이 가능하다.

```
$ ps ax | grep 20_reconfig-process
12165 pts/19     0:00 20_reconfig-process.py: master process ↵
    [20_reconfig-process.py]
12167 pts/19     0:00 20_reconfig-process.py: master process ↵
    [20_reconfig-process.py]
12173 pts/19     0:00 20_reconfig-process.py: ProducerService worker(0)
12178 pts/19     0:00 20_reconfig-process.py: printer worker(0)
12183 pts/19     0:00 20_reconfig-process.py: printer worker(1)
$
$ kill -HUP 12165
$ ps ax | grep 20_reconfig-process
12165 pts/19     0:00 20_reconfig-process.py: master process ↵
    [20_reconfig-process.py]
12167 pts/19     0:00 20_reconfig-process.py: master process ↵
    [20_reconfig-process.py]
12235 pts/19     0:00 20_reconfig-process.py: ProducerService worker(0)
12239 pts/19     0:00 20_reconfig-process.py: printer worker(0)
12244 pts/19     0:00 20_reconfig-process.py: printer worker(1)
12250 pts/19     0:00 20_reconfig-process.py: printer worker(2)
12255 pts/19     0:00 20_reconfig-process.py: printer worker(3)
12260 pts/19     0:00 20_reconfig-process.py: printer worker(4)
```

코틀리든은 오랫동안 실행되는 프로세스를 관리하는 데 있어 매우 훌륭한 라이브러리다. 장시간 실행되는 백그라운드 워커를 만들어야 한다면 이 라이브러리를 사용할 것을 적극 권한다.

2.6 CPU 확장을 주제로 한 메디 아바코크(Mehdi Abaakouk) 인터뷰

자기소개와 어떻게 파이썬을 사용하게 됐는지 설명을 부탁한다.

프랑스 툴루즈(Toulouse)에서 살고 있으며 거의 20년 동안 리눅스를 사용하고 있다. 현재 직업은 레드햇의 선임 소프트웨어 개발자다. 오픈 소스와 인터넷이 내부적으로 어떻게 동작하는지 연구하는 것이 주된 관심사다.

리눅스를 처음 사용했을 때 당시 사용하던 음악 재생 프로그램에 실망한 나머지 직접 개발해 보기로 했다. 많은 미디어 플레이어 프로그램의 코드를 살펴본 뒤에 GTK/GStreamer 툴킷을 사용해 보기로 했다. 처음에는 리듬박스(Rhythmbox)라는 프로그램의 일부 코드를 재사용해서 C로 만들기 시작했다. 하지만 여유 시간에만 코딩을 할 수 있었고 작업 속도가 더뎌서 결국 얼마 못 가서 작업을 포기하고 말았다. 당시에는 회사 직무상 PHP와 자바를 익히는 데 더 집중했다.

얼마 뒤에 쿼드리벳(Quodlibet)이라는 새로운 음악 재생 프로그램을 발견했다. 이 프로그램은 파이썬으로 만들었으며, 특히 미디어 파일의 메타 데이터를 파싱하는 코드가 대단히 멋졌다. 그렇지만 재생 목록이나 관리자 기능의 사용자 인터페이스는 내 기준을 충족하지 못했다. 그래서 해당 부분만 내 아이디어를 파이썬을 사용해서 구현하기 시작했다. 처음 파이썬을 사용했음에도 쉽게 배울 수 있었고 작업 속도는 놀랄 만큼 빨랐다. 온라인 문서와 예제 역시 다른 언어에 비해 굉장히 풍부했다. GTK/GStreamer에 대한 파이썬 지원은 완벽했고 사용법도 간단했으므로 원했던 기능 개발에만 집중하면서 매우 빠른 속도로 동작 가능한 부분들을 만들어 냈다. 파이썬에서 놀라웠던 건, 컴퓨터의 복잡한 개념을 언어 뒤로 적절히 숨겨서 간결히 표현했다는 점이다. 개발 경험이 부족했던 당시의 나에게 이 점은 큰 도움이 됐다. 리슨(Listen) 미디어 플레이어 프로그램은 이렇게 만들어졌다. 이 프로젝트와 커뮤니티는 이후로도 6년 동안 지속됐다.

그 프로젝트는 내 첫 번째 오픈 소스 프로젝트이자 파이썬 프로젝트였다. 그 때 경험을 통해 컴퓨터와 오픈 소스, 파이썬에 대해 많은 것을 배울 수 있었다.

그 뒤로 시스템·네트워크 엔지니어 직업을 갖게 됐고, 팀 업무를 자동화하기 위한 도구 몇 개를 파이썬으로 만들었다. 이때의 경험과 파이썬에 대한 배경지식 덕분에 클라우드 컴퓨팅 오픈 소스 프로젝트인 오픈스택에 참여하게 됐다. 지금은 언어 외에도 컴퓨터와 네트워크가 어떻게 동작하는지 잘 이해할 수 있게 됐고 이를 바탕으로 다양한 파이썬 프로젝트에 활발히 참여하고 있다.

클라우드 컴퓨팅 플랫폼에서 일하고 있고 코틀리든도 개발했기 때문에 스레드와 프로세스를 사용하는 확장에 관해 우리에게 좋은 충고를 해 줄 수 있을 것 같다. 실수를 줄이고 함정에 빠지지 않으려면 어떻게 하는 것이 좋은가?

애플리케이션은 보통 I/O(데이터를 읽고 쓰기)와 CPU를 사용한 계산을 처리한다.

· 애플리케이션이 I/O를 처리할 때는 운영 체제가 스트림을 처리해서 결과를 돌려줄 때까지 계속 대기한다. 이 시간 동안 애플리케이션은 멈춰 있다.
· 애플리케이션이 CPU를 사용하여 계산할 때 CPU 중 하나만 사용한다. 다른 CPU는 유휴 상태로 있다.

여러분의 애플리케이션이 이와 같은 상황이라면 스레드와 프로세스를 사용해서 해당 작업들을 병렬로 실행해야 한다.

내 조언은 이렇다. "파이썬에서 객체를 변경하거나 무언가 계산할 때는 스레드를 사용하지 말자." 스레드를 사용하는 작업은 GIL 때문에 속도가 느리다. 하지만 I/O 작업이라면 스레드를 사용할 수 있다. 스레드의 가장 큰 장점은 프로그램의 메모리 주소 공간을 공유하므로 스레드가 전환될 때 CPU가 처리할 작업이 적다는 점이다. 또한 워커 사이에 네트워크 연결을 공유할 수 있으므로 서버에 여러 개의 연결을 맺을 필요가 없다.

CPU를 많이 사용하는 작업이라면 C 또는 사이썬(http://cython.org)으로 작성된 파이썬 라이브러리를 사용하여 GIL을 사용하지 않고 객체를 변경할 수 있다. NumPy(http://numpy.org)가 좋은 예다.

동시성을 위해 스레드를 사용하게 되는 경우 공유 자원에 주의를 기울여야한다. 예를 들어, 두 개의 다른 스레드에서 같은 소켓에 동시에 쓰기 작업을 하거나 같은 객체를 동시에 수정하면 안 된다. 이러한 경우는 해당 리소스를 잠금을 사용해서 보호할 수 있다. 하지만 작업을 처리하려면 잠금을 얻을 수 있을 때까지 기다려야 한다. 결국 병렬 작업을 효과적으로 수행하려면 스레드에서 잠금 사용을 피해야 한다.

프로세스를 사용해서 한번에 많은 작업을 실행할 수도 있다. 이때는 GIL이 관여하지 않으므로 당연히 빠르다. 그렇지만 프로세스 사이에는 어떤 메모리 공간도 공유되지 않기 때문에 프로세스가 다른 프로세스로 전환하기 위해서는 CPU가 더 많은 작업을 한다는 것과 각 프로세스가 상태 없이(stateless) 동작할 수 있어야 한다는 것을 알아야 한다. 이렇게 본다면 애플리케이션에서 너무 많은 프로세스를 사용하지 않는 것이 좋다. 경험에 의하면 사용 가능한 CPU 수와 프로세스 수를 동일하게 맞춰서 각 프로세스가 CPU 한 개를 사용하도록 하는 것이 좋다. 이렇게 하면 다른 프로세스를 실행할 때 CPU에서 발생하는 콘텍스트 스위칭(context switching)을 피함으로써 속도가 느려지는 걸 막을 수 있다.

프로세스의 다른 단점은 네트워크 연결 수가 늘어날 가능성이 높다는 점이다. 프로세스 간의 네트워크 공유는 매우 복잡하며 오류가 발생하기도 쉽다.

한편 스레드는 컴퓨터 여러 대에 분배될 수 없지만 프로세스는 가능하다. 프로세스가 상태 없이 동작할 수 있다면 특히 그렇다.

여러 프로세스에서 동일한 작업을 병렬로 실행한다는 말은 프로세스의 생명 주기를 다룰 필요가 없다는 말이기도 하다. 어떤 프로세스에서 크래시가 발생했다면 다시 시작하면 된다. 모든 프로세스를 한번에 멈추거나 재시작할 수 있으며 프로세스 간에 시그널 처리를 전파할 수도 있다. 이때 유용한 방법은 스케줄러 역할을 담당하는 프로세스를 만들어 생명 주기만 관리하도록 하는 것이다.

두 방법 모두 동시성 처리가 까다로운 시그널을 다뤄야 할 수도 있다. 시그널은 언제라도 수신될 수 있으며 프로세스의 임의 스레드 코드를 멈추고 시그널 콜백을 대신 실행한다. 시그널 콜백이 I/O나 블로킹 작업을 처리하면 이전에 멈췄던 코드를 다시 시작하지 않고 다른 스레드로 전환하게 된다.

그사이에 두 번째 신호를 수신하거나 다른 스레드가 시그널 처리를 담당하는 스레드를 종료할 수도 있다. 이 때문에 디버그하거나 수정하기 힘든 경쟁 조건이 발생한다. 악몽과도 같은 상황이다.

이 문제를 해결하려면 아무 일도 하지 않는 시그널 콜백을 등록한다. 대신 애플리케이션의 메인 스레드에서 signal.set_wakeup_fd를 사용해서 파일 디스크립터를 생성하고 CPython이 마지막으로 받은 시그널 번호를 쓸 때까지 기다린다. 이렇게 하면 시그널 처리의 모든 복잡성을 제거할 수 있다.

코틀리든은 워커 프로세스를 쉽게 관리하기 위해 직접 만든 라이브러리다. 이 라이브러리를 사용하려면 작업을 처리할 워커 클래스를 만든 다음, 얼마나 많은 워커를 병렬로 실행할지 코틀리든에 알려 주기만 하면 된다. 이 라이브러리는 워커의 생명 주기와 시그널 처리를 담당한다. 또한 조금 전 설명한 것처럼 코드를 복잡하게 하지 않고도 애플리케이션 콜백이 항상 메인 스레드에서 실행되도록 한다.

마지막으로, 이 방법들 중 완벽한 방법이란 없다. I/O 작업을 동시에 처리할 때는 스레드를 사용하고, CPU 사용량을 최대로 끌어올리려면 많은 프로세스를 생성하면 된다. 이 방법들을 혼합해서 쓸 수도 있다. 애플리케이션의 지표를 출력해서 코드의 어떤 부분이 I/O 완료를 기다리고, 어디에서 CPU를 사용하는지 검증해야 한다. 이 과정은 스레드와 프로세스의 정확한 생성 위치를 결정하는 데 도움이 된다.

파이썬을 여러 개의 노드로 수평 확장하려면, 먼저 프로세스를 사용하는 방식으로 확장하는 것이 좋다는 말처럼 들린다. 그렇다면 이 방식으로 애플리케이션을 개발할 때 가장 좋아하는 디자인 패턴은 무엇인가? 도움이 될 만한 라이브러리, 솔루션, 기술에는 어떤 것이 있는가?

언제나 같은 방법으로 시작한다. 우선 사용자와의 상호 작용을 담당할 컴포넌트를 WSGI 애플리케이션을 이용해 REST API로 만든다. 그리고 실제 작업을 담당하는 컴포넌트, 즉 백그라운드 작업을 처리하는 워커를 만든다. 이것들은 비동기로 연동된다.

　그런 다음 컴포넌트를 서로 연결해 줄 기술을 선택한다. 작업 성격에 따라 데이터베이스가 될 수도 있고, 메시지 큐 또는 양쪽 모두가 될 수 있다.

　여러 노드에서 여러 개의 프로세스가 실행된다면, 메시지 큐 시스템을 기반으로 하는 pub/sub 방식을 사용하는 것이 좋다. 나는 특히 레디스를 주로 사용하는데 python-redis나 python-rq 라이브러리를 통해 쉽게 사용하고 배포할 수 있기 때문이다. 처리 대기 중인 메시지가 너무 많거나 여러 종류의 생산자/소비자가 있는 대규모 애플리케이션을 만들 때는 카프카(Kafka)를 사용하여 다른 서버로 작업 부하를 나눈다. 이때는 confluent-kafka-python이나 python-kafka 라이브러리를 사용할 수 있다.

　REST API는 워커가 작업을 마칠 때까지 기다리지 않게 한다. REST API는 단순히 메시지를 워커에 게시(publish)만 할 뿐이며, 작업이 수락됐는지 여부만 응답으로 돌려주면 된다. 개인적으로, 클라이언트가 응답을 기다리는 대신, 주기적으로 REST API를 호출하여 작업 상태를 파악하는 폴링 방식을 좋아한다. 이렇게 하면 모든 요청에 타임아웃을 추가할 필요가 없으며 긴 시간 동안 유지되는 요청도 피할 수 있다. 더욱이 각 부분이 서로 독립적으로 동작하므로 문제 발생 시 원인 분석 과정도 단순해진다.

　다른 좋은 방법으로, 클라이언트가 사용할 이벤트 스트림을 만드는 방법도 있다. 예를 들어, 클라이언트가 브라우저라면 자바스크립트의 이벤트소스(EventSource) API를 통해 HTTP 이벤트 시스템을 쉽게 사용할 수 있다. 플라스크(Flask)를 사용하는 서버에서 스트림은 단순한 파이썬 제너레이터(generator)로, 응답 마임(mime) 타입이 text/event-stream으로 설정된 JSON을 생성한다. REST 애플리케이션에서 이 스트림을 사용하기 위해 나는 레디스를 사용한다. 워커가 큐에 작업 상태를 게시하고, HTTP 스트림 요청이 이 중 하나를 구독한다면, 스트림 제너레이터가 yield하고 이벤트소스 API를 통해 브라우저에 되돌려 준다. 이 과정에 폴링은 전혀 없으며 대부분이 유휴 상태인 HTTP 연결 묶음이 전부다.

이 경우, 이벤트 스트림 REST 엔드포인트를 위한 전용 WSGI 애플리케이션을 만드는 게 좋다. 긴 시간 동안 유지해야 하는 많은 유휴 연결을 위해서는 특정 튜닝이 필요하다. REST API가 리소스를 낭비해서는 안 된다.

마지막으로, 이런 이벤트 기반 처리 흐름을 좋아한다면 파이썬의 asyncio는 이벤트 스트림 사용 사례에 완벽하게 들어맞는다. 플라스크와 python-redis로 동기식 WSGI 애플리케이션을 만드는 대신, 이벤트 스트림 REST 엔드포인트에 대해서만 aiohttp나 aioredis를 쓸 수 있다.

## 3장

이벤트 루프

이벤트 루프(event loop) 또는 메시지 디스패칭(message dispatching)은 프로그램의 중앙에 위치한 제어 흐름을 의미한다. 어떤 메시지가 큐에 들어가면 이벤트 루프가 큐에서 메시지를 꺼내 적절한 함수로 전달한다.

매우 단순한 형태의 이벤트 루프는 다음과 같다.

```
while True: message = get_message() if message == quit: break
    process_message(message)
```

메시지(또는 이벤트라고도 부름)가 수신될 때마다 여기서 처리되며, 이 동작은 quit 메시지가 수신되어 프로그램이 종료할 때까지 계속된다.

get_message가 블로킹 방식이라면, 프로그램이 아무 일도 하지 않고 기다리다가 메시지가 도착하면 비로소 작업을 시작하므로 상당히 효과적인 방법이다.

메시지 유입이 한곳에서만 발생한다면 이런 프로그램은 아주 쉽게 작성할수 있다. 5장에서 설명하겠지만, 하나의 큐에서 메시지를 가져오는 프로그램은 큐를 기반으로 하는 분산 프로그램의 동작 형태와 정확히 일치한다.

하지만 현실에서는 메시지나 이벤트가 한곳에서만 들어오는 경우는 찾기 어렵다. 게다가 어떤 이벤트를 처리해서 새로운 유형의 이벤트를 생성하는 경우도 있다. 이렇게 보면, 프로그램에서 다양한 이벤트 소스(source)를 처리할 수있어야 한다.

3.1 기본 패턴

가장 많이 사용되는 이벤트 소스는 I/O다. 대부분의 읽기, 쓰기는 본질적으로 블로킹 작업이므로 프로그램 실행 속도는 느릴 수밖에 없다. 프로그램은 read 작업이 완료될 때까지 몇 초간 기다려야 하며 그 시간 동안 다른 작업을 할 수 없다. read는 동기식 호출이며 파일, 소켓 등에 읽을 데이터가 없다면 프로그램이 블록된다.

문제를 해결하는 방법은 소켓에 읽을 데이터가 준비됐을 때 이벤트를 발생시켜 알려 주는 것이다. 꼭 이 경우가 아니더라도 다른 상황 역시 이벤트를 활용해서 처리할 수 있다.

예제 3.1은 http://httpbin.org/delay/5에 HTTP 요청을 보내는 단순한 프로그램이다. 서버는 5초간 지연 후에 JSON 응답을 보내 준다.

예제 3.1 블로킹 소켓(01_blocking-socket.py)

```
import socket

s = socket.create_connection(("httpbin.org", 80))
s.send(b"GET /delay/5 HTTP/1.1\r\nHost: httpbin.org\r\n\r\n")
buf = s.recv(1024)
print(buf)
```

예상대로 프로그램 실행부터 완료까지 최소 5초가 걸린다. socket.recv 호출은 웹 서버가 응답을 보내 줄 때까지 멈춰 있다.

이처럼 입력이나 출력을 기다려야 하는 상황은 피해야 한다. 기다리는 동안 프로그램에 다른 작업을 시킬 수 있기 때문이다.

이번에는 비동기 모드(asynchronous mode) 소켓을 사용해서 문제를 해결해 보자. setblocking 함수를 써서 소켓의 블로킹 모드를 설정할 수 있다.

예제 3.2 논블로킹 소켓(02_non-blocking-socket.py)

```
import socket

s = socket.create_connection(("httpbin.org", 80))
s.setblocking(False)
s.send(b"GET /delay/5 HTTP/1.1\r\nHost: httpbin.org\r\n\r\n")
buf = s.recv(1024)
print(buf)
```

예제 3.2를 실행하면 다음 에러 메시지를 출력하며 실패할 것이다.

```
$ python 02_non-blocking-socket.py
Traceback (most recent call last):
  File "02_non-blocking-socket.py", line 6, in <module>
    buf = s.recv(1024)
BlockingIOError: [Errno 11] Resource temporarily unavailable
```

소켓을 비동기 모드로 설정했지만 서버는 여전히 5초간 지연 후에 응답을 보낼 것이므로 s.recv가 호출됐을 때 소켓에는 읽을 데이터가 없다. 파이썬은 이런 경우 BlockingIOError를 발생시켜 호출자가 나중에 다시 시도할 수 있게 한다.

지금까지 상황을 볼 때 소켓에 데이터가 들어오자마자 프로그램이 곧바로 메시지를 가져올 수만 있다면, 기다리는 동안 다른 작업을 처리하면서 시간을 좀 더 효과적으로 보낼 수 있을 것이다.

파이썬의 select 모듈을 사용하면 이 아이디어를 간단히 적용할 수 있다. select.select(rlist, wlist, xlist) 함수는 임의 개수의 소켓(또는 파일 디스크립터)을 입력으로 받아서 읽기/쓰기 작업 가능 여부 또는 에러 발생 여부를 돌려준다.

예제 3.3 select.select로 소켓 사용하기(03_select-select.py)

```python
import select
import socket

s = socket.create_connection(("httpbin.org", 80))
s.setblocking(False)
s.send(b"GET /delay/1 HTTP/1.1\r\nHost: httpbin.org\r\n\r\n")
while True:
    ready_to_read, ready_to_write, in_error = select.select(
        [s], [], [])
    if s in ready_to_read:
        buf = s.recv(1024)
        print(buf)
        break
```

예제 3.3에서 소켓 s는 읽기 준비 상태 여부를 알기 위해 ready_to_read에 인수로 전달된다. 프로그램은 블로킹 없이 소켓에 읽을 수 있는 데이터가 들어오면 곧바로 읽을 수 있다.

select 호출 시에 이벤트 소스 여러 개를 결합하면 프로그램을 쉽게 이벤트

주도(event-driven) 방식으로 만들 수 있다. select 루프는 프로그램의 주 제어 흐름으로, 모든 동작은 여기를 중심으로 진행된다. 파일 디스크립터나 소켓에서 읽기, 쓰기가 가능해지면 작업을 계속 이어갈 수 있다.

이러한 방식은 한번에 수천 개의 연결을 처리해야 하는 프로그램의 핵심 요소로, NGINX(http://nginx.org/en/docs/events.html)나 Node.js(https://nodejs.org/) 같은 매우 빠른 HTTP 서버에서 기반 기술로 사용되고 있다.

select는 오래된 기술이며 일반적인 시스템 호출이므로 가장 좋은 성능을 보여 주지는 못한다. 그래서 리눅스의 epoll이나 FreeBSD의 kqueue와 같이 운영체제마다 다양한 대안과 최적화를 구현했다. 파이썬은 고급 언어로서, asyncio라는 추상화 계층을 구현해서 제공한다.

3.2 asyncio 사용하기

이벤트 루프가 무엇이고 어떻게 동작하는지 살펴봤으므로 이번에는 최신 기술의 이벤트 루프 사용법을 알아보자. asyncio는 파이썬 3에 추가됐으며 3.5 이상 버전을 사용해야 한다.

asyncio는 이벤트 루프 개념을 기반으로 하며 3장 1절에서 설명한 select 모듈과 동일한 방식으로 동작한다. asyncio가 이벤트 루프를 생성하고 애플리케이션은 파일의 읽기 작업 준비나 소켓의 쓰기 작업 준비처럼 특정 이벤트가 발생했을 때 호출될 함수를 등록한다.

이러한 유형의 함수를 코루틴(coroutine)이라고 부른다. 코루틴은 호출 측에 제어를 되돌려 줄 수 있는 특별한 유형의 함수로서, 호출 측에서 이벤트 루프를 계속 실행할 수 있게 한다. 코루틴은 yield 구문을 사용해서 호출 측에 제어를 돌려주는 제너레이터와 동일하게 동작한다.

예제 3.4 Hello world asyncio 코루틴(04_hello-asyncio.py)

```
import asyncio

async def hello_world():
    print("hello world!")
    return 42

hello_world_coroutine = hello_world()
```

```
print(hello_world_coroutine)

event_loop = asyncio.get_event_loop()
try:
    print("entering event loop")
    result = event_loop.run_until_complete(hello_world_coroutine)
    print(result)
finally:
    event_loop.close()
```

예제 3.4 코드는 코루틴을 사용한 이벤트 루프의 매우 단순한 예다. hello_world 코루틴은 def 키워드 대신, async def를 사용해서 정의됐다는 것만 제외하면 일반적인 함수와 다를 바가 없다. 이 코루틴은 단순히 메시지를 출력하고 값을 반환한다.

　이벤트 루프는 이 코루틴을 실행한 다음, 코루틴이 결과를 돌려주면 곧바로 종료되며 전체 프로그램 실행도 끝나게 된다. 코루틴은 값을 반환할 수 있으며 예제에서는 42를 반환한다. 이 값은 이벤트 루프 자체의 반환값이기도 하다.

예제 3.5 04_hello_asyncio.py 출력 결과

```
$ python 04_hello-asyncio.py
<coroutine object hello_world at 0x7f5a09e8fc50>
entering event loop
hello world!
42
```

코루틴은 다른 코루틴과 협력(cooperate)할 수 있다. '코루틴'이라고 부르는 이유가 여기에 있다. 이번에는 코루틴 안에서 다른 코루틴을 호출하는 예제를 보자.

예제 3.6 다른 코루틴을 호출하는 코루틴(06_asyncio-coroutine.py)

```
import asyncio

async def add_42(number):
    print("Adding 42")
    return 42 + number

async def hello_world():
    print("hello world!")
    result = await add_42(23)
    return result

event_loop = asyncio.get_event_loop()
```

```
try:
    result = event_loop.run_until_complete(hello_world())
    print(result)
finally:
    event_loop.close()
```

await 키워드는 다른 코루틴과 협력해서 실행할 때 사용한다. 예제 코드에서 await는 코루틴 add_42(23)을 이벤트 루프에 등록하고 제어권을 이벤트 루프에 되돌려 준다. 따라서 이벤트 루프는 실행에 필요한 모든 것을 스케줄할 수 있다. 지금은 add_42(23)이 등록되어 실행을 기다리는 상태였으므로 이 코루틴이 실행된다. add_42(23) 코루틴이 완료되면 이벤트 루프 스케줄러가 hello_world 코루틴 실행을 이어간다.

예제 3.7 06_asyncio_coroutine.py 실행 결과

```
$ python 06_asyncio-coroutine.py
hello world!
Adding 42
65
```

지금까지의 예제는 매우 단순하므로 코루틴 실행 순서도 추측하기 쉬웠다. 이 예제들은 이벤트 루프 스케줄링을 거의 활용하지 않았다.

다음 예제 3.8에서는 새로운 함수가 두 개 등장한다.

· asyncio.sleep은 time.sleep의 비동기식 구현이다. 이 코루틴은 몇 초 동안 지연할 때 사용하는데, 함수가 아니라 코루틴이기 때문에 이벤트 루프에 제어권을 돌려준다.

· asyncio.gather는 await 키워드를 한 번만 써서 코루틴 여러 개를 기다릴 때 사용한다. 이 함수를 쓰면 모든 코루틴의 작업 결과가 필요하다는 점을 스케줄러에 명시적으로 알려서 이벤트 루프가 모든 코루틴을 동시에 실행하게끔 할 수 있다.

예제 3.8 asyncio.sleep과 asyncio.gather를 사용한 코루틴(08_asyncio-sleep-gather.py)

```
import asyncio

async def hello_world():
    print("hello world!")
```

```
async def hello_python():
    print("hello Python!")
    await asyncio.sleep(0.1)

event_loop = asyncio.get_event_loop()
try:
    result = event_loop.run_until_complete(asyncio.gather(
        hello_world(),
        hello_python(),
    ))
    print(result)
finally:
    event_loop.close()
```

예제 3.8에서 hello_world와 hello_python 코루틴은 모두 동시에 실행된다. 이벤트 루프 스케줄러가 hello_world를 먼저 시작했다면 hello_python도 완료돼야만 진행을 계속할 수 있다. hello_python은 asyncio.sleep(0.1) 코루틴이 완료될 때까지 기다려야 한다는 것을 스케줄러에 알린다. 그러면 스케줄러는 hello_python 실행을 이어 가기 전에 이 코루틴을 실행해서 0.1초간 지연한다. 이 과정이 끝나고 코루틴이 종료되면 이벤트 루프도 종료된다.

기다리는 동안 블록되는 동기 방식의 time.sleep 함수와 달리 asyncio.sleep은 비동기 방식이므로 지정된 시간까지 대기하는 동안 다른 일을 할 수 있다.

한편, hello_python 코루틴이 먼저 실행되면 await asyncio.sleep(0.1) 코루틴이 이벤트 루프에 제어를 되돌려 준 이후에야 hello_world가 시작된다. 이벤트 루프의 남은 부분이 실행을 마치면 프로그램도 종료된다.

aiohttp 라이브러리는 비동기 HTTP(여기에 관해서는 9장 5절에서 다룬다)를 제공한다. 예제 3.9는 asyncio를 활용해서 동시성 작업을 처리하는 간단한 예를 보여 준다.

예제 3.9 aiohttp 사용하기(09_aiohttp-example.py)

```
import aiohttp
import asyncio

async def get(url):
    async with aiohttp.ClientSession() as session:
        async with session.get(url) as response:
            return response

loop = asyncio.get_event_loop()
```

```
coroutines = [get("http://example.com") for _ in range(8)]

results = loop.run_until_complete(asyncio.gather(*coroutines))

print("Results: %s" % results)
```

이 코드는 get에 대한 호출마다 하나씩 여러 개의 코루틴을 만든다. 그런 다음, asyncio.gather 함수를 통해 이벤트 루프가 이 코루틴을 동시에 실행하도록 한다. 웹 서버 응답이 오래 걸리면 이벤트 루프는 실행할 준비를 끝낸, 다음 코루틴으로 전환해서 데이터를 읽는다.

 예제 3.9에서 사용된 async with 키워드는 await와 동일하다. 콘텍스트 매니저(context manager)의 __enter__와 __exit__ 함수 내에서 await를 사용했다는 차이만 있을 뿐이다.

asyncio는 또한 함수를 일정 시간 후에 호출하는 방법을 제공한다. asyncio.sleep으로 대기 루프를 만드는 대신, call_later와 call_at을 사용해서 상대적 또는 절대적인 미래 시간에 함수를 호출할 수 있다.

예제 3.10 loop.call_later 사용하기(10_call-later.py)

```
import asyncio

def hello_world():
    print("Hello world!")

loop = asyncio.get_event_loop()
loop.call_later(1, hello_world)
loop.run_forever()
```

예제 3.10은 프로그램이 시작되고 1초 후에 "Hello world!"를 출력한다. 루프에서 처리할 다른 작업이 없기 때문에 프로그램은 계속 블록된다.

예제 3.11 loop.call_later 반복 사용(11_call-later-repeatedly.py)

```
import asyncio

loop = asyncio.get_event_loop()

def hello_world():
    loop.call_later(1, hello_world)
    print("Hello world!")
```

```
loop = asyncio.get_event_loop()
loop.call_later(1, hello_world)
loop.run_forever()
```

예제 3.11은 call_later를 사용해서 hello_world 함수를 매초마다 실행한다.

asyncio는 네트워크 관련 작업을 처리하는 데 매우 뛰어나다. asyncio의 이벤트 루프는 소켓 수천 개를 동시에 다룰 수 있으므로 프로그램이 주기적으로 await 키워드를 사용해서 이벤트 루프에 제어를 되돌려 주면 최대한 빠르게 처리 가능한 다음 소켓으로 전환된다. 당연히 프로그램에서 사용하는 코드와 라이브러리는 asyncio와 호환돼야 하기 때문에 모든 종류의 프로그램에서 항상 사용할 수 있는 것은 아니다.

3.2.1 네크워크 서버

asyncio는 수천 개의 네트워크 연결을 다루는 데 탁월하므로 네트워크 서버를 구현할 때 유용한 프레임워크를 제공한다. 다음 예제는 비록 단순한 TCP 서버지만 필요에 따라 좀 더 기능을 갖춘 서버로 발전시킬 수 있다.

 aiohttp를 사용해서 asyncio 기반 웹 서버를 만들 수 있다. 그렇지만 uwsgi나 gunicorn 같은 빠르고 최적화된 기본 WSGI 서버보다 느리므로 그다지 쓸 만하지 않다. 파이썬 웹 애플리케이션은 항상 WSGI를 사용하므로 빠른 비동기 방식으로 WSGI 서버를 전환하기는 쉽다.

예제 3.12는 간단한 TCP 서버다. 이 서버는 줄 바꿈 문자인 '\n'으로 끝나는 문자열을 받아서 모두 대문자로 바꾼 뒤 클라이언트에 응답으로 돌려준다.

예제 3.12 asyncio TCP 서버(12_asyncio-tcp-server.py)
```python
import asyncio

SERVER_ADDRESS = ('127.0.0.1', 1234)

class YellEchoServer(asyncio.Protocol):
    def connection_made(self, transport):
        self.transport = transport
        print("Connection received from:",
            transport.get_extra_info('peername'))
```

```
    def data_received(self, data):
        self.transport.write(data.upper())

    def connection_lost(self, exc):
        print("Client disconnected")

event_loop = asyncio.get_event_loop()

factory = event_loop.create_server(YellEchoServer, *SERVER_ADDRESS)
server = event_loop.run_until_complete(factory)

try:
    event_loop.run_forever()
finally:
    server.close()
    event_loop.run_until_complete(server.wait_closed())
    event_loop.close()
```

서버를 구현하는 첫 번째 단계는 asyncio.Protocol을 상속받는 클래스를 정의 하는 것이다. 반드시 이 클래스를 상속해야 하는 것은 아니지만 이 클래스를 상속받아서 모든 기본 함수를 정의해 두는 편이 좋다.

클라이언트와 연결이 맺어지면 connection_made(transport) 함수가 곧 바로 호출된다. 클라이언트와 연결된 소켓 및 스트림을 의미하는 asyncio. BaseTransport 객체가 인수로 전달된다. 이 객체는 클라이언트 정보를 추가로 얻을 때 사용하는 get_extra_info, 전송을 종료할 때 사용하는 close와 같은 여 러 함수를 제공한다. connection_lost는 연결의 다른 쪽 끝을 다루는 코드로, 연결이 끊어지면 호출된다. connection_made와 connection_lost는 각 연결당 한 번씩 호출된다.

data_received 함수는 데이터 일부가 수신될 때마다 호출된다. 수신되는 데 이터가 전혀 없다면 호출되지 않는다. 클라이언트가 EOF 시그널을 보내면 eof_ received 함수가 한 번 호출된다.

그림 3.1은 asyncio.Protocol이 제공하는 상태 머신과 작업 흐름을 보여 준다.

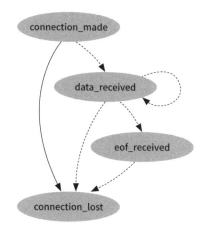

그림 3.1 asyncio.Protocoal 상태 머신

예제 3.12를 간단히 테스트하기 위해 넷캣(netcat) 프로그램을 이용한다. 대부분의 유닉스 버전에서 nc 명령을 통해 사용할 수 있다.

예제 3.13 nc를 사용해서 YellEchoServer에 연결하기

```
$ nc localhost 1234
hello world!
HELLO WORLD!
$
```

결과에서 볼 수 있듯이 '\n'으로 끝나는 모든 문자열이 대문자로 변환된다. 컨트롤(control) 키와 d 키를 같이 눌러 EOF를 보내면 연결이 종료된다.

　asyncio가 굉장히 빠르다고 했는데 정말 그런지 확인해 보자. 이번에는 asyncio.Protocol 클래스를 써서 클라이언트를 구현한다.

예제 3.14 asyncio TCP 클라이언트(14_asyncio-tcp-client.py)

```python
import asyncio

SERVER_ADDRESS = ('127.0.0.1', 1234)

class EchoClientProtocol(asyncio.Protocol):
    def __init__(self, message, loop):
        self.message = message
        self.loop = loop

    def talk(self):
        self.transport.write(self.message)
```

```
    def connection_made(self, transport):
        self.transport = transport
        self.talk()

    def data_received(self, data):
        self.talk()

    def connection_lost(self, exc):
        self.loop.stop()
loop = asyncio.get_event_loop()
loop.run_until_complete(loop.create_connection(
    lambda: EchoClientProtocol(b'Hello World!', loop),
    *SERVER_ADDRESS))
try:
    loop.run_forever()
finally:
    loop.close()
```

예제 3.14의 클라이언트는 예제 3.12에서 만들었던 YellEchoServer에 접속한다. 연결이 맺어지면 connection_made가 호출되고 클라이언트는 talk 함수를 통해 메시지를 전송한다. 서버는 수신된 문자열을 모두 대문자로 바꿔서 응답으로 돌려준다. 이때 클라이언트의 data_received가 호출된다. 클라이언트는 서버에 다시 메시지를 보내고, 이런 식으로 서버와 클라이언트 간의 상호 작용은 무한정 반복된다.

클라이언트와 서버의 이러한 반복적인 상호 작용은 특히 서버 성능을 테스트할 때 유용하다. 예제 3.12를 약간 수정하고 통계 지표 몇 개를 추가하면, 서버가 감당할 수 있는 대략적인 처리량을 파악할 수 있다.

예제 3.15 통계 지표를 추가한 asyncio TCP 서버(15_asyncio-server-stats.py)

```
import asyncio
import time

SERVER_ADDRESS = ('127.0.0.1', 1234)

class YellEchoServer(asyncio.Protocol):
    def __init__(self, stats):
        self.stats = stats
        self.stats['started at'] = time.time()

    def connection_made(self, transport):
        self.transport = transport
        self.stats['connections'] += 1
```

```
    def data_received(self, data):
        self.transport.write(data.upper())
        self.stats['messages sent'] += 1

event_loop = asyncio.get_event_loop()

stats = {
    "started at": time.time(),
    "connections": 0,
    "messages sent": 0,
}

factory = event_loop.create_server(
    lambda: YellEchoServer(stats), *SERVER_ADDRESS)
server = event_loop.run_until_complete(factory)

try:
    event_loop.run_forever()
except KeyboardInterrupt:
    pass
finally:
    server.close()
    event_loop.run_until_complete(server.wait_closed())
    event_loop.close()

    ran_for = time.time() - stats['started at']
    print("Server ran for: %.2f seconds" % ran_for)
    print("Connections: %d" % stats['connections'])
    print("Messages sent: %d" % stats['messages sent'])
    print("Messages sent per second: %.2f"
        % (stats['messages sent'] / ran_for))
```

예제 3.15는 기본적인 통계 지표를 몇 개 저장하고 계산해서 프로그램이 종료
될 때 출력한다.

예제 3.16 asyncio TCP 에코 서버 테스트

```
$ python 15_asyncio-server-stats.py
^CServer ran for: 79.82 seconds
Connections: 5
Messages sent: 2725683
Messages sent per second: 34146.14
```

개인 노트북에서 예제 3.14의 클라이언트 다섯 개를 동시에 띄웠을 때 asyncio
서버는 초당 3만 4000개의 메시지를 처리했다. 코드를 봐서 알겠지만 서버가
많은 일을 하지는 않는다. 문자열을 대문자로 바꾸는 건 그리 의미 있는 작업

도 아니다. 그럼에도 결과는 꽤 훌륭하다. 게다가 이 서버는 별도의 스레드나 추가 프로세스를 사용하지 않으며, **한 개의 CPU**만 사용하고 있다.

asyncio는 비동기 네트워크 서버 및 클라이언트를 만들 때 사용할 수 있는 매우 뛰어난 솔루션이다. 프로토콜 구현이 간단하며 모든 종류의 비동기 작업 부하를 혼합할 수 있는 능력이 프레임워크를 강력하게 만든다.

3.3 asyncio를 주제로 한, 나오키 이나다(Naoki Inada) 인터뷰

자기소개와 어떻게 파이썬을 사용하게 됐는지 설명을 부탁한다.

2016년부터 파이썬 핵심 개발자로 활동하고 있다. 파이썬 3.6에서 더 적은 메모리를 쓰면서 순서가 보존되는 딕셔너리 기능(https://docs.python.org/3/whatsnew/3.6.html #whatsnew36-compactdict)을 구현했다. 지금은 KLab(http://www.klab. com/jp/english/)에서 실시간 온라인 게임 서버를 개발하고 있다. 대부분의 업무에서도 CPython을 비롯한 오픈 소스를 사용하고 있다.

학생일 때는 파이썬과 같은 스크립트 언어를 좋아하지 않았고 C++를 익히는 데 더 많은 시간을 보냈다. 펄(Perl)과 배시(bash)도 공부했지만 문자열과 정수 간의 암시적인 타입 변환 같은 기능들은 마음에 들지 않았다.

졸업 후 디지털 카메라의 펌웨어 개발 직업을 갖게 됐다. 그때는 주로 C를 사용했는데 매우 단순한 작업에도 많은 시간이 필요했다.

예를 들어, 사용자 정의 형식으로 작성된 로그를 분석하고 시각화하려면 길고 장황한 C 코드를 써야 했다. 그래서 생산성 향상을 위해 쓸 만한 스크립트 언어를 찾던 중, IPython(https://ipython.org)을 발견했고 분석 작업에 특히 유용하다는 것을 알게 됐다. 파이썬을 쓰는 것이 윈도우의 **.bat** 파일을 만드는 것보다 더 낫다고 생각한다.

asyncio 관련 작업에 참여했다고 들었다. 현재 프로젝트 진행 상황을 알려 줄 수 있나?

2016년에는 asyncio가 토네이도(Tornado)와 PyPy2를 같이 사용했을 때보다 느렸다. 하지만 그 이후에 asyncio는 여러 부분을 개선해서 성능을 높였다.

- 새로운 키워드 'yield from'을 도입했다.
- 유리 셀리바노프(Yury Selivanov)는 uvloop(https://github.com/Magic Stack/uvloop)와 asyncpg(https://github.com/MagicStack/asyncpg)를 구현했다. 사이썬(http://cython.org/)은 또한 asyncio 기술 스택에 더 향상된 성능을 제공한다.
- CPython 3.6의 async와 await 키워드는 asyncio 애플리케이션의 가독성을 향상시켰다.
- CPython 3.6에서 Future와 Task의 C 구현은 asyncio 기반 애플리케이션의 성능을 끌어올렸다(나는 유리 셀리바노프와 함께 Future와 Task를 구현했다).
- 토네이도는 asyncio를 정확하게 지원한다. 이제 토네이도에서 asyncio를 사용할 수 있다.
- PyPy 3.5는 최근에 릴리스됐다. 여전히 베타 단계지만 asyncio는 이제 PyPy에서 실행할 수 있다. PyPy를 사용하면 성능도 향상된다.

그러므로 이제 asyncio는 파이썬에서 고성능 비동기 애플리케이션을 작성할 때 실무에서 사용할 수 있는 솔루션이라고 생각한다.

개인적으로, 고성능 네트워크 애플리케이션을 만들 때 고(Go) 언어를 사용한다. 하지만 asyncio가 네트워크 라이브러리를 만드는 새로운 표준이 되기를 희망한다. asyncio 기반 라이브러리(예를 들면, http2 클라이언트)는 (a) asyncio 애플리케이션, (b)토네이도 애플리케이션, (c)일반적인 동기 애플리케이션 등에서 사용할 수 있다.

이런 점에서 보면 더 이상 asyncio 사용을 주저할 이유가 없다.

고성능 애플리케이션을 만들 때 파이썬보다 고를 선호하는 이유는 무엇인가? 파이썬이 그런 부족한 점을 보완할 수 있다고 보는가?

먼저, 고와 파이썬은 다른 언어이며 다른 문화를 갖고 있다(예를 들면, 고는 들여쓰기에 탭을 사용한다). 반면에 같은 철학(https://talks.golang.org/2012/

zen.slide#1)을 공유하기도 한다. 배우고 유지하기 쉽다는 면에서 확실히 고와 파이썬은 비슷하다고 볼 수 있다.

하지만 고는 대부분 파이썬보다 빠르다. 고가 정적 언어이기 때문이다. 사이썬이 CPython의 비장의 무기가 될 수 있겠지만 개인적으로 고 코드가 사이썬 코드에 비해 유지 관리가 더 쉽고, 성능 면에서도 고의 성능이 PyPy에 비해 안정적으로 예측 가능하다고 생각한다.

고를 선호하는 또 다른 이유는 고가 병렬성(parallelism)을 지원한다는 것이다. 고는 한 프로세스에서 코어 여러 개를 사용할 수 있다. 이런 특성 덕분에 멀티 프로세스 방식보다 더 효과적인 기술을 사용할 수 있다. 예를 들어, 프로세스 내 캐싱은 싱글 프로세스 방식에서 더 효율적이다.

고 사용을 선호하는 마지막 이유는, 고 애플리케이션이 파이썬의 비동기 애플리케이션보다 관리하기 쉽기 때문이다.

예를 들어, '블로킹 가능성이 낮은' 시스템 호출(syscall)이 많다. 그런 호출들의 경우 노트북에서는 블로킹되지 않지만 운영 환경에서는 블로킹되는 경우도 있다. 이런 문제를 디버깅하기는 매우 어렵다. 기본적인 해결책은 가능한 한 블로킹 함수를 전부 전용 스레드에 두는 것이다. 그렇지만 이로 인해 애플리케이션이 더 복잡해지고 관리 역시 힘들어진다. 문제를 해결하기 위해 C#이나 node.js 같은 여타 언어에서도 스레드 풀을 사용해서 동시성을 구현한다.

고루틴은 이런 방법 중에서 독보적이다. 고루틴은 스레드에서 실행된다. 고루틴이 시스템 호출을 호출해서 블록되면 고 런타임은 새로운 스레드를 시작하고 고루틴 대기를 이전 스레드에서 새로운 스레드로 이동한다. 따라서 시스템 호출이 차단된다고 해서 전체 애플리케이션이 차단되지 않는다. 그래서 파이썬에서 하는 것처럼 비동기 모델과 스레드 모델을 혼용하는 대신, 단일 프로그래밍 모델로 전체 애플리케이션을 만들 수 있다.

고의 프로파일링 도구인 pprof 역시 도움이 된다. 이 도구를 써서 메모리 및 CPU 사용량, 블로킹 상태를 프로파일링할 수 있다. pprof를 사용하면 고로 만든 애플리케이션을 쉽게 유지 보수할 수 있다.

지금까지 언급한 고의 장점들을 파이썬이 따라잡을 수 있다고 보는가?

파이썬이 고의 장점을 100% 따라잡기는 힘들다고 본다. 물론 이렇게 생각한다고 해서 파이썬과 asyncio의 최적화를 그만둔다는 것은 아니다. 파이썬이 정적언어에 비해 더 높은 생산성을 보여 주는 영역이 여전히 많다.

예를 들어, 파이썬으로 웹 애플리케이션의 대부분을 만들고 고로 미들웨어일부나 마이크로서비스를 만들어 연동할 수 있다. asyncio는 파이썬 애플리케이션에서 이러한 마이크로서비스를 호출할 때 사용할 수 있다. 이처럼 두 언어를 조합해서 독창적이고 멋진 솔루션을 얼마든지 만들 수 있다.

4장

함수형 프로그래밍

파이썬의 대표적인 특징으로 함수형 프로그래밍을 언급하기는 어렵겠지만, 사실 파이썬은 함수형 프로그래밍을 꽤 광범위하게 지원하고 있다. 안타깝게도 많은 파이썬 개발자들이 이러한 사실을 인식하지 못한다. 몇 가지 예외가 있지만 함수형 프로그래밍을 통해 더 간결하고 효율적인 코드를 만들 수 있다.

이 방식을 적용해서 만든 함수는 부작용(side effect)을 갖지 않는다. 여기서 '부작용을 갖지 않는다' 또는 '부작용이 없다'라는 말은 상태를 관리하지 않는다는 뜻이다. 즉 입력과 출력 사이에 상태를 유지하지 않으며 반환값에 반영되지 않는 어떤 것도 수정하지 않는다. 부작용이 없는 함수를 특히 순수 함수(purely functional)라고 부른다.

비순수 함수

```
def remove_last_item(mylist):
    """리스트에서 마지막 아이템을 제거한다."""
    mylist.pop(-1) # 여기서 mylist 원본을 수정한다.
```

순수 함수

```
def butlast(mylist):
    """리스프(Lisp)의 butlast처럼 마지막 요소 없이 리스트를 반환한다."""
    return mylist[:-1] # mylist의 복사본을 반환한다.
```

파이썬이 함수형 스타일을 강요하지는 않지만 원한다면 이러한 방식을 사용할 수 있다. 객체 지향은 객체 상태를 변경해 가면서 동작하기 때문에 불변성

(immutability)을 따르는 함수형과는 반대 개념이며 호환되지 않는다.

함수형 방식은 확장성과 관련해서 특히 중요하다. 이 방식을 적용한 코드는 대규모 애플리케이션을 개발할 때 큰 이득이 되는 중요한 속성을 가지고 있는데, 바로 공유 상태가 없다는 점이다.

1장 2절에서 알아본 것처럼, 공유 상태가 없으면 데이터를 가져오고 새로운 데이터를 출력하는 블랙박스처럼 설계할 수 있기 때문에 프로그램 전체를 분산할 수 있다. 얼랭과 같은 고급 함수형 분산 프로그래밍 언어에서는 확장성 제공을 위해 이 속성을 언어의 핵심으로 삼는다.

또한 이 접근법은 2장 5절에서 설명한 것처럼, 고(Go) 프로그래밍 언어가 채널을 통해 작업을 로드 밸런싱하는 것과 같은 방법으로, 큐 및 메시지 전달 같은 여타 분산 패턴을 사용할 수 있게 해 준다.

함수형 프로그래밍은 이외에도 다음과 같은 실용적인 이점이 있다.

· **형식적 증명 가능성(formal provability)**: 어느 누구도 파이썬 프로그램을 수학적으로 증명하지 않을 것이므로 이것은 순수한 이론적인 장점이다.[1]
· **모듈성(modularity)**: 함수형 코드는 문제를 해결할 때 일정 수준의 분리를 강제하므로 다른 상황에서도 쉽게 재사용할 수 있다.
· **간결성(brevity)**: 함수형 코드는 보통 다른 개발 방법보다 덜 장황하다.
· **동시성(concurrency)**: 순수 함수는 스레드에 안전하며 동시에 실행될 수 있다. 파이썬에서는 아직 이렇게 못하지만 일부 함수형 언어는 자동으로 지원되므로 애플리케이션 확장 시에 큰 도움이 된다.
· **테스트 가능성(testability)**: 함수형 코드는 쉽게 테스트할 수 있다. 필요한 것은 입출력값을 설정하는 것뿐이며 이것들은 항상 일치한다.

함수형 프로그래밍을 제대로 배우고 싶다면 파이썬을 잠시 내려놓고 리스프(Lisp) 같은 함수형 언어를 배워 볼 것을 제안한다. 파이썬 책에서 이런 제안을 한다는 것이 이상하게 들리겠지만, 나는 지난 몇 년 동안 리스프를 다루면서 '함수형으로 생각하는 방법'을 배울 수 있었다. 명령형 프로그래밍이나 객체 지향 프로그래밍에 대한 경험이 대부분이라면,

---

1 (옮긴이) '형식적 증명 가능성'은 함수형 프로그래밍의 이론적 장점으로, 정확한 수학적 증명을 만들기 쉽다는 것을 의미한다.

함수형 프로그래밍에 필요한 사고방식에 익숙해지기 힘들 것이다. 리스프 자체는 순수하게 함수형이라고 볼 수 없지만, 파이썬과 비교하면 함수형 프로그래밍에 더 많은 초점을 두고 있다.

4.1 함수형 툴킷

함수형 코드를 완성하는 건 개발자 몫이지만, 파이썬은 함수형 프로그래밍을 위한 내장 함수를 제공해서 더 좋은 코드를 쓸 수 있도록 돕는다.

- map(function, iterable)은 iterable의 각 요소에 function을 적용하며, 파이썬 2에서는 리스트를, 파이썬 3에서는 반복 가능한 map 객체를 반환한다.

```
>>> map(lambda x: x + "bzz!", ["I think", "I'm good"])
<map object at 0x002CBFF0>
>>> list(map(lambda x: x + "bzz!", ["I think", "I'm good"]))
['I thinkbzz!', "I'm goodbzz!"]
```

- filter(function 또는 None, iterable)은 function이 반환하는 결과를 기반으로 iterable에서 아이템을 필터하며, 파이썬 2에서는 리스트를, 파이썬 3에서는 반복 가능한 filter 객체를 반환한다.

```
>>> filter(lambda x: x.startswith("I "), ["I think", "I'm good"])
<filter object at 0x0023FCF0>
>>> list(filter(lambda x: x.startswith("I "), ["I think", "I'm good"]))
['I think']
```

 제너레이터(generator)와 리스트 해석(list comprehension)을 사용하면, filter나 map과 동일한 함수를 만들 수 있다.

제너레이터와 리스트 해석을 사용한 map 구현

```
>>> (x + "bzz!" for x in ["I think", "I'm good"])
<generator object <genexpr> at 0x002DDAE0>
>>> [x + "bzz!" for x in ["I think", "I'm good"]]
['I thinkbzz!', "I'm goodbzz!"]
```

제너레이터와 리스트 해석을 사용한 filter 구현

```
>>> (x for x in ["I think", "I'm good"] if x.startswith("I "))
<generator object <genexpr> at 0x002DDAE0>
```

```
>>> [x for x in ["I think", "I'm good"] if x.startswith("I ")]
['I think']
```

파이썬 2에서 앞서와 같이 제너레이터를 사용하면, 파이썬 3의 map과 filter 함수와 같이 리스트가 아닌, 반복 가능한 객체를 반환한다.

· enumerate(iterable[, start])는 연속되는 튜플을 생성해서 반복 가능한 enumerate 객체로 반환한다. 각 튜플은 start 인수가 제공되면 start로 시작하는 정수형 인덱스와 이와 관련된 iterable의 아이템으로 구성된다. enumerate는 배열의 인덱스를 사용하는 코드를 작성할 때 유용하다. 예를 들어, 다음과 같은 코드를 쓰는 대신,

```
i = 0
while i < len(mylist):
    print("Item %d: %s" % (i, mylist[i]))
    i += 1
```

다음처럼 쓸 수 있다.

```
for i, item in enumerate(mylist):
    print("Item %d: %s" % (i, item))
```

· sorted(iterable, key=None, reverse=False)는 정렬된 iterable을 반환한다. key 인수에는 정렬 방법을 정의한 사용자 정의 함수를 전달할 수 있다.
· all(iterable)과 any(iterable)는 iterable의 요소가 참(True)인지 여부에 따라 불(Boolean) 값을 반환한다. 이 함수는 다음과 동일하다.

```
def all(iterable):
    for x in iterable:
        if not x:
            return False
    return True

def any(iterable):
    for x in iterable:
        if x:
            return True
    return False
```

이 함수들은 iterable에서 주어진 조건을 만족하는 특정한 하나(any), 또는 모두(all)의 값을 확인하고 싶을 때 유용하다.

```python
mylist = [0, 1, 3, -1]
if all(map(lambda x: x > 0, mylist)):
    print("모든 아이템이 0보다 크다.")
if any(map(lambda x: x > 0, mylist)):
    print("최소 한 개의 아이템이 0보다 크다.")
```

· zip(iter1 [, iter2 [...]]) 함수는 자료형 여러 개를 받아서 이것들을 튜플로 묶어 준다. 이 함수는 키 목록과 값 목록을 딕셔너리에 넣고 싶을 때 유용하다. 앞에서 설명한 다른 함수들과 마찬가지로, 파이썬 2에서는 리스트를 반환하고 파이썬 3에서는 반복 가능한 객체를 반환한다.

```python
>>> keys = ["foobar", "barzz", "ba!"]
>>> map(len, keys)
<map object at 0x020CBFF0>
>>> zip(keys, map(len, keys))
<zip object at 0x01D0F968>
>>> list(zip(keys, map(len, keys)))
[('foobar', 6), ('barzz', 5), ('ba!', 3)]
>>> dict(zip(keys, map(len, keys)))
{'foobar': 6, 'barzz': 5, 'ba!': 3}
```

> 💡 앞서 소개한 함수들의 반환 타입이 파이썬 2와 파이썬 3에서 다르다는 것을 봤다. 파이썬 2에서 기본 제공되는 순수 함수들은 반복 가능한 객체가 아닌, 리스트를 반환하기 때문에 파이썬 3.x에 비해 메모리 효율이 떨어진다. 이러한 함수들을 사용해서 코드를 작성할 계획이라면, 파이썬 3를 사용할 때 가장 많은 이득을 얻는다는 것을 알아 두자. 어쩔 수 없이 파이썬 2를 써야 한다고 해서 실망하지 말자. 표준 라이브러리의 itertools 모듈은 이 함수들의 반복자 버전(itertools.izip, itertools.imap, itertools.ifilter 등)을 제공한다.

지금까지 내장 함수 몇 가지를 살펴봤지만 필수 기능이 하나 빠졌다. 리스트를 사용할 때 가장 흔한 작업 중 하나는 특정 조건을 만족하는 첫 번째 항목을 찾는 것이다. 이 작업은 보통 다음과 같은 함수로 처리한다.

```python
def first_positive_number(numbers):
    for n in numbers:
```

```
        if n > 0:
            return n
```

함수형 스타일로 작성하면 다음과 같을 것이다.

```
def first(predicate, items):
    for item in items:
        if predicate(item):
            return item

first(lambda x: x > 0, [-1, 0, 1, 2])
```

더 간결하게 다음처럼 쓸 수 있다.

```
# 비효율적인 코드
list(filter(lambda x: x > 0, [-1, 0, 1, 2]))[0]  ①

# 효율적인 코드(파이썬 3)
next(filter(lambda x: x > 0, [-1, 0, 1, 2]))

# 효율적인 코드(파이썬 2)
next(ifilter(lambda x: x > 0, [-1, 0, 1, 2]))
```

① 첫 번째 코드는 조건을 만족시키는 항목이 없다면 list(filter())가 비어
   있는 리스트를 반환하므로 IndexError가 발생할 수 있다.

간단한 경우라면 next를 사용할 수도 있다.

```
>>> a = range(10)
>>> next(x for x in a if x > 3)
4
```

조건을 만족하는 아이템이 없다면 StopIteration이 발생하기 때문에 이런 경
우는 next의 두 번째 인수에 '기본값'을 적어 준다.

```
>>> a = range(10)
>>> next((x for x in a if x > 10), 'default')
'default'
```

모든 프로그램에 이와 같은 함수를 매번 만드는 대신, 작지만 매우 유용한 파
이썬 패키지인 first를 사용할 수 있다.

예제 4.1 first 사용하기

```
>>> from first import first
>>> first([0, False, None, [], (), 42])
42
>>> first([-1, 0, 1, 2])
-1
>>> first([-1, 0, 1, 2], key=lambda x: x > 0)
1
```

key 인수에는 각 요소가 조건을 만족하는지 여부를 판단해서 그 결과를 불값으로 반환하는 함수를 전달한다.

　이번 장의 예제 중 많은 곳에 lambda가 사용됐다. lambda는 map과 filter 같은 함수를 편하게 쓰기 위해 파이썬에 추가됐다. lambda가 없다면 다른 조건을 확인할 때마다 새로운 함수를 만들어야 한다.

```
import operator
from first import first

def greater_than_zero(number):
    return number > 0

first([-1, 0, 1, 2], key=greater_than_zero)
```

이 코드는 앞의 예제와 똑같이 동작하지만 별도의 함수를 만들어야 하므로 꽤 성가시다. 42보다 큰 첫 번째 수를 얻고 싶다면 새로운 함수를 또 만들어야 한다. 이에 반해, lambda를 사용하면 first 호출 시에 필요한 함수를 곧바로 정의할 수 있다.

　하지만 lambda는 이처럼 유용함에도 문제를 안고 있다. 무엇보다도 두 줄 이상의 코드는 lambda를 사용해서 key에 전달할 수 없다. 그렇다면 이런 경우는 새로운 함수를 매번 정의해야만 할까?

　lambda를 대체하는 좀 더 유연한 방법은 functools.partial을 사용해서 래퍼(wrapper) 함수를 만드는 것이다. 이 방법은 함수의 동작을 바꾸는 대신, 비틀어서(twist) 입력 매개 변수를 변경한다.

```
from functools import partial
from first import first

def greater_than(number, min=0):
```

```
        return number > min

first([-1, 0, 1, 2], key=partial(greater_than, min=42))
```

greater_than 함수는 앞에서 봤던 greater_than_zero와 대부분 동일하게 동작하지만 비교할 값을 지정할 수 있다. functools.partial에 greater_than 함수와 min으로 사용할 값을 전달해서 새로운 함수를 만들었다. 즉 functools. partial을 사용하면 주어진 상황에 맞춰 사용자 정의 함수를 만들 수 있다.

그런데 greater_than 함수를 자세히 보면 불필요하게 길어 보인다. 여기서 하는 일은 단지 두 값을 비교하는 것이 전부다. 파이썬이 이런 상황에 사용할 수 있는 내장 함수를 제공한다면 쉽게 해결될 것 같다. operator 모듈은 바로 이런 상황에 쓰기 적합하다.

```
import operator
from functools import partial
from first import first

first([-1, 0, 1, 2], key=partial(operator.le, 0))
```

functools.partial 함수는 또한 위치 인수와 함께 동작한다. 예제의 경우, operator.le(a, b)는 숫자 두 개를 받아서 첫 번째 숫자가 두 번째보다 작거나 같은지 반환한다. functools.partial에 전달한 0은 인수 a로 전달되고, functools.partial이 반환한 함수에 전달한 인수는 b로 전달된다. 따라서 앞의 예제는 lambda를 사용하거나 별도 함수를 정의하지 않고도 처음 예제와 동일하게 동작한다.

 functools.partial은 lambda를 대체할 수 있는 좋은 대안이다. 파이썬의 lambda는 본문 길이가 한 줄로 제한되므로 예외적으로 취급된다(lambda는 파이썬 3에서 제거될 예정이었지만 그 운명을 피해 갔다). 반면에 functools.partial은 원래 함수를 감쌀 수 있는 멋진 래퍼 역할을 담당한다.

파이썬 표준 라이브러리의 itertools는 여러 가지 유용한 함수를 제공하므로 기억해 두는 것이 좋다. 실제로 상당수의 개발자가 파이썬의 내장 함수를 놔둔 채 똑같이 동작하는 새로운 함수를 만드는 경우를 많이 봤다.

- accumulate(iterable[, func])는 반복 가능한 요소의 연속된 누적 합계 결과를 반환한다.
- chain(*iterables)는 중간 단계의 리스트 생성 없이 여러 개의 반복 가능한 객체를 차례대로 순회한다.
- combinations(iterable, r)은 주어진 iterable에서 r 길이만큼의 모든 조합을 생성한다.
- compress(data, selectors)는 selectors를 data에 불 마스크(Boolean mask)로 적용해서 참(true)일 때만 data에서 값을 가져온다.
- count(start, step)은 start부터 시작해서 매번 호출할 때마다 step만큼 증가하는 무한히 연속된 값을 생성한다.
- cycle(iterable)은 iterable의 각 요소를 대상으로 루프를 반복한다.
- repeat(elem[, n])은 요소를 n번 반복한다.
- dropwhile(predicate, iterable)은 predicate가 거짓(false)일 때까지 iterable의 요소를 필터링한다.
- groupby(iterable, keyfunc)는 keyfunc 함수가 반환한 결과로 요소를 그룹화하는 반복자를 생성한다.
- permutations(iterable[, r])은 iterable 요소의 연속된 r 길이의 순열을 반환한다.
- product(*iterables)는 중첩된 for 루프를 사용하지 않고, iterables의 데카르트 곱의 반복 가능한 객체를 반환한다.
- takewhile(predicate, iterable)은 predicate가 거짓일 때까지 iterable의 요소를 반환한다.

이 함수들은 operator 모듈과 함께 사용하면 특히 유용하다. itertools와 operator를 같이 쓰면 lambda에 의지하는 내부분의 상황을 저리할 수 있다.

예제 4.2 operator 모듈과 itertools.groupby 사용하기

```
>>> import itertools
>>> a = [{'foo': 'bar'}, {'foo': 'bar', 'x': 42}, {'foo': 'baz', 'y':43}]
>>> import operator
>>> list(itertools.groupby(a, operator.itemgetter('foo')))
```

```
[('bar', <itertools._grouper object at 0x02235230>), ('baz', <itertools._
    grouper object at 0x02235290>)]
>>> [(key, list(group)) for key, group in itertools.groupby(a, operator.
    itemgetter('foo'))]
[('bar', [{'foo': 'bar'}, {'foo': 'bar', 'x': 42}]), ('baz', [{'foo':
    'baz', 'y': 43}])]
```

이 코드에서 lambda x:x['foo']를 사용할 수도 있지만, operator를 쓰면 lambda
를 전혀 사용할 필요가 없다.

앞서 설명했듯이 이번 장에서 설명한 모든 코드와 함수는 순수 함수다. 즉
부작용이 없으며 전역 변수나 공유 데이터에 대한 의존성도 없다. 이 스타일로
작성한 코드는 병렬 실행이 쉽고, 5장에서 설명할 큐 시스템 등을 활용해 분산
이 가능하므로 확장성의 중요 요소다.

5장

큐를 사용한 분산

9장 4절에서 알아보겠지만, 클라이언트 요청에 동기식으로 응답하는 것은 항상 가능하지 않으며 제일 좋은 방법으로 보기도 어렵다. 경우에 따라서는 처리할 작업을 우선 받아 둔 다음, 나중에 이 작업을 실행하겠다고 약속하는 것이 가장 좋은 응답 방법이 될 수 있다.

큐를 사용한 분산 시스템 구현은 처리량이 높아진다는 장점과 지연 시간이 늘어난다는 단점 사이의 절충안이다.

이 시스템의 기본 구조는 두 가지 요소로 구성된다. 먼저 큐는 처리할 작업을 저장하며, 워커는 큐에서 작업을 꺼내 처리한 다음, 필요한 곳으로 작업 결과를 보낸다.

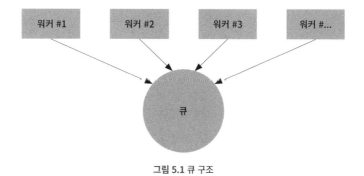

그림 5.1 큐 구조

이 방식으로 애플리케이션이 동작하기 위해서는 작업을 분산할 방법이 필요하다. 제대로 구현하면 작업 부하를 수평으로 쉽게 확장할 수 있다.

실제로 큐에 더 많은 작업을 추가하려면 진입점을 늘리면 되므로 필요에 따라 워커(작업 프로세스)를 더 생성할 수 있다. 최근의 동적인 환경에서는 큐 상태가 외부 모니터링 시스템에 의해 제어되어 동적으로 생성되고 소멸되기도 한다.

무한한 메모리나 저장 공간을 가진 컴퓨터는 없기 때문에 큐의 크기는 경계를 정하고 제한을 둬야 한다. 적절한 한계는 대부분 미리 알 수 없으므로 실험과 경험을 통해 파악해야 한다. 다른 각도에서 보자면, 작업 부하가 시스템 처리 능력보다 크면 큐는 절대 충분히 커질 수 없다.

파이썬에는 기본 제공되는 표준 라이브러리부터 외부 패키지에 이르기까지 사용 가능한 여러 가지 큐 처리 시스템이 있다. 이 중 일부를 이번 장에서 설명한다.

큐를 사용하는 구조의 다른 장점은 애플리케이션 테스트와 디버깅이 더 수월하다는 점이다. 워커(큐에서 작업을 가져와 처리하고 다른 곳으로 결과를 보내는 코드)는 입력을 받아서 결과를 출력하는 블랙박스처럼 다뤄진다. 워커를 4장에서 배운 순수 함수처럼 부작용이 없도록 만들 수만 있다면 확장, 교체, 테스트, 디버그 및 개선이 훨씬 수월해진다.

5.1 RQ

RQ 라이브러리(https://github.com/nvie/rq)는 파이썬 프로그램에서 큐를 구현하기 위한 단순하고 직접적인 방법을 제공한다. R과 Q는 레디스(Redis)와 큐를 의미하는데, 이 라이브러리가 달성하려는 목적을 정확하게 표현한다.

레디스는 오픈 소스 인메모리 데이터베이스로, 내구성 옵션을 갖춘 네트워크 기반의 키-값 저장소다. 레디스는 문자열, 리스트, 맵, 세트, 정렬된 세트 등을 포함한 다양한 종류의 추상 데이터 구조를 지원한다. 이런 특징은 간단한 큐를 구현하기에 안성맞춤이다.

 이번 장의 모든 예제는 레디스 서버가 localhost에서 실행된다고 가정한다.

RQ를 사용하면 애플리케이션이 레디스에 작업을 푸시하고 워커는 이 작업을 비동기로 실행하도록 할 수 있다. 큐에 작업을 푸시하려면 예제 5.1처럼 enqueue 함수를 사용한다.

예제 5.1 큐에 rq 작업 푸시하기(01_push-job.py)
```
import time

from rq import Queue
from redis import Redis

q = Queue(connection=Redis())

job = q.enqueue(sum, [42, 43])
# 결과가 준비될 때까지 대기한다.
while job.result is None:
    time.sleep(1)

print(job.result)
```

예제 5.1의 코드를 실행하면 sum[(42, 43)] 작업이 큐에 들어간다. 하지만 지금은 큐에 저장된 작업을 처리할 워커가 없기 때문에 1초간 sleep 하는 동작을 영원히 반복한다.

큐의 작업을 처리하기 위해 RQ는 워커를 생성하는 rq 명령 행 도구를 제공한다. 실행 결과는 다음과 같다.

```
$ rq worker
RQ worker 'rq:worker:hyun-VirtualBox.7358' started, version 0.10.0
*** Listening on default...
Cleaning registries for queue: default
default: builtins.sum([42, 43]) (4f9be800-20c1-4050-884f-0ae5dee2974c) ①
default: Job OK (4f9be800-20c1-4050-884f-0ae5dee2974c) ②
Result is kept for 500 seconds ③
```

① 실행할 함수와 작업의 UUID를 표시한다.

② 작업이 정확하게 실행됐다.

③ 작업 결과는 반드시 이 시간 안에 가져와야 한다.

앞의 ③에서 표시된 것처럼 작업 결과는 500초 동안 큐에 다시 저장된다. 레디스는 이와 같은 TTL(time-to-live)값 설정을 지원하며 이 경우는 500초가 지나면 레디스가 결과를 제거한다.

> rq는 파이썬 고유의 직렬화 형식인 pickle을 사용하여 작업을 직렬화해서 전달한다. 이 말에는 다음과 같은 의미가 담겨 있다.
>
> · 큐에 작업을 푸시하는 게시자(producer)와 워커는 반드시 동일한 파이썬 버전을 사용해야 한다.
> · 게시자와 워커는 반드시 동일한 코드 버전을 사용해야 한다. 이렇게 해야 동일한 모듈을 임포트할 수 있다.
> · 게시자와 워커가 파이썬이 아닌 다른 언어를 사용하는 것은 불가능하다.

다른 모든 큐 시스템이 그런 것처럼, 큐에 들어가는 함수는 전역 변수나 문맥(context)에 대한 종속성을 가질 수 없다. 이처럼 순수 함수 구현은 분산 시스템을 구축할 때 필수 요소다.

RQ는 작업 부하를 조정할 때 도움이 되는 몇 가지 편리한 기능을 제공한다. 예를 들면, 작업 유효 시간(ttl 옵션)이나 결과 유효 시간(ttl_result 옵션)을 설정할 수 있다. 큐의 이름도 지정 가능하므로 다른 큐에 작업을 쉽게 보낼 수 있다.

예제 5.2 옵션을 사용해서 큐에 rq 작업 푸시하기(02_push-job-option.py)

```python
import time

from rq import Queue
from redis import Redis
import requests

q = Queue(name="http", connection=Redis())

job = q.enqueue(requests.get, "http://httpbin.org/delay/1",
                ttl=60, result_ttl=300)
```

```
# URL을 가져오는 동안 다른 작업을 할 수 있다.
# 결과가 준비될 때까지 대기한다.
while job.result is None:
    time.sleep(1)

print(job.result)
```

명령 행을 통해 큐 이름을 인수로 전달하면 해당 큐 이름을 지정해서 워커를 실행할 수 있다.

```
$ rq worker http
RQ worker 'rq:worker:hyun-VirtualBox.5609' started, version 0.10.0
*** Listening on http...
Cleaning registries for queue: http
http: requests.api.get('http://httpbin.org/delay/1') (1f821648-6683-4ab4-↵
    9119-b1a718062889)
http: Job OK (1f821648-6683-4ab4-9119-b1a718062889)
Result is kept for 300 seconds
```

rq 명령 행 도구를 사용하면 큐 상태도 확인할 수 있다.

```
$ rq info
failed      | 0
http        |■ 3
low         | 0
default     | 0
4 queues, 3 jobs total

0 workers, 4 queues

Updated: 2018-03-08 11:42:20.352980
```

또 하나의 좋은 점은 그림 5.2와 같이 rq-dashboard 패키지를 통해 시각적으로 지표를 확인할 수 있고 큐 일부도 제어할 수 있다는 점이다. pip install로 설치한 다음, rq-dashboard 명령으로 실행하면 되며, 필요하다면 특정 레디스 인스턴스를 지정할 수 있다. 기본으로 9181 포트를 사용한다.

RQ는 이와 같이 설치, 배포, 관리가 매우 간단하다. RQ는 기능상의 제약이 있지만 애플리케이션이 비동기 및 분산 처리를 간단히 구현할 수 있게 해준다.

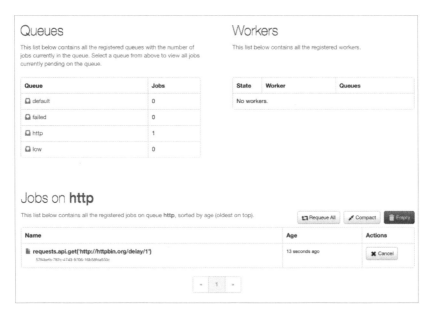

그림 5.2 rq-dashboard 예제

5.2 셀러리

셀러리(Celery)는 또 다른 큐 관리 시스템이다. RQ와 달리 셀러리는 브로커 (broker)에 독립적이므로 레디스, RabbitMQ, 아마존 SQS를 브로커로 사용할 수 있다. 또 여건이 된다면 자신만의 드라이버를 직접 만들 수도 있다.

셀러리는 또한 작업 결과를 저장하기 위한 **백엔드**(backend)를 필요로 하며 레디스, MongoDB, SQL 데이터베이스, 일래스틱서치(ElasticSearch), 파일 등 의 여러 솔루션을 지원한다. 브로커와 마찬가지로 자신만의 백엔드를 만들 수 있다.

> ✓ 셀러리는 자신만의 고유한 직렬화 형식을 사용한다. 그렇다고 이 형식이 파이썬에만 국

한된 것은 아니다. 따라서 RQ와 달리 게시자나 소비자를 서로 다른 언어를 써서 구현할 수 있다. 이미 PHP와 자바스크립트 클라이언트가 나와 있다.

셀러리에서 태스크(task)는 비동기로 호출할 수 있는 함수를 뜻한다. 태스크가 호출되면 셀러리는 브로커 큐에 태스크를 넣는다. 그러면 워커가 이 태스크를 실행해서 결과를 백엔드에 저장한다.

태스크를 호출하면 celery.result.AsyncResult 객체를 반환한다. 이 객체는 get 함수를 제공하는데, 사용 가능한 즉시 결과를 반환하며 그동안은 프로그램을 블록한다.

예제 5.3 간단한 셀러리 태스크(03_celery-task.py)

```
import celery

app = celery.Celery('03_celery-task',
    broker='redis://localhost',
    backend='redis://localhost')

@app.task
def add(x, y):
    return x + y

if __name__ == '__main__':
    result = add.delay(4, 4)
    print("Task state: %s" % result.state)
    print("Result: %s" % result.get())
    print("Task state: %s" % result.state)
```

예제 5.3은 간단한 셀러리 태스크 구현이다. 셀러리 애플리케이션은 첫 번째 인수로 메인 모듈 이름, 두 번째와 세 번째 인수로 각각 브로커와 백엔드에 대한 URL을 전달해서 생성한다.

app.task 데코레이터는 **add** 함수를 태스크로 등록한다. 이 태스크는 셀러리 워커를 통해 애플리케이션에서 비동기로 실행된다.

프로그램 실행 결과는 다음과 같다.

```
$ python 03_celery-task.py
Task state: PENDING
```

아직 태스크를 실행할 워커가 없기 때문에 result.get 함수 호출은 '결과가 준비'될 때까지 프로그램을 블록한다. '결과가 준비'되려면 워커를 시작해서 태스크를 실행해야 한다.

celery 명령 행 도구는 작업 큐와 워커를 조종하고 검사하는 다양한 명령을 제공한다. 다음 명령으로 워커를 시작할 수 있다.

```
$ celery worker --app 03_celery-task

celery@hyun-VirtualBox v4.1.0 (latentcall)

Linux-4.13.0-36-generic-x86_64-with-Ubuntu-16.04-xenial 2018-03-08 ↵
12:45:54

[config]
.> app:         03_celery-task:0x7f4d28f48da0
.> transport:   redis://localhost:6379//
.> results:     redis://localhost/
.> concurrency: 4 (prefork)
.> task events: OFF (enable -E to monitor tasks in this worker)

[queues]
.> celery            exchange=celery(direct) key=celery
```

워커를 시작하면 곧바로 큐에 있는 태스크를 처리하고 결과를 백엔드에 넣는다. 이제 앞에서 블록됐던 **03_celery-task** 파이썬 프로그램은 실행을 재개한다.

```
$ python 03_celery-task.py
Task state: PENDING
Result: 8
Task state: SUCCESS
```

이 프로그램은 반복해서 실행할 수 있으며 워커가 실행 중이고 태스크를 제대로 처리하고 있다면 블록되는 시간은 길지 않다.

5.2.1 실패 처리

태스크 실행은 실패할 수 있으며 실패했을 때 이를 적절히 다루는 것이 매우 중요하다. 태스크는 보통 데이터베이스나 REST API 같은 외부 서비스에 의존한다. 따라서 연결 실패가 발생했다면 일시적인 현상일 수 있다. 이때는 실패 처리 후 다시 시도하는 것이 좋다.

예제 5.4 재시도 기능을 추가한 셀러리 태스크(`04_celery-task-retry.py`)

```python
import celery

app = celery.Celery('04_celery-task-retry',
                    broker='redis://localhost',
                    backend='redis://localhost')

@app.task(bind=True, retry_backoff=True,
          retry_kwargs={'max_retries': 5})
def add(self, x, y):
    try:
        return x + y
    except OverflowError as exc:
        self.retry(exc=exc)

if __name__ == '__main__':
    result = add.delay(4, 4)
    print("Task state: %s" % result.state)
    print("Result: %s" % result.get())
    print("Task state: %s" % result.state)
```

예제 5.4는 OverflowError가 발생했을 때 재시도하도록 구현한 코드다. retry_backoff 인수는 지수 백오프(exponential backoff)를 사용하여 재시도를 처리하도록 한다(지수 백오프는 6장 2절에서 설명한다). 그리고 max_retries 인수로 재접속 시도 횟수가 다섯 번을 초과하지 않도록 했다. 해결되지 않는 에러나 버그 때문에 태스크가 큐에 계속 남아 있지 않게 하려면 재시도 횟수를 제한하는 것이 중요하다.

태스크 재시도는 동일한 인수로 동일한 함수를 호출한다. 따라서 가장 좋은 태스크 설계는 완전히 동일하게 만드는 것이다. 태스크가 부작용을 가지고 있고 작업 도중에 실패할 수 있다면 태스크를 재시도하기 어렵다. 다음 코드를 보자.

```python
@app.task(autoretry_for=(DatabaseError,))
def record_visit(user_id):
    database.increment_visitor_counter()
    remote_api.record_last_visit_time(user_id)
```

`remote_api.record_last_visit_time`을 호출하는 도중에 에러가 발생했다고 가정하자. 에러가 발생했을 때는 `database.increment_visitor_counter`를 통과한 이후이므로 데이터베이스의 방문 카운트는 이미 증가했다. 따라서 태스크

를 재시도하게 되면 카운트가 또 한 번 증가되면서 결국 카운트는 두 번 증가하는 셈이다. 이러한 태스크는 여러 번 실행하더라도 최종 결과는 동일하도록 다시 작성해야 한다.

셀러리는 지정된 백엔드에 결과를 저장하는 것이 기본 동작이다. 하지만 때로는 결괏값이 필요 없는 태스크도 있을 수 있다. 이런 경우는 app.task 데코레이터에 ignore_result=True를 전달해서 결과를 무시할 수 있다.

5.2.2 태스크 체인

셀러리는 마치 체인(chain)처럼 여러 태스크를 연결할 수 있는 태스크 체인을 제공한다. 이 기능을 사용하면 더 복잡한 작업을 처리할 수 있다.

예제 5.5 셀러리 태스크 체인(05_celery-chain.py)

```
import celery

app = celery.Celery('05_celery-chain',
                    broker='redis://localhost',
                    backend='redis://localhost')

@app.task
def add(x, y):
    return x + y

@app.task
def multiply(x, y):
    return x * y

if __name__ == '__main__':
    chain = celery.chain(add.s(4, 6), multiply.s(10))
    print("Chain: %s" % chain)
    result = chain()
    print("Task state: %s" % result.state)
    print("Result: %s" % result.get())
    print("Task state: %s" % result.state)
```

예제 5.5는 태스크 두 개를 연결하는 방법을 보여 준다. 먼저 add 함수를 사용해서 4와 6의 합계를 구한 다음, 이 결과를 multiply 함수의 두 번째 인수로 전달한다. 실행 결과는 다음과 같다.

```
$ python 05_celery-chain.py
Chain: 05_celery-chain.add(4, 6) | multiply(10)
```

```
Task state: PENDING
Result: 100
Task state: SUCCESS
```

같이 연결할 수 있는 여러 함수를 이용해서 프로그램을 만드는 방법은 함수형 프로그래밍에서 매우 자연스러운 일이다. 다시 말하지만, 이 방식은 작업의 병렬 실행을 쉽게 해 주기 때문에 프로그램의 처리량을 높이며 수평 확장을 가능하게 한다.

5.2.3 멀티 큐

셀러리는 celery라는 이름의 싱글 큐를 기본으로 사용하지만, 큐 여러 개를 사용하여 태스크를 분산할 수 있다. 이 특징 덕분에 실행할 작업을 좀 더 세밀하게 제어해서 분산할 수 있다.

예를 들어, 낮은 순위의 작업에 대해서는 이 작업만 전담하는 전용 큐를 몇 개 만들어서 처리한다. 태스크가 들어갈 큐는 예제 5.6처럼 호출 시에 지정할 수 있다.

예제 5.6 특정 큐를 지정해서 호출하는 셀러리 태스크(06_celery-task-queue.py)

```python
import celery

app = celery.Celery('06_celery-task-queue',
                    broker='redis://localhost',
                    backend='redis://localhost')

@app.task
def add(x, y):
    return x + y

if __name__ == '__main__':
    result = add.apply_async(args=[4, 6], queue='low-priority')
    print("Task state: %s" % result.state)
    print("Result: %s" % result.get())
    print("Task state: %s" % result.state)
```

기본 큐 이외의 다른 큐를 사용하려면 --queues 옵션을 사용한다.

```
$ celery worker --app 06_celery-task-queue --queues celery,low-priority

celery@hyun-VirtualBox v4.1.0 (latentcall)
```

```
Linux-4.13.0-36-generic-x86_64-with-Ubuntu-16.04-xenial 2018-03-10 ↵
21:23:00

[config]
.> app:         06_celery-task-queue:0x7f548db43cf8
.> transport:   redis://localhost:6379//
.> results:     redis://localhost/
.> concurrency: 4 (prefork)
.> task events: OFF (enable -E to monitor tasks in this worker)

[queues]
.> celery          exchange=celery(direct) key=celery
.> low-priority    exchange=low-priority(direct) key=low-priority
```

여기서 워커는 기본 celery 큐 외에, low-priority 큐도 사용한다. 다른 워커들을 celery 큐만 사용하도록 설정하면, low-priority 큐는 워커가 작업할 시간이 있을 때만 동작하며, 다른 모든 워커는 보통의 우선순위로 celery 큐에서 항상 작업을 대기한다.

애플리케이션이 필요로 하는 큐의 수를 얼마로 할 것인지 결정해 주는 마술은 없다. 보통은 작업의 우선순위를 분리 기준으로 삼는 것이 확실한 방법이다. 큐를 여러 개 사용하면 작업 스케줄링을 더 세밀하게 조정할 수 있으므로 적극 활용하는 것이 좋다.

5.2.4 모니터링

셀러리는 많은 모니터링 도구를 내장하고 있으므로 이를 활용해서 클러스터 내부의 정보를 얻고 감독할 수 있다. 이 도구들을 잘 활용하면 해당 기능을 다시 작성해야 하는 맞춤형 솔루션보다 더 큰 이득을 얻을 수 있다.

기본 모니터링 명령은 워커의 상태를 알려주는 status다.

```
$ celery status --app 06_celery-task-queue
celery@hyun-VirtualBox: OK

1 node online.
```

inspect 명령은 하위 명령을 몇 개 받는데 이 중에는 현재 수행된 태스크를 반환하는 active가 있다.

```
$ celery inspect active --app 06_celery-task-queue
```

```
-> celery@hyun-VirtualBox: OK
   - empty -
```

셀러리는 또한 워커와 큐의 활동을 지켜볼 수 있는 멋진 웹 대시보드를 제공한
다. 웹 대시보드의 이름은 플라워(Flower)이며, pip install flower 명령으로
설치한 다음, 다음과 같이 시작할 수 있다.

```
$ celery flower --app 06_celery-task-queue
[I 180310 23:46:07 command:139] Visit me at http://localhost:5555
[I 180310 23:46:07 command:144] Broker: redis://localhost:6379//
[I 180310 23:46:07 command:147] Registered tasks:
    ['06_celery-task-queue.add',
     'celery.accumulate',
     'celery.backend_cleanup',
     'celery.chain',
     'celery.chord',
     'celery.chord_unlock',
     'celery.chunks',
     'celery.group',
     'celery.map',
     'celery.starmap']
```

플라워가 시작되면 http://localhost:5555에서 그림 5.3과 같은 대시보드를 볼
수 있다.

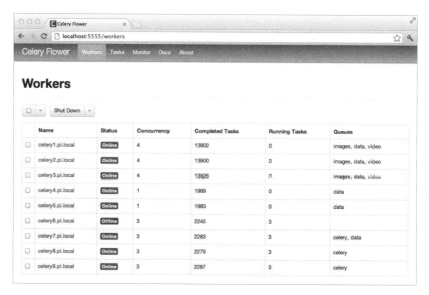

그림 5.3 셀러리 플라워 대시보드

셀러리는 널리 사용되고 있으며 운영 시스템 모니터링 방법에 대한 많은 자료를 찾을 수 있다. 이러한 자료도 충분히 참고하도록 하자.

5.3 태스크 분산에 관한 조슈아 하로(Joshua Harlow) 인터뷰

자기소개와 어떻게 파이썬을 사용하게 됐는지 설명을 부탁한다.

뉴욕 북부에서 자라면서 클락슨 대학과 RIT를 나왔고 2007년에 컴퓨터 과학 석사 학위를 받았다. 이 기간 동안 IBM 인턴으로 자이썬(Jython)을 사용한 자동화 작업을 담당했고, 인텔에서 루비(Ruby)와 C#으로 그래픽 팀 업무를 도왔다. 대학에 다니는 동안, 분산 시스템이 인공 지능과 결합했을 때의 잠재력에 매우 흥미를 느꼈다.

졸업 후에는 야후에 입사해서 yahoo.com 페이지 개발을 비롯한 다양한 프로젝트에 참여했다. 그 후에는 CTO 산하 조직에서 야후가 투자하고 사용할 클라우드 솔루션을 결정하는 업무를 맡았다. 오픈스택의 클라우드 기술은 당시에는 기술적으로 성숙하지 못했지만 가장 큰 잠재력이 있다고 생각했다. 그리고 오픈스택이 파이썬으로 개발됐기 때문에 파이썬을 시작한 계기가 됐다. 시간이 지날수록 파이썬을 즐기게 됐고 더 깊이 있게 배울 수 있었으며 책에 소개되기도 했다.

대규모 시스템을 구축한 경험이 있는가?

나는 이 분야에서 10년 정도 일했다. 그중 3분의 2를 야후에서 일하면서 확장 가능 시스템의 설계 방법에 대한 다양한 패턴과 시스템을 익혔다. 야후에서 실행되는 모든 시스템은 확장 가능해야 한다. 다양한 오픈스택 프로젝트에 참여하면서(나는 야후 오픈스택의 주요 기여자이고 규모가 큰 팀의 리드 개발자다) 배웠던 아이디어와 교훈을 업무에 적용하고 공유했다.

이전에 석사 과정에 있을 때는 에이전트 지향(agent-oriented) 프로그래밍(https://en.wikipedia.org/wiki/Agent-oriented_programming)이라고 부르는 분산 패러다임을 연구했다. 이 패러다임은 얼랭 언어가 제공하는 특성과 비슷하며, 일반적으로 전문화된 단위 작업을 처리하는 작은 에이전트를 생성하고, 이 에이전트가 채널(channel)과 내부적으로 커뮤니케이션하면서 상당한 양의 작업을 처리한다. 나는 이 패러다임을 데이터 분류 에이전트의 자율 훈련에 도입했고 여기에 대한 논문(http://scholarworks.rit.edu/theses/7888/)을 쓰기도 했다. 이때 처음으로 분산 패턴을 연구하면서 분산 패턴과 머신 러닝을 결합한 독창적인 방법을 사용했다. 이 분야는 여전히 연구할 내용이 많다.

야후를 나오고 나서 테크니컬 리드 및 아키텍트로 고대디(GoDaddy)에 입사한 뒤에는 고대디 오픈 소스의 주요 기여자이자 전도사, 전략가로 일하고 있다. 나는 여전히 오픈스택을 사용 중이며 고대디가 특히 확장과 관련하여 활발하게 참여하고 있는 IAAS(infrastructure as a service: 서비스로서의 인프라)와 CASS(containers as a service: 서비스로서의 컨테이너) 환경을 향상시키기 위해 노력 중이다.

내가 소유자, 기여자, 창시자로서 활동하고 있는 파이썬 프로젝트는 다음과 같다.

- 카주(Kazoo) - 가장 널리 사용되는 주키퍼(ZooKeeper, http://zookeeper. apache.org/) 파이썬 라이브러리로, 사용자가 선택할 수 있는 다양한 비동기 모델을 지원한다.
- 태스크플로(TaskFlow) - 프로그래밍 방식으로 작업 흐름을 설계할 수 있도록 도와주는 파이썬 라이브러리로, 작업 흐름을 정의한 순서대로 또는 병렬로, 셀러리와 유사하게 전체 워커에서 실행한다. 또한 카주를 부분적으로 사용해서 쉽게 고가용성을 높일 수 있다.
- 투즈(Tooz) - 분산된 기본 빌드 블록(distributed primitives build block)을 표방하는 라이브러리로, 각 기본 요소에 대해 높은 수준의 빌드 블록과 여러 백엔드를 지원하는 다양한 연결(한계 및 단점이 있음)을 제공한다.
- Oslo.messaging - 오픈스택 내에서 널리 사용되는 메시징 및 RPC 프레임워크로, 대부분의 오픈스택 서비스 내부의 연동에 사용된다.
- 패스너스(Fasteners) - 로컬 내부의 프로세스 간 잠금(lock) 라이브러리로, 파이썬에 포함되어 있지 않은, 다양한 스레드 관련 기능을 제공한다.

이 라이브러리들의 대부분은 고수준의 사용자 중심 기능을 개발하는 데 도움이 되는 기본적인 빌딩 블록을 제공하는 데 집중한다. 확장 가능하고 신뢰할 수 있으며 손쉽게 애플리케이션을 만들기 위해 필요한 패턴을 처음부터 개발하지 않고 곧바로 가져다 쓸 수 있도록 하는 것이 이 라이브러리들의 목표다.

나는 오픈스택 이외에도 거의 모든 클라우드 가상 머신 이미지에서 사용되는 클라우드 인스턴스 초기화 프로그램인 cloud-init(http://cloudinit.readthe docs.io/en/latest/)과 같은 다양한 클라우드 컴퓨팅 분야의 핵심 프로젝트에도 참여하고 있다. 그리고 여가 시간에는 파이썬 이외의 새로운 언어나 라이브러리, 시스템 디자인도 조금씩 다뤄 보고 있다.

조금 전 얼랭에 대해 언급하면서 분산 시스템을 위한 기능을 기본으로 제공한다고 했다. 그렇다면 분산 시스템과 관련해서 파이썬의 장점은 무엇인가? 반면에 부족한 점은 무엇인가?

파이썬의 장점은 단순함과 기본으로 제공하는 기능에 있다고 생각한다. 이 때문에 파이썬을 사용한 개발은 매우 흥미롭다. 레디스를 사용해서 작업을 게시하는 게시자(producer)와 작업을 완료하는 워커를 만드는 데 필요한 코드 줄 수는 놀랄 만큼 적다.

부족한 점은 레디스에 연결하거나 게시자, 워커를 설정하는 기능 등이 기본으로 포함되어 있지 않다는 점이다. 즉 이 기능을 구현해야 하며, 더 큰 규모를 지원하기 위해 **결국에는** 직접 수정하거나 다른 방법 등으로 보완할 필요가 있다. 얼랭(그리고 고(Go) 언어의 일부)과 같은 여타 언어들은 여기에 관한 지원을 자체적으로 포함하기 때문에 손을 댈 필요성이 줄어든다.

나는 아직 원하는 모든 기본 요소를 지원하는 언어를 보지 못했다. 대부분은 지원되는 약간의 기능을 최대한 활용해서 여러분이 원하는 방법에 끼워 맞춰야 한다. 아마도 언젠가는 모든 걸 내장하고 있어서 굉장히 **단순하게** 사용할 수 있는 언어가 나올지도 모른다(내가 아는 바로는 아직은 이런 언어가 등장하지 않은 것 같다). 어쩌면 이 글을 읽는 독자 중 누군가가 만들고 있을지 모르겠다.

파이썬을 사용할 때 이러한 단점을 극복하고 나중에 재작성을 피할 수 있는 방법에 대한

조언을 부탁한다.

내 충고는 너무 빨리 코드를 쓰는 바람에 특정 디자인에 고착되지 않도록 미리 다양한 관점에서 실험적인 생각을 충분히 하라는 것이다.

일반적으로 중요한 한 가지는 외부 사용자가 쓰게 될 인터페이스를 신중하게 정의하는 것이다. 시간이 지나면서 경험으로 터득하기도 하지만, 인터페이스는 최대한 단순하게 만들어야 하며 내부 상세 구현은 드러나지 않도록 해야 한다. 예를 들면, 나는 일부 오픈스택 프로젝트에서 너무 많은 옵션을 사용하는 것을 봤는데 이런 API는 좋지 않다. 어디를 가든 이런 옵션을 특별히 원하는 사람들이 있기 때문에 어쩔 수 없는 선택이란 걸 이해 못하는 바는 아니다. 하지만 덜 노출할수록 나중에 백엔드를 수정하기도 쉽다.

또 다른 제안은 memcached API 형식을 따르라는 것이다. 이 API는 매우 직관적이고 단순하다. 주로 `add`, `get`, `set`, `cas`, `delete`로 구성된다. API를 잘 정의해서 제공하면 API를 사용한 다양한 구현이 나올 수 있다. 예를 들면, 새로운 방식으로 확장하거나 일관된 데이터베이스에 주요 저장소를 백업할 수 있다. 따라서 코드를 작성하기 전에, 미리 API에 대해 충분히 생각할 시간을 가지면, 나중에 확장될 가능성이 있는 부분을 미리 파악할 수 있으며 API도 최대한 단순하게 유지할 수 있을 것이다.

이 제안은 파이썬 라이브러리를 만들 때도 적용되며, '**한 가지 일을 잘하도록 할 것**(do one thing and do it well)'이라는 유닉스 철학과도 일맥상통한다.

두 번째 제안은 일종의 표준과 같은 것인데, 네트워크 I/O 코드를 레이어 뒤로 격리시켜서 이 레이어를 다른 구현으로 전환할 수 있게 하자는 것이다. 카주 라이브러리를 예로 들면, I/O 레이어를 이벤트릿(eventlet)이나 스레드로 전환하거나, 누군가 코드를 구현했다면 asycio로 전환할 수도 있다. 코드가 너무 단단히 결합되어 있을수록 나중에 수정하기가 어려워지기 때문에 이러한 코드 격리는 매우 훌륭한 패턴이다. 물론 이렇게 만들기 전에 라이브러리나 애플리케이션을 벤치마킹해야 한다.

세 번째 제안은 파이썬에만 국한되지 않는 일반적인 제안으로, 어떤 리소스를 사용해야 하는지 그리고 어떻게 사용해야 하는지를 최대한 명확하게 문서화하자는 것이다. 예를 들어, 어떤 컴퓨터에서 실행되는 코드가 리소스 X를 수정하는 동시에, 다른 컴퓨터에서 리소스 X를 수정한다고 하자. 양쪽이 동시에 X를 수정할 때 어떤 현상이 발생하는가? 여기에 관한 내용은 소프트웨어 디자인 검토 단계에서 문서화해 둘 필요가 있다. 도움이 될 만한 한 가지는 컴파일 시간에 작업 흐름을 분석해서 프로그램이 시작되기 전에 잠재적인 잠금을 찾을 수 있는 도메인 특화 언어(domain-specific language, DSL)를 만드는 것이다.

실패를 처리할 수 있는 회복력을 가진 파이썬 애플리케이션을 만들 때 참고할 조언이 있는가? 파이썬은 이와 관련해서 어떤 도움을 주며 개발자가 주의해야 할 점은 무엇인가?

다음 제안은 완전히 포괄적인 목록은 아니지만 장애 처리가 가능하고 회복력을 갖춘 애플리케이션을 만드는 데 참고할 수 있는, 지난 수년간 경험을 통해 습득한 내용이다.

- 애플리케이션이 여러 호스트에서 실행된다면 처음부터 서비스 검색(discovery)을 만들어 두자. 이때 직접 구현하지 말고 이미 잘 구현된 기존 기술을 사용해야 한다.
- 잠금이 필요한 곳과 그렇지 않은 곳을 알아야 하며, 잠금이 필요 이상으로 많지 않도록 해야 한다.
- 크래시 허용과 이를 위한 계획에 공을 들여야 한다. 데이터베이스가 어떻게 동작하는지 생각하고 트랜잭션 로그나 저널(journal)[1]이 무엇인지 이해해야 한다. 이런 기능은 여러분의 애플리케이션과 라이브러리에 유용할 수 있다.
- 상태가 없도록 해야 한다. 앞에서 언급한 많은 이슈를 피하려면 먼저 상태를 갖지 않도록 해야 한다.
- 목표를 너무 낮게 잡지 말아야 한다. 처음부터 목표를 높게 잡고 필요에 따라 수정하는 게 좋다. 이렇게 하면 더 좋은 결과를 얻을 수 있다.

이 내용은 파이썬 이외의 언어에 적용해도 도움이 될 것이다.

---

1 (옮긴이) '저널링'은 보통, 백업 및 복구 능력이 있는 파일 시스템을 지칭할 때 사용한다. 스토리지에 데이터를 저장하기 전에 '저널(journal)'이란 영역에 데이터의 변경 이력을 기록함으로써 장애를 빠르게 복구한다. 저널은 원형(circular)의 특별한 구역으로, 여기에 기록된 변경 이력을 리플레이해서 복구를 진행한다.

## 6장

The Hacker's Guide to Scaling Python

예외 처리

예외 처리는 컴퓨터 프로그래밍에서 가장 소외되는 영역 중 하나다. 에러는 다루기가 복잡하고 자주 발생하지도 않기 때문에 개발자들이 에러 처리를 잊는 경우가 흔하다. 때로는 의도적으로 잊어버리기도 한다.

하지만 수 킬로미터에 걸친 광섬유 케이블로 연결된 다른 컴퓨터들 간에 분산된 애플리케이션이라면, 에러는 더 이상 예외적으로 발생하는 것이 아니며 소프트웨어의 일반적인 현상으로 다뤄야 한다. 즉 네트워크로 분산된 환경에서는 실패 가능성이 조금이라도 있다면 에러가 발생한다고 간주해야 한다. 따라서 에러 시나리오는 다양한 테스트 시나리오 중에서도 가장 우선해야 한다.

파이썬은 이와 관련하여 어떤 도움도 제공하지 않는다. 아마도 커먼 리스프(Common Lisp)처럼 조건 시스템(https://en.wikipedia.org/wiki/Exception_handling#Condition_systems)을 구현한 언어가 아니라면, 언어 자체에서 정교한 에러 복구나 재시도 기능을 제공하는 프로그래밍 언어는 거의 없다. 다음 절에서는 에러를 처리하고 해당 코드를 다시 시도하는 데 도움이 될 몇 가지 전략에 관해 자세히 알아본다.

6.1 고지식한 재시도

대부분의 프로그램은 '재시도(retrying)'라는 말로 표현할 수 있는 공통된 패턴을 가지고 있다. 이 패턴은 반환된 에러에 대해 어떤 작업을 다시 시작하거나 예상한 에러가 아니라면 예외를 발생시킨다.

예제 6.1의 코드는 대부분의 개발자가 작성하는 기본 패턴과 비슷하다.

예제 6.1 재시도 패턴(01_retrying.py)

```
while True:
    try:
        do_something()
    except:
        pass
    else:
        break
```

예제 6.1의 코드는 함수 호출에 대해 중단 시간을 제공하지 않는데, 외부 시스템을 연결하는 코드라면 더 영리한 전략이 필요하다. 예제 6.2는 재시도 및 일정 시간 대기를 구현한 가장 평범한 형태의 코드다.

예제 6.2 sleep을 이용한 재시도 패턴(02_retrying-sleep.py)

```
import time
import random

def do_something():
    if random.randint(0, 1) == 0:
        print("Failure")
        raise RuntimeError
    print("Success")

while True:
    try:
        do_something()
    except:
        # 재시도 전에 1초간 sleep
        time.sleep(1)
    else:
        break
```

이 코드는 개발자가 구현할 수 있는 가장 고지식한 구현 방법 중 하나다. 이 방식의 문제점은 시스템 정체를 유발한다는 것인데, 만약 네트워크 연결이 필요한 작업이라면 대상 시스템은 매초마다 연결을 시도하는 이와 같은 프로그램들 때문에 상당한 부하를 받을 것이다.

이런 상황은 잘 알려진 네트워크 관련 문제로, 일정 시간마다 큰 폭으로 증가

되는 부하를 줄이기 위해 다양한 기술이 사용된다. 이 중에서 지수 백오프 알고리즘(https://en.wikipedia.org/wiki/Exponential_backoff)은 재시도 간격을 조정해서 모든 부하가 동시에 몰리지 않도록 하는 것이다. 예제 6.3은 이 알고리즘을 파이썬으로 단순하게 구현했다.

예제 6.3 지수 백오프를 사용한 재시도 패턴(03_retrying-backoff.py)

```python
import time
import random

def do_something():
    if random.randint(0, 1) == 0:
        print("Failure")
        raise RuntimeError
    print("Success")

attempt = 0
while True:
    try:
        do_something()
    except:
        # 재시도 전에 2^attempt 동안 sleep
        time.sleep(2 ** attempt)
        attempt += 1
    else:
        break
```

처음 시도에서는 1초간 대기하며 두 번째는 2초, 그다음은 4초, 8초로 대기 시간이 증가한다. 대기 시간을 점차 늘리는 이유는 시스템이 너무 많은 요청을 일시에 받지 않도록 하여 복구 가능성을 높이기 위해서다.

　이 외의 패턴과 파이썬으로 해당 패턴을 어떻게 구현하는지 그 방법을 알아보는 것도 좋지만, 그보다는 곧이어 설명할 터내서티(tenacity) 라이브러리를 활용하는 것이 더 좋다.

6.2 터내서티를 사용한 재시도

분산 애플리케이션에서는 6장 1절에서 설명한 재시도 패턴을 주로 사용한다. 애플리케이션이 네트워크를 통해 여러 노드로 분산되면, 발생 가능한 실패 시나리오를 곧바로 처리할 수 있어야 한다. 예를 들어, 애플리케이션에서 어떤 서버로 HTTP 요청을 보낸다고 하자. 대상 서버가 내려가 있거나 네트워크에 연결할 수 없거나 서버 프로그램이 일시적인 과부하 상태거나 그 외 다른 원인으로 요청이 실패할 가능성은 얼마든지 있다. 좀 더 정교한 요청 처리를 위해서는 이러한 상황을 정확히 제어해서 재시도할 수 있어야 한다.

파이썬의 터내서티(https://github.com/jd/tenacity)는 이 요구 사항을 충족하는 라이브러리다. 터내서티는 데코레이터를 제공하므로 어떤 함수에도 쉽게 적용할 수 있다.

예제 6.4는 예제 6.1에서 봤던 패턴을 터내서티를 사용해서 단 몇 줄의 코드로 구현했다. do_something은 예외 발생 없이 함수가 성공할 때까지 계속해서 다시 호출된다.

예제 6.4 터내서티를 사용한 재시도(04_retrying-tenacity.py)

```python
import tenacity
import random


def do_something():
    if random.randint(0, 1) == 0:
        print("Failure")
        raise RuntimeError
    print("Success")


tenacity.Retrying()(do_something)
```

사실 이렇게만 코드를 작성하는 경우는 흔치 않다. 앞에서 말했지만 지연 없이 무조건 작업을 다시 시도하면 다른 시스템에 순간적인 과부하를 주기 때문이다. 재시도 사이에는 간격을 주는 것이 좋다. 이를 위해 터내서티는 다양한 대기 방법을 제공한다. 예제 6.5는 터내서티를 이용해서 예제 6.2를 다시 작성한 코드다.

예제 6.5 터내서티를 사용한 일정 시간 대기(05_tenacity-fixed-waiting.py)

```python
import tenacity
import random


def do_something():
    if random.randint(0, 1) == 0:
        print("Failure")
        raise RuntimeError
    print("Success")


@tenacity.retry(wait=tenacity.wait_fixed(1))
```

```python
def do_something_and_retry():
    do_something()

do_something_and_retry()
```

터내서티는 보통, 제공되는 데코레이터를 통해 사용한다.

대기 시간을 일정하게 고정했을 때의 한 가지 문제는 일시적인 에러라면 짧게 대기하는 것이 좋고, 해결이 쉽지 않은 까다로운 에러라면 길게 대기하는 것이 좋은데, 이런 상황에 유연하게 대처하기 힘들다는 점이다. 이때 적절한 대안은 예제 6.6처럼 지수 백오프를 사용하는 것이다.

예제 6.6 터내서티에서 지수 백오프를 사용해서 대기하기(06_tenacity-backoff.py)

```python
import tenacity
import random

def do_something():
    if random.randint(0, 1) == 0:
        print("Failure")
        raise RuntimeError
    print("Success")

@tenacity.retry(
    wait=tenacity.wait_exponential(multiplier=0.5, max=30, exp_base=2),
)
def do_something_and_retry():
    do_something()

do_something_and_retry()
```

코드에서 사용된 데코레이터는 1초간 대기 후에 재시도하며 이후부터 대기 시간은 2초, 4초, 8초, 16초, 30초로 늘어난다. 모든 후속 재시도 과정에서는 앞서의 지연값이 유지된다. 백오프 알고리즘은 `min(multiplier * (exp_base^retry_attempt_number), max)`로 대기할 시간을 계산한다. 이를 통해 재시도 후 요청이 곧바로 처리되지 않으면 점점 더 오래 기다리도록 해서 고정 대기 시간을 사용했을 때 다른 시스템에 순간적으로 발생하는 과부하를 방지한다.

터내서티는 아마존 웹 서비스 아키텍처 블로그(https://aws.amazon.com/ko/blogs/architecture/exponential-backoff-and-jitter/)에 소개된 또 다른 백오프 알고리즘인 `wait_random_exponential` 구현도 제공한다. 이 알고리즘은

무작위 지수 대기에 변동성을 추가해서 재시도 간격이 중복되지 않고 균등하게 분산되도록 한다.

터내서티의 또 다른 흥미 있는 점은 여러 가지 방법을 쉽게 조합해서 쓸 수 있다는 것인데 예를 들어, `tenacity.wait.wait_random`과 `tenacity.wait.wait_fixed`를 결합해서 대기할 시간 간격을 지정할 수 있다.

예제 6.7 터내서티에서 대기 시간 조합(07_tenacity-combine-wait.py)

```python
import tenacity
import random


def do_something():
    if random.randint(0, 1) == 0:
        print("Failure")
        raise RuntimeError
    print("Success")


@tenacity.retry(
    wait=tenacity.wait_fixed(10) + tenacity.wait_random(0, 3)
)
def do_something_and_retry():
    do_something()


do_something_and_retry()
```

이 코드는 재시도 중일 때 10~13초 사이의 임의 시간 동안 대기하도록 한다.

터내서티는 예제 6.8과 같이 특정 예외인 경우에만 재시도하도록 하는 향상된 사용자 정의 기능도 제공한다.

예제 6.8 터내서티에서 특정 조건일 때만 재시도하기(08_tenacity-specific-condition.py)

```python
import tenacity
import random


def do_something():
    if random.randint(0, 1) == 0:
        print("Failure")
        raise RuntimeError
    print("Success")


@tenacity.retry(wait=tenacity.wait_fixed(1),
                retry=tenacity.retry_if_exception_type(RuntimeError))
def do_something_and_retry():
    return do_something()


do_something_and_retry()
```

이 코드에서는 do_something에서 RuntimeError 예외가 발생할 때만 매초마다 함수를 다시 시도하도록 한다.

|나 & 바이너리 연산자를 사용하면 여러 조건을 쉽게 조합할 수 있다. 다음 예제에서는 반환되는 결과가 없거나 RuntimeError 예외가 발생하면 코드를 재시도하도록 조건을 조합한다. 또 stop 키워드 인수를 사용해서 중지(stop) 조건도 설정했다. 이를 통해 지정된 시간이 되면 재시도 동작을 멈추도록 중지 조건을 설정할 수 있다.

예제 6.9 터내서티에서 조건 조합하기(09_tenacity-combine-condition.py)

```python
import tenacity
import random


def do_something():
    if random.randint(0, 1) == 0:
        print("Failure")
        raise RuntimeError
    print("Success")
    return True


@tenacity.retry(wait=tenacity.wait_fixed(1),
                stop=tenacity.stop_after_delay(60),
                retry=(tenacity.retry_if_exception_type(RuntimeError) |
                    tenacity.retry_if_result(
                        lambda result: result is None)))
def do_something_and_retry():
    return do_something()


do_something_and_retry()
```

터내서티의 함수형 접근법은 간단한 바이너리 연산자를 사용해서 다양한 상황별 조건을 쉽고 분명하게 조합할 수 있도록 한다.

Retrying 객체를 사용하면 데코레이터 없이 터내서티를 사용할 수 있다. 이 객체는 재시도 처리를 객체의 주요 동작으로 구현했으며 call 함수의 인수에 새시노가 필요한 함수를 전달한다. 이 객체를 사용하면 예제 6.10처럼 다른 재시도 조건을 가진 함수를 호출하거나 외부 라이브러리처럼 데코레이터를 전혀 사용하지 않고도 코드를 재시도하도록 할 수 있다.

예제 6.10 데코레이터 없이 터내서티 사용하기(10_tenacity-without-decorator.py)

```python
import tenacity
```

```
import random

def do_something():
    if random.randint(0, 1) == 0:
        print("Failure")
        raise IOError
    print("Success")
    return True

r = tenacity.Retrying(
    wait=tenacity.wait_fixed(1),
    retry=tenacity.retry_if_exception_type(IOError))
r.call(do_something)
```

터내서티를 사용하면 애플리케이션에서 재시도 로직을 새로 구현할 필요가 없
다. 설사 필요한 기능이 조금 부족하더라도 새로 만들기보다는 이 라이브러리
를 보완하는 편이 낫다.

7장

잠금 관리

동시에 접근하지 못하도록 리소스를 보호하는 가장 쉬운 방법은 바로 잠금 (lock)을 활용하는 것이다. 대부분의 운영 체제는 잠금을 사용할 때 필요한 기본 요소를 제공하여 각 프로그램이 서로를 방해하지 않고 리소스에 대한 접근을 요청할 수 있게 한다. 하지만 애플리케이션이 컴퓨터 여러 대에 분산되어 있다면 운영 체제와 무관하게 이 과정은 복잡해진다.

이 경우에는 분산 잠금 관리자(distributed lock manager)가 필요하다. 분산 잠금 관리자는 여러 네트워크 노드에 분산될 수 있는 중앙 서비스로 구성되며 네트워크를 통해 잠금을 획득하고 해제할 수 있게 한다. 즉 한 개 노드 이상에서 잠금을 관리할 수 있기 때문에 여러 노드 간에 동기화가 가능하다.

분산 잠금 관리자를 사용하면 애플리케이션이 리소스를 독점해서 사용할 수 있으므로 데이터 손상과 같은 부정적인 결과를 막을 수 있다.

얼랭과 같은 언어는 전체 클러스터에 걸쳐 잠금을 제공한다. 하지만 파이썬은 얼랭이나 다른 언어와 비교하면 분산 잠금 관리에 대해 별다른 기능을 제공하지 않기 때문에 다음과 같은 외부 서비스에 의존해야 한다.

- 주키퍼(https://zookeeper.apache.org/)
- 레디스(https://redis.io/)
- etcd(https://coreos.com/etcd/)

· 콘설(https://www.consul.io/)

이 서비스들은 가장 일반적으로 사용되는 시스템이다. 이 외에도 잠금 관리자로 쓰기에는 약간 제약이 있지만 memcached(https://memcached.org/), 심지어 PostgreSQL(https://www.postgresql.org/)도 사용할 수 있다

이제 동시성에 안전한 애플리케이션을 만들 때 필요한 잠금의 기본 요소와 외부 서비스 활용 방법에 대해 차근차근 알아보자.

7.1 스레드 잠금

파이썬은 여러 개의 스레드가 하나의 리소스에 동시 접근하는 걸 막기 위해 threading.Lock을 제공한다. 예를 들어, 사용하는 리소스가 표준 출력(stdout)이고 스레드 하나만 접근해야 한다면, threading.Lock을 사용해서 리소스에 대한 접근을 동기화할 수 있다. 예제 7.1은 잠금을 사용해서 표준 출력에 대한 접근을 어떻게 동기화하는지 보여 준다.

예제 7.1 threading.Lock을 사용한 스레드(01_threading-lock.py)

```
import threading

stdout_lock = threading.Lock()

def print_something(something):
    with stdout_lock:
        print(something)

t = threading.Thread(target=print_something, args=("hello",))
t.daemon = True
t.start()
print_something("thread started")
```

가능한 출력 결과는 두 가지뿐이다.

```
$ python 01_threading-lock.py
hello
thread started
$ python 01_threading-lock.py
thread started
hello
```

잠금이 실행 순서를 강제하지는 않지만 여러 스레드 중 오직 한 스레드만 print를 사용할 수 있도록 해서 데이터 손상을 방지한다. 몇 개의 스레드가 똑같은 파일에 동시에 접근해서 사용하고 있다면 심각한 데이터 손상이 발생할 수 있다. 바로 이 점이 공유 리소스에 접근할 때 항상 잠금을 사용해야 하는 이유다.

파이썬의 일부 데이터 타입은 원자적 연산(atomic operation)을 지원한다.

- `list.append`
- `list.extend`
- `list.__getitem__`
- `list.pop`
- `list.__setitem__`
- `list.sort`
- `x =y`
- `setattr`
- `dict.__setitem__`
- `dict.update`
- `dict.keys`

즉 서로 다른 스레드에서 `mylist.append(1)`과 `mylist.append(2)`를 호출해도 데이터 손상 없이 `mylist`에 1과 2가 추가된다. 1장으로 돌아가서 예제 1.1의 코드를 다시 보자.

잠금 사용에는 많은 비용이 필요하다는 것을 알아야 한다. 어떤 스레드가 잠금을 획득하면 나머지 스레드는 잠금이 해제되기를 기다려야 하므로 그만큼 프로그램이 느려진다. 하지만 파이썬 데이터 타입의 일부는 원자적 연산을 제공하므로 리스트(list)를 예로 들면, `threading.Lock`을 사용하지 않아도 여러 스레드에서 안전하게 데이터를 추가할 수 있다.

재귀 함수와 같이 어떤 스레드에서 여러 번에 걸쳐 잠금을 획득해야 한다면, `threading.RLock`을 통해 재진입(reentrant) 가능한 잠금을 사용할 수 있다. `threading.RLock`은 동일 스레드에서 여러 번 획득할 수 있으며, 이미 잠금을 획득한 경우에도 블록되지 않는다.

예제 7.2 threading.RLock을 사용한 스레드(02_threading-reentrant-lock.py)

```python
import threading

rlock = threading.RLock()

with rlock:
    with rlock:
        print("Double acquired")
```

예제 7.2에서 threading.Lock을 사용했다면 데드락이 발생해서 실행이 중단된다.

스레드 동기화에 자주 사용되는 또 다른 객체는 threading.Event다. 이 객체의 내부에는 True나 False 값을 갖는 플래그가 하나 있다. 스레드는 threading.Event.set()를 호출해서 값을 True로 설정할 수 있고, threading.Event.wait()를 호출해서 값이 True가 될 때까지 대기할 수도 있다.

이 객체가 자주 사용되는 예는 종료 시에 백그라운드 스레드를 메인 스레드와 동기화하는 경우다.

예제 7.3 threading.Event를 사용한 스레드(03_threading-event.py)

```python
import threading
import time

stop = threading.Event()

def background_job():
    while not stop.is_set():
        print("I'm still running!")
        stop.wait(0.1)

t = threading.Thread(target=background_job)
t.start()
print("thread started")
time.sleep(1)
stop.set()
t.join()
```

예제 7.3이 그다지 유용한 코드는 아니지만 메인 스레드가 어떻게 보조 스레드로 하여금 멈출 때를 알 수 있게 하는지 잘 보여 준다. 이처럼 스레드 간 동기화에 threading.Event 객체를 활용하는 방법은 스레드를 사용할 때 자주 사용되는 패턴이다.

7.2 프로세스 잠금

프로세스를 사용해서 작업 부하를 분산할 때는 여러 개의 프로세스가 접근할 수 있는 전용 잠금이 필요하다. 프로세스 잠금이 사용되는 경우는 다음 두 가지가 있다.

· 2장 2절에서 설명한 것처럼 multiprocessing 파이썬 패키지를 사용해서 프로세스를 생성한 경우
· os.fork나 외부 프로세스 관리자를 사용해서 독립적으로 실행되는 프로세스를 생성한 경우(파이썬이 생성한 프로세스가 아닐 수도 있음)

양쪽 상황을 다루는 방법을 계속해서 알아보자.

7.2.1 멀티프로세싱 잠금

파이썬으로 작성된 프로그램에서 공유 리소스에 대한 접근 보호의 기본 방법은 multiprocessing.Lock 객체를 사용하는 것이다. 이 클래스는 운영 체제에 따라 포직스(POSIX)나 윈도우 세마포어를 활용하여 여러 프로세스에 걸쳐 잠금을 사용할 수 있도록 한다.

예제 7.4 잠금을 사용하지 않고 병렬로 고양이 그리기(04_multiprocessing-without-lock.py)

```python
import multiprocessing
import time

def print_cat():
    # 조금 기다려서 임의의 결과가 나오도록 한다.
    time.sleep(0.1)
    print(" /\\_/\\")
    print("( o.o )")
    print(" > ^ <")

with multiprocessing.Pool(processes=3) as pool:
    jobs = []
    for _ in range(5):
        jobs.append(pool.apply_async(print_cat))
    for job in jobs:
        job.wait()
```

예제 7.4는 multiprocessing.Pool을 사용해서 아스키(ASCII) 아트로 고양이를

그리는 아주 간단한 코드다. 이 프로그램은 프로세스 세 개를 생성해서 고양이 그림 다섯 개를 병렬로 그린다. 실행 결과는 다음과 같다.

```
$ python 04_multiprocessing-lock.py
 /\_/\
 /\_/\
 /\_/\
( o.o )
( o.o )
( o.o )
 > ^ <
 > ^ <
 > ^ <
 /\_/\
 /\_/\
( o.o )
( o.o )
 > ^ <
 > ^ <
```

고양이 그림이 서로 뒤섞여 있다. 이유는 고양이를 그리는 모든 프로세스 가 표준 출력을 공유하면서 서로를 간섭하기 때문이다. 문제를 해결하려 면 고양이가 화면에 완전히 출력될 때까지 표준 출력에 잠금을 걸어야 한다. multiprocessing.Lock을 사용하면 쉽게 처리할 수 있다.

예제 7.5 잠금을 사용해서 병렬로 고양이 그리기(05_multiprocessing-lock.py)

```python
import multiprocessing
import time

stdout_lock = multiprocessing.Lock()

def print_cat():
    # 조금 기다려서 임의의 결과가 나오도록 한다.
    time.sleep(0.1)
    with stdout_lock:
        print(" /\\_/\\")
        print("( o.o )")
        print(" > ^ <")

with multiprocessing.Pool(processes=3) as pool:
    jobs = []
    for _ in range(5):
        jobs.append(pool.apply_async(print_cat))
    for job in jobs:
        job.wait()
```

예제 7.5를 실행하면 이번에는 고양이 그림이 뒤섞이지 않고 깨끗하게 그려
진다.

```
$ python 05_multiprocessing-lock.py
 /\_/\
( o.o )
 > ^ <
 /\_/\
( o.o )
 > ^ <
 /\_/\
( o.o )
 > ^ <
 /\_/\
( o.o )
 > ^ <
 /\_/\
( o.o )
 > ^ <
```

잠금을 사용했기 때문에 프로세스가 고양이 그림을 그리기 위해서는 먼저 잠
금을 획득해야 하며 다시 해제하기 전에는 다른 프로세스가 그림을 그릴 수
없다.

7.2.2 인터프로세스 잠금

앞에서도 말했지만, multiprocessing.Lock은 싱글 파이썬 프로세스에서 시작
된 프로세스에서만 동작한다. 독립적으로 시작된 데몬처럼 애플리케이션이
여러 파이썬 프로세스에 분산된다면 프로세스 사이의 잠금 메커니즘이 필요
하다.

이러한 잠금은 운영 체제 간에 이식되지 않는다. 포직스, 시스템 V(System
V), 윈도우는 서로 다른 프로세스 간 통신 메커니즘을 사용하기 때문에 호환되
지 않는다. 소프트웨어를 플랫폼 종속적으로 만드는 것이 크게 문제 되지 않는
상황이라면 다음 방법을 고려할 수 있다.

패스너스 모듈(https://github.com/harlowja/fasteners)은 파일 잠금을 기반
으로 한 공통 솔루션을 파이썬으로 훌륭히 구현했다.

패스너스가 구현한 잠금은 파일 시스템 잠금을 기반으로 한다. 파일 시스템 잠금은 파이썬에만 한정된 것이 아니므로 다른 프로그래밍 언어로도 동일한 잠금 메커니즘을 구현할 수 있다.

패스너스는 첫 번째 인수로 파일 경로를 받는 fasteners.InterProcessLock 클래스를 제공한다. 파일 경로가 잠금을 구분하는 식별자가 되어 여러 독립적인 프로세스에서 사용할 수 있으며, 이를 통해 여러 프로세스 간의 리소스 접근을 보호한다.

예제 7.6 패스너스를 사용한 인터프로세스 잠금(06_fasteners-interprocess-lock.py)

```python
import time

import fasteners

lock = fasteners.InterProcessLock("/tmp/mylock")
with lock:
    print("Access locked")
    time.sleep(1)
```

예제 7.6의 복사본을 여러 개 실행하면 순서대로 잠금을 획득해서 Access locked를 차례로 출력하는 걸 볼 수 있다.

애플리케이션에서 사용할 파일 경로를 결정하는 특별한 규칙은 없으며 패스너스가 제공하는 유틸리티도 없다. 보통은 $TMPDIR이나 /var/run과 같이 시스템 시작 시에 지워지는 임시 디렉터리를 사용한다. 파일이 만들어질 디렉터리를 결정하고 애플리케이션에 고유하면서 모든 프로세스가 알 수 있는 이름을 만드는 건 여러분의 몫이다.

패스너스는 예제 7.7과 같이 전체 함수에 쉽게 잠금을 걸 수 있도록 데코레이터를 제공한다.

예제 7.7 패스너스 데코레이터 사용하기(07_fasteners-decorator.py)

```python
import time

import fasteners

@fasteners.interprocess_locked('/tmp/tmp_lock_file')
def locked_print():
    for i in range(10):
```

```
        print('I have the lock')
        time.sleep(0.1)

locked_print()
```

패스너스 잠금은 신뢰할 수 있으며 효율적이다. 운영 체제 자체를 제외하면 단일 장애점(single point of failure)이 없으므로 로컬 프로세스 사이의 잠금 처리에 좋은 방법이다.

7.3 etcd를 사용한 분산 잠금

etcd(https://coreos.com/etcd/)는 분산 키-값 저장소로 인기가 높다. etcd는 키와 값을 저장하고 여러 노드로 복사하며, 노드를 통해 키를 조회하거나 업데이트할 수 있다. etcd는 데이터 동기화를 위해 래프트 알고리즘(https://en.wikipedia.org/wiki/Raft_(computer_science))을 사용한다. 래프트 알고리즘은 노드 간의 일관성을 책임질 리더를 선출해서 분산 시스템에서 합의 문제를 해결한다. 래프트는 etcd의 데이터가 모든 노드에서 동일하다는 일관성을 보장하므로 특정 노드에 문제가 발생하더라도 해당 노드가 정상으로 돌아올 때까지 etcd 클러스터가 계속 작동할 수 있게 한다.

이러한 특징을 고려하면 etcd로 분산 잠금을 구현할 수 있다. 잠금 알고리즘의 기본 아이디어는 미리 결정된 키에 값을 쓰는 것이다. 예를 들어, 클러스터의 모든 서비스는 lock1이라는 키를 획득하고 값을 쓰려고 시도할 수 있다. etcd는 트랜잭션을 지원하므로 이 작업은 트랜잭션에서 실행될 수 있고 해당 키가 이미 존재하면 실패한다. 이 경우에는 잠금을 획득할 수 없다. 만약 성공하면 프로세스가 잠금을 획득하고 키를 생성해서 값을 기록한다.

잠금을 해제하려면 잠금을 획득한 클라이언트가 etcd에서 해당 키를 제거하면 된다.

etcd는 키가 수정되거나 삭제됐을 때 클라이언트에 알려 줄 수 있다. 그래서 키 생성과 잠금 획득에 실패한 클라이언트도 잠금이 해제되면 알림을 받아서 잠금 획득을 다시 시도할 수 있다.

잠금을 획득한 클라이언트가 다운되면 잠금 해제가 불가능하다. 이런 경우를 방지하기 위해 키를 만들 때 TTL(time-to-live)값을 정의하며 이 시간 동안 클라이언트가 획득한 잠금이 유지되면 갱신한다.

다음은 많은 키-값 저장소에서 구현된 기본적인 잠금 알고리즘의 처리 흐름이다.

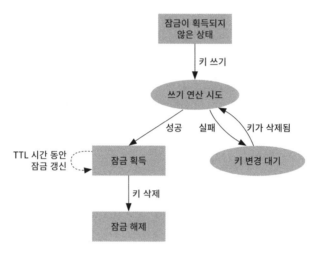

그림 7.1 간단한 etcd 잠금 알고리즘

공부 삼아 이 알고리즘을 처음부터 구현하는 게 아니라면, etcd3 패키지가 제공하는 **etcd3.locks.Lock** 클래스를 사용하는 것이 쉽고 안전하므로 이 패키지를 활용하는 것이 좋다.

예제 7.8은 로컬 etcd 서버에서 어떻게 잠금을 얻는지 보여 준다. 잠금을 획득하면 다른 프로세스는 잠금을 얻을 수 없다. etcd는 네트워크 서비스기 때문에 이와 같은 간단한 방법으로 네트워크상의 프로세스를 쉽게 동기화할 수 있다.

 예제가 동작하려면 etcd를 시작해야 한다. etcd를 설치한 뒤 명령 행에서 etcd를 실행하면 된다.

예제 7.8 etcd로 잠금 사용하기(08_etcd-lock.py)

```
import etcd3
```

```
client = etcd3.client()
lock = client.lock("foobar")
lock.acquire()
try:
    print("do something")
finally:
    lock.release()
```

또한 가독성을 높이고 더 쉽게 예외를 다루기 위해 with 구문과 함께 사용할 수
도 있다.

예제 7.9 etcd로 잠금 사용하기(with 구문, 09_etcd-lock-with.py)

```
import etcd3

client = etcd3.client()
lock = client.lock("foobar")
with lock:
    print("do something")
```

서비스 견고성을 더 높이려면 etcd를 여러 노드로 구성된 클러스터 형태로 배
포한다. 이렇게 하면 애플리케이션이 연결한 서버가 다운되어도 클러스터의
나머지 노드가 작업을 계속할 수 있다. 마찬가지로 클라이언트에서도 다른 서
버로 접속할 수 있어야 한다(python-etcd3에는 아직 이 기능이 구현되지 않
았다).

예제 7.10은 2장 5절에서 설명했던 코틀리든 라이브러리를 사용하여 분산
서비스를 구현한다. 네 개의 다른 프로세스를 생성해서 이 중 하나의 프로세스
만 출력 작업을 할 수 있게 한다.

예제 7.10 etcd와 코틀리든을 사용한 잠금(10_etcd-cotyledon.py)

```
import threading
import time

import cotyledon
import etcd3

class PrinterService(cotyledon.Service):
    name = "printer"

    def __init__(self, worker_id):
        super(PrinterService, self).__init__(worker_id)
        self._shutdown = threading.Event()
        self.client = etcd3.client()
```

```
    def run(self):
        while not self._shutdown.is_set():
            with self.client.lock("print"):
                print("I'm %s and I'm the only one printing"
                    % self.worker_id)
                time.sleep(1)

    def terminate(self):
        self._shutdown.set()

# 매니저 생성
manager = cotyledon.ServiceManager()
# 실행할 네 개의 PrinterService 추가
manager.add(PrinterService, 4)
# 모두 실행
manager.run()
```

이 코드를 여러 대의 컴퓨터에서 여러 번 실행해 보면 잠금을 소유한 프로세스 하나만 print 명령을 처리함을 알 수 있을 것이다. 잠금은 짧은 시간 동안만 획득(print 명령은 보통 1초이므로)되므로 타임아웃이 발생하지 않는다. 기본 TTL값은 60초이므로 만약 프로그램이 무언가를 더 길게 출력하고 1초간 멈춘다면, 어딘가 잘못된 것이며 이때는 잠금을 만료시키는 것이 좋다.

그러나 지속되는 작업이라면 애플리케이션이 TTL값을 증가시키면 안 된다. 주기적으로 Lock.refresh 함수를 호출해서 잠금을 활성화해야 한다.

분산 잠금 메커니즘과 코틀리든 같은 라이브러리를 조합하면 분산 서비스를 간단히 만들 수 있다.

7.4 투즈(Tooz)를 사용한 잠금 추상화

애플리케이션에 대한 분산 잠금 메커니즘을 처음부터 끝까지 한 가지 방법만 고집하는 것은 좋은 선택이라고 볼 수 없다.

먼저 일부 솔루션은 다른 방법에 비해 배포와 관리가 어려울 수 있다. 예를 들어, memcached 서버는 쉽게 설치해서 쓸 수 있지만, 주키퍼 클러스터를 관리하는 일은 훨씬 더 복잡하다. 분명히 두 솔루션은 안전성과 운영 측면에서 차이가 있다. 개발자 입장에서 보면 테스트 시에는 작고 편리한 백엔드를 쓰고, 운영 시에는 확장 가능한 백엔드를 사용해서 확장하는 것이 편리할 수 있다.

두 번째로, 어떤 솔루션을 선택할지가 항상 명확한 것은 아니다. 몇 년 전만 하더라도 유일하게 팩시(Paxos) 알고리즘을 구현한 주키퍼가 널리 사용됐지만, 지금은 래프트를 구현한 etcd가 좀 더 매력적이다. 이 알고리즘은 이해하기 쉽고 프로젝트 역시 배포와 운영이 덜 복잡하다.

이러한 모든 백엔드는 분산 기능에 대해 다른 수준의 추상화를 제공한다. 즉 어떤 프로젝트는 완전한 잠금 구현을 제공하고, 어떤 것들은 오직 키-값 저장소만 제공한다.

투즈(https://pypi.python.org/pypi/tooz) 라이브러리는 이러한 차이를 해소하기 위해 개발됐다. 이 라이브러리는 다양한 백엔드에 추상화 기능을 더해서, 어떤 서비스에서 다른 서비스로의 전환을 쉽게 한다. 예를 들어, 노트북에서 분산 코드를 테스트할 때는 설치와 실행이 간단한 memcached를 사용하고, 좀 더 정교한 솔루션이 필요할 때는 주키퍼로 전환할 수 있다. 게다가 선택한 백엔드에 무관하게, 잠금과 같이 필요한 분산 기능을 동일한 API로 사용할 수 있게 한다.

이와 같이 하기 위해 투즈는 Coordinator라는 객체를 통해 애플리케이션이 연결할 코디네이터 서비스를 제공한다. tooz.coordinator.get_coordinator는 프로그램에 새 코디네이터를 반환한다. 프로그램에서 제공해야 할 것은 연결할 URL과 노드를 나타내는 고유 식별자다. 예제 7.11을 보자.

예제 7.11 투즈 코디네이터(11_tooz-coodinator.py)

```python
import uuid

from tooz import coordination

# UUID를 사용해서 고유 식별자 생성
identifier = str(uuid.uuid4())
# Coordinator 객체 얻음
c = coordination.get_coordinator(
    "etcd3://localhost", identifier)
# Coordinator 시작(연결 시작)
c.start(start_heart=True)
# 프로그램이 끝나면 Coordinator도 종료
c.stop()
```

 예제가 동작하려면 etcd를 시작해야 한다. etcd를 설치한 뒤에 명령 행에서 etcd를 실행한다. etcd를 사용하기 싫다면 대신 memcached를 사용할 수 있다. etcd://localhost 를 memcached://localhost로 수정하면 된다.

코디네이터의 기본 연산은 꽤 간단하다. 초기화 이후에 시작해서 프로그램이 끝날 때 멈추면 된다.

코디네이터가 제공하는 get_lock 함수를 사용하면 선택한 백엔드로부터 분산 잠금을 얻을 수 있다. 이 잠금은 두 가지 주요 함수인 acquire와 release를 제공하며, 연산 성공 여부에 따라 True나 False를 반환한다.

예제 7.12 코디네이터에서 잠금 얻기(12_tooz-coodinator-lock.py)

```
import uuid

from tooz import coordination

# UUID를 사용해서 고유 식별자 생성
identifier = str(uuid.uuid4())
# Coordinator 객체 얻음
c = coordination.get_coordinator(
    "etcd3://localhost", identifier)
# Coordinator 시작(연결 시작)
c.start(start_heart=True)

lock = c.get_lock(b"name_of_the_lock")
# 잠금 획득 및 해제
assert lock.acquire() is True
assert lock.release() is True

# 획득하지 않은 잠금은 해제 못함
assert lock.release() is False

assert lock.acquire() is True
# 블록하지 않고 잠금 획득 시도(실패해도 바로 알 수 있음)
assert lock.acquire(blocking=False) is False
# 잠금 획득까지 5초간 대기
assert lock.acquire(blocking=5) is False
assert lock.release() is True

# 프로그램이 끝나면 Coordinator도 종료
c.stop()
```

예제 7.12는 잠금을 획득하고 해제하기 위한 함수 사용법을 보여 준다. acquire 함수는 기본값이 True인 blocking 매개 변수를 받는다. 이 함수를 호출하면 잠금을 얻을 수 있을 때까지 영원히 대기한다. blocking에는 시간값을 줄 수도 있다(False는 시간값을 0으로 설정한 것과 동일하게 동작한다).

앞에서 봤던 예제 7.9는 투즈를 사용해서 etcd를 비롯한 여러 백엔드를 지원하도록 다시 작성할 수 있다. 다음 코드를 보자.

예제 7.13 투즈 잠금과 with 구문 사용하기(13_tooz-with.py)

```
import uuid

from tooz import coordination

# UUID를 사용해서 고유 식별자 생성
identifier = str(uuid.uuid4())
# Coordinator 객체 얻음
c = coordination.get_coordinator(
    "etcd3://localhost", identifier)
# Coordinator 시작(연결 시작)
c.start(start_heart=True)

lock = c.get_lock(b"foobar")
with lock:
    print("do something")
```

애플리케이션에 필요한 백엔드로 어떤 것을 선택할지 확신이 없다면, 투즈가 제공하는 추상화 레이어를 사용하는 것이 좋다. etcd나 주키퍼와 달리 잠금 메커니즘을 구현한 파이썬 라이브러리가 없는 PostgreSQL이나 memcached 같은 백엔드라면 더욱 그렇다.

8장

그룹 멤버십

모든 분산 애플리케이션은 해결할 문제를 안고 있다. 그중 하나는 7장에서 살펴본 바와 같이, 분산 잠금을 구현해서 임의로 리소스에 접근하지 못하도록 하는 것이다. 또 다른 문제는 클러스터 멤버십(membership) 인식 및 수명과 연관돼 있다.

분산 워커를 사용하다 보면 클러스터에 얼마나 많은 워커가 동작하고 있는지 알아야 될 경우가 생긴다. 워커 수를 파악하면 일부는 작업을 처리하고 일부 노드는 대기 상태를 유지하는 고가용성(high availability) 및 여러 노드로 작업을 분산하는 로드 밸런싱 같은 다양한 특성을 구현할 수 있기 때문이다.

이를 위해서는 외부 서비스의 도움이 필요하다. 이번 장에서는 투즈 라이브러리(https://pypi.python.org/pypi/tooz)가 제공하는 추상화 레이어 및 알고리즘을 사용해서 효과적으로 문제를 해결하는 방법을 설명한다.

8.1 그룹 생성, 참가, 나가기

투즈 라이브러리는 '그룹 멤버십'이라고 부르는 공통 패턴을 구현한다. 이 패턴은 그림 8.1과 같이 어렵지 않게 이해할 수 있다.

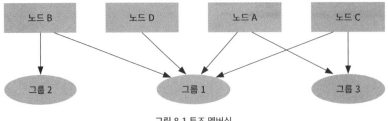

그림 8.1 투즈 멤버십

그룹 멤버는 전혀 없거나 하나 이상일 수 있다. 어떤 노드가 그룹에 참여하면 해당 그룹의 멤버가 된다. 멤버는 자체적으로 종료(shutdown)하거나 멤버십을 갱신(renew)하지 않는 방법으로 언제든지 그룹에서 나갈 수 있다. 멤버십 추적(tracking)은 투즈 그리고 사용되는 백엔드에 의해 자동으로 처리된다.

 7장 4절에서 설명한 대로, 투즈는 memcached부터 etcd까지 다양한 백엔드를 지원한다. 멤버십과 수명 추적의 정확성은 백엔드의 무결성(integrity)에 달려 있다. 예를 들어, 주키퍼와 팩시(Paxos)의 합의(consensus) 알고리즘을 사용하는 백엔드는 레디스를 단독으로 사용할 때보다 더 견고하다. 그러므로 요구 사항을 살펴보고 더 많은 정보를 얻기 위해서는 투즈가 지원하는 백엔드의 기능도 충분히 알아 두는 것이 좋다.

예제 8.1 그룹 참가(01_join-group.py)

```python
import sys
import time

from tooz import coordination

# client id와 group id가 인수로 전달됐는지 확인.
if len(sys.argv) != 3:
    print("Usage: %s <client id> <group id>" % sys.argv[0])
    sys.exit(1)

# Coordinator 객체 얻음
c = coordination.get_coordinator(
    "etcd3://localhost",
    sys.argv[1].encode())
# Coordinator 시작(연결 시작)
c.start(start_heart=True)

group = sys.argv[2].encode()
```

```
# 그룹 생성
try:
    c.create_group(group).get()
except coordination.GroupAlreadyExist:
    pass

# 그룹 참가
c.join_group(group).get()

# 멤버 목록 출력
members = c.get_members(group)
print(members.get())

# 5초간 대기
time.sleep(5)

# 그룹 나가기
c.leave_group(group).get()

# 프로그램이 끝나면 Coordinator도 종료
c.stop()
```

예제 8.1은 투즈 그룹 멤버십 API를 사용하는 완전한 작업 흐름을 보여 준다.

 예제가 동작하려면 etcd를 시작해야 한다. 설치 후에 명령행에서 etcd를 실행한다. etcd 대신에 memcached를 사용할 수 있으며, 이때는 etcd3:// 부분을 memcached://로 바꿔야 한다.

코디네이터를 생성하면 첫 번째로 그룹을 만든다. 그룹이 이미 생성됐고 다른 클라이언트가 해당 그룹에 참여했을 수도 있다. 예제에서는 여기에 대한 예외는 무시한다.

두 번째 단계로 join_group 함수로 그룹에 참여한다. 자세히 보면, join_group이나 create_group 함수의 결과에 대해 매번 get 함수를 호출하고 있다. 사실 투즈는 비동기 API를 제공한다. 즉 join_group을 호출하면 그룹에 참여하는 과정이 시작되지만, 애플리케이션이 join_group의 반환값에 대해 get 함수를 호출할 때까지는 그룹에 완전히 참여한 것이 아니다.

그룹에 참여한 이후에는 해당 그룹에 참여한 멤버들의 목록을 get_members 함수를 이용해서 출력한다.

예제는 멤버 아이디(id)와 그룹 아이디를 지정할 수 있으므로 여러 노드에서 여러 개의 예제를 실행해 볼 수 있다. 동일한 etcd 서비스에 연결됐다면 같은 그룹 내에서 서로를 확인할 수 있다.

8.2 역량 사용하기

투즈는 그룹 기능을 기반으로 하는 역량(capability) 메커니즘을 제공한다. 멤버가 그룹에 참여할 때 역량을 지정할 수 있으며 필요에 따라 나중에 업데이트할 수 있다.

역량은 프로그램에서 공유할 수 있는 단순한 데이터 구조로 표현한다. 간단한 문자열이 될 수도 있고 복잡하게 중첩된 딕셔너리가 될 수도 있다. 데이터 구조의 일반적인 용도는 처리 능력이나 제공되는 기능 목록처럼 멤버에 대한 정보 전달에 있다. 이 기능을 사용하면 특정 기능을 기반으로 멤버를 필터링하거나 컴퓨팅 성능에 따라 처리량을 다르게 할 수도 있다.

예제 8.2는 역량을 활용한 그룹 참가의 예를 보여 준다. 클라이언트는 그룹에 참여할 때 자신의 현재 상태(mood)가 어떤지 알린다. 그러면 다른 모든 멤버는 멤버 역량을 통해 클라이언트의 상태를 확인할 수 있다.

예제 8.2 투즈 역량 사용하기(02_join-group-capabilities.py)

```python
import sys
import time

from tooz import coordination

# client id, group id 및 mood가 인수로 전달됐는지 확인
if len(sys.argv) != 4:
    print("Usage: %s <client id> <group id> <mood>"
        % sys.argv[0])
    sys.exit(1)

# Coordinator 객체 얻음
c = coordination.get_coordinator(
    "etcd3://localhost",
    sys.argv[1].encode())
# Coordinator 시작(연결 시작)
c.start(start_heart=True)

group = sys.argv[2].encode()

# 그룹 생성
```

```
try:
    c.create_group(group).get()
except coordination.GroupAlreadyExist:
    pass

# 그룹 참가
c.join_group(
    group,
    capabilities={"mood": sys.argv[3]}
).get()

# 멤버 목록과 역량을 출력한다.
# API가 비동기 방식이므로 역량을 얻기 위한 요청을
# 동시에 보내서 병렬로 실행되도록 한다.
get_capabilities = [
    (member, c.get_member_capabilities(group, member))
    for member in c.get_members(group).get()
]

for member, cap in get_capabilities:
    print("Member %s has capabilities: %s"
        % (member, cap.get()))

# 5초간 대기
time.sleep(5)

# 그룹 나가기
c.leave_group(group).get()

# 프로그램이 끝나면 Coordinator도 종료
c.stop()
```

예제 8.2를 다음과 같이 동시에 두 번 실행했을 때의 출력 결과를 보자.

```
$ python 02_join_group_capabilities.py foo group1 sad > /dev/null &
$ python 02_join_group_capabilities.py bar group1 happy
Member b'bar' has capabilities: {'mood': 'happy'}
Member b'foo' has capabilities: {'mood': 'sad'}
```

이 프로그램을 여러 번 실행할 수도 있고 필요하면 다른 그룹을 사용할 수도 있다. 다양한 방법으로 예제를 실행해 보면 이 API를 분산 프로그램에 어떻게 적용할 수 있을지 아이디어를 얻을 수 있을 것이다.

8.3 와처 콜백 사용하기

보통, 멤버가 그룹에 참여하거나 떠날 때 애플리케이션은 특정한 행동이 필요하다. 투즈는 이러한 요구 사항을 처리하기 위해 와처(watcher)라는 메커니즘을 제공한다. 와처는 멤버 목록을 캐시하고 있다가 멤버가 그룹에 참여하거나 떠날 때마다 지정된 콜백 함수를 실행한다.

투즈는 콜백 함수를 등록하기 위해 watch_join_group과 watch_leave_group 함수를 제공한다. 각각 그룹에 참여할 때 그리고 그룹을 나갈 때 호출할 함수를 등록하는 데 쓰인다. 등록한 콜백을 해제할 때는 unwatch_join_group과 unwatch_leave_group 함수를 사용한다.

등록된 콜백 함수는 run_watcher 함수가 호출될 때만 실행된다. 애플리케이션이 스레드에 안전하다면 다른 스레드에서 주기적으로 이 함수를 실행할 수 있지만, 그렇지 않다면 프로그램이 제공하는 루프 안에서 호출해야 한다.

예제 8.3은 그룹에 참여하거나 나갈 때를 어떻게 확인하는지 보여 주는 예제다. 해당 동작이 발생하고 run_watchers가 실행되면, 등록한 콜백 함수를 통해 어떤 멤버가 참가했는지 또는 어느 그룹에서 나갔는지가 출력된다.

예제 8.3 투즈에서 와처 사용하기(03_join-watchers.py)

```python
import sys
import time

from tooz import coordination

# client id와 group id가 인수로 전달됐는지 확인
if len(sys.argv) != 3:
    print("Usage: %s <client id> <group id>" % sys.argv[0])
    sys.exit(1)

# Coordinator 객체 얻음
c = coordination.get_coordinator(
    # 효과를 빨리 확인하기 위해 타임아웃을 짧게 설정함
    "etcd3://localhost/?timeout=3",
    sys.argv[1].encode())
# Coordinator 시작(연결 시작)
c.start(start_heart=True)

group = sys.argv[2].encode()

# 그룹 생성
try:
    c.create_group(group).get()
except coordination.GroupAlreadyExist:
    pass
```

```
# 그룹 참가
c.join_group(group).get()

# 그룹에 참가하거나 나갈 때 호출되도록
# print 함수를 등록한다.
c.watch_join_group(group, print)
c.watch_leave_group(group, print)

while True:
    c.run_watchers()
    time.sleep(2)

# 그룹 나가기
c.leave_group(group).get()

# 프로그램이 끝나면 Coordinator도 종료
c.stop()
```

이 예제의 효과를 확인하려면 두 개의 다른 터미널에서 예제 코드를 실행해야한다. 이렇게 해야 등록한 콜백이 제대로 호출되기 때문이다. 출력 결과는 다음과 같다.

예제 8.4 예제 8.3의 출력 결과

```
# 첫 번째 터미널에서 첫 번째 클라이언트를 실행한다.
$ python Chapter08/03_join-watchers.py client1 group1

# 두 번째 터미널에서 두 번째 클라이언트를 실행한다.
$ python Chapter08/03_join-watchers.py client2 group1

# 첫 번째 터미널에서 다음 메시지가 출력된다.
<MemberJoinedGroup: group b'group1': +member b'client2'>

# 두 번째 터미널에서 Ctrl+C를 눌러 프로그램을 종료한다.
# 그러면 첫 번째 터미널에서 약 3초 후에 다음 메시지가 출력된다.
<MemberLeftGroup: group b'group1': -member b'client2'>
```

ctrl+c를 눌러 프로그램을 중단하면 etcd에 대한 연결이 끊어지고 설정된 타임아웃 시간이 지난 후에 키가 만료된다. 타임아웃은 연결 URL에 ?timeout=을 전달해서 설정한다.

   ctrl+c를 사용해서 프로그램을 중단하면 크래시나 갑작스러운 중단 상황을 흉내 낼 수 있기 때문에 예제 코드가 이런 상황을 어떻게 대처하는지 확인할 수 있다. 이 예제 코드에서는 watch_leave_group으로 콜백을 등록했기 때문에 멤버가 그룹을 나갈 때 통지를 받을 수 있다.

이 기능을 통해 분산 시스템에 참여하거나 나가는 모든 멤버를 추적할 수 있기 때문에 상위 레벨 애플리케이션에서 매우 유용하게 쓸 수 있다. 여기에 관해서는 8장 5절에서 설명한다.

8.4 일관된 해시 링

분산 그룹을 관리할 수 있게 되면 다양한 분산 알고리즘을 활용할 수 있다. 일관된 해시 링(consistent hash ring)은 이런 알고리즘 중 하나다.

n개의 노드로 구성된 분산 시스템에서 키를 분배하는 전통적인 방법은 hash(object) % n을 계산해서 어떤 노드가 키를 관리할지 결정하는 것이다. 하지만 n이 변경되면 나머지 연산의 결괏값 역시 변하므로 모든 키가 새로운 노드에 다시 매핑된다. 이로 인해 클러스터에서 대량의 데이터 이동이 발생한다.

일관된 해시는 이런 문제를 회피한다. 다른 계산 방식을 사용해서 n이 변경됐을 때 전체 키가 아니라 오직 K / n만큼의 키만 남아 있는 노드에 재매핑되도록 한다. K는 키의 개수이며 n은 키를 관리하는 노드의 수다.

해시 링은 원 모양으로 된 해싱 공간이다. 일관된 해싱 함수를 사용해서 계산된 모든 키는 이 해시 공간 어딘가에 매핑된다. 키는 항상 링의 동일한 장소에 위치한다. 링은 파티션 P로 분할되는데 P는 노드 수보다 큰 크기다. 각 노드는 링의 1 / n 파티션을 담당한다.

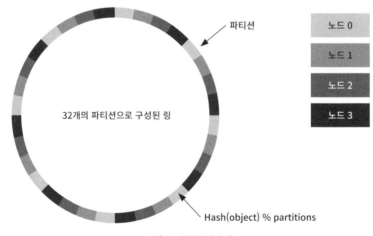

그림 8.2 일관된 해시 링

이 방식은 두 개 이상의 노드에서 키를 관리하는 복제(replication) 메커니즘을 쉽게 도입할 수 있게 한다. 복제는 다른 노드가 키를 관리하고 저장하는 것이 가능하므로 노드 장애를 대비할 수 있는 유용한 방법이다.

앞서 8장 1절에서 본 것처럼 투즈를 사용하면 어떤 노드가 살아 있는지 정확하게 알 수 있다. 이를 통해 노드가 그룹에 참가하거나 나갈 때 약간의 재조정(re-balancing)만으로 객체를 노드에 매핑할 수 있는 해시 링 구현을 제공한다.

예제 8.5 **투즈 해시 링 사용하기(05_tooz-hash-ring.py)**

```python
# -*- encoding: utf-8 -*-
from tooz import hashring

NUMBER_OF_NODES = 16

# 1단계: 16개의 노드로 해시 링 생성
hr = hashring.HashRing(["node%d" % i for i in range(NUMBER_OF_NODES)])
nodes = hr.get_nodes(b"some data")
print(nodes)
nodes = hr.get_nodes(b"some data", replicas=2)
print(nodes)
nodes = hr.get_nodes(b"some other data", replicas=3)
print(nodes)
nodes = hr.get_nodes(b"some other of my data", replicas=2)
print(nodes)

# 2단계: 노드 하나를 제거
print("Removing node8")
hr.remove_node("node8")
nodes = hr.get_nodes(b"some data")
print(nodes)
nodes = hr.get_nodes(b"some data", replicas=2)
print(nodes)
nodes = hr.get_nodes(b"some other data", replicas=3)
print(nodes)
nodes = hr.get_nodes(b"some other of my data", replicas=2)
print(nodes)

# 3단계: 새 노드 추가
print("Adding node17")
hr.add_node("node17")
nodes = hr.get_nodes(b"some data")
print(nodes)
nodes = hr.get_nodes(b"some data", replicas=2)
print(nodes)
nodes = hr.get_nodes(b"some other data", replicas=3)
print(nodes)
nodes = hr.get_nodes(b"some other of my data", replicas=2)
```

```
print(nodes)
nodes = hr.get_nodes(b"some data that should end on node17", replicas=2)
print(nodes)

# 4단계: 제거한 노드를 더 높은 가중치로 다시 추가한다.
print("Adding back node8 with weight")
hr.add_node("node8", weight=100)
nodes = hr.get_nodes(b"some data")
print(nodes)
nodes = hr.get_nodes(b"some data", replicas=2)
print(nodes)
nodes = hr.get_nodes(b"some other data", replicas=3)
print(nodes)
nodes = hr.get_nodes(b"some other of my data", replicas=2)
print(nodes)
```

예제 8.5는 투즈의 HashRing 객체를 어떻게 사용하는지, HashRing으로 무엇을
만들 수 있는지 보여 준다. 이해하기 쉽도록 코드를 한 단계씩 살펴보자.

```
NUMBER_OF_NODES = 16

# 1단계: 16개의 노드로 해시 링 생성
hr = hashring.HashRing(["node%d" % i for i in range(NUMBER_OF_NODES)])
nodes = hr.get_nodes(b"some data")
print(nodes)
nodes = hr.get_nodes(b"some data", replicas=2)
print(nodes)
nodes = hr.get_nodes(b"some other data", replicas=3)
print(nodes)
nodes = hr.get_nodes(b"some other of my data", replicas=2)
## 출력:
# {'node8'}
# {'node11', 'node8'}
# {'node2', 'node13', 'node6'}
# {'node7', 'node8'}
```

예제의 첫 번째 단계는 해시 링을 어떻게 생성하는지 보여 준다. 이 코드에서
해시 링은 node1부터 node16까지 16개의 초기 노드로 생성된다.

해시 링을 사용할 때 주로 쓰는 함수는 get_nodes다. 이 함수는 바이트 타입
을 입력 인수로 받는데, 애플리케이션에 의미 있는 바이트 체인을 만드는 일은
개발자에게 달려 있다. 단순한 키가 될 수도 있으며 객체 또는 객체 해시값이
될 수도 있다.

get_nodes의 반환값은 해당 데이터를 관리하게 될 노드의 집합이다. 기본 동

작은 노드 하나만 반환하지만, 함수의 인수에 사본(replicas)의 수를 넘기면 사본의 수만큼 노드가 반환된다.

```
# 2단계: 노드 하나를 제거
print("Removing node8")
hr.remove_node("node8")
nodes = hr.get_nodes(b"some data")
print(nodes)
nodes = hr.get_nodes(b"some data", replicas=2)
print(nodes)
nodes = hr.get_nodes(b"some other data", replicas=3)
print(nodes)
nodes = hr.get_nodes(b"some other of my data", replicas=2)
## 출력:
# Removing node8
# {'node11'}
# {'node11', 'node6'}
# {'node2', 'node13', 'node6'}
# {'node7', 'node5'}
```

예제 8.5의 두 번째 단계는 해시 링에서 노드를 제거한다. 이제 링에 포함된 노드는 15개다. get_nodes 호출은 첫 번째 단계와 동일하다. 그렇지만 보는 바와 같이 출력 결과는 다르다. node8을 해시 링에서 제거했기 때문에 이제 해당 파티션은 링의 인접한 파티션을 관리하는 다른 노드가 처리한다.

첫 번째 키를 관리했던 node8은 이제 node11로 대체됐다. 두 번째 키의 경우 node6이 대신 사용된다. 세 번째 키의 노드는 변경이 없다. 링에서 제거한 node8이 사본으로 사용되지 않았기 때문이다. 마지막 키에 대해서는 제거된 node8 대신 node5가 사용됐다.

결국 앞에서 설명한 것과 동일하게 해시 링이 동작했다. 즉 노드가 제거되면 전체 키가 아닌 일부 키, 그러니까 제거된 노드에 들어 있던 키들만 다시 매핑된다.

```
# 3단계: 새 노드 추가
print("Adding node17")
hr.add_node("node17")
nodes = hr.get_nodes(b"some data")
print(nodes)
nodes = hr.get_nodes(b"some data", replicas=2)
print(nodes)
nodes = hr.get_nodes(b"some other data", replicas=3)
print(nodes)
```

```
nodes = hr.get_nodes(b"some other of my data", replicas=2)
print(nodes)
nodes = hr.get_nodes(b"some data that should end on node17", replicas=2)
## 출력:
# Adding node17
# {'node11'}
# {'node11', 'node6'}
# {'node2', 'node13', 'node6'}
# {'node7', 'node5'}
# {'node17', 'node9'}
```

세 번째 단계로 새로운 노드인 node17을 링에 추가한다. 이번에도 이미 노드
에 분배된 키를 다시 조정하는 과정은 일어나지 않는다. node17이 실제로 파티
션 일부를 관리한다는 걸 보여 주기 위해 사본이 node17에 저장되도록 바이트
문자열을 추가했다. 실제로는 키가 어디서 끝나는지 미리 알 수 없기 때문에
node17이 반환될 때까지 여러 번 키를 수정했다.

```
# 4단계: 제거한 노드를, 더 높은 가중치로 다시 추가한다.
print("Adding back node8 with weight")
hr.add_node("node8", weight=100)
nodes = hr.get_nodes(b"some data")
print(nodes)
nodes = hr.get_nodes(b"some data", replicas=2)
print(nodes)
nodes = hr.get_nodes(b"some other data", replicas=3)
print(nodes)
nodes = hr.get_nodes(b"some other of my data", replicas=2)
print(nodes)
## 출력:
# Adding back node8 with weight
# {'node8'}
# {'node11', 'node8'}
# {'node2', 'node8', 'node6'}
# {'node7', 'node8'}
```

마지막으로 node8이 다시 해시 링에 추가됐다. 이번에는 가중치를 100으로 했
기 때문에 다른 노드보다 최대 100배 더 많은 키를 관리한다. 해시 링은 결정
론(deterministic)을 따르므로 node8이 제거되기 전에 관리했던 키를 다시 맡게
된다. 즉 키 some data는 프로그램의 첫 번째 단계와 동일한 노드에 들어가게
되므로 node6이 node8로 대체된다. 한편, node8의 가중치가 100이므로 다른 노
드보다 더 많은 키가 들어간다. 그래서 some other data의 사본 중의 하나였던

node13 대신 node8이 사본이 된다.

해시 링이 완벽하지는 않다. 예를 들어, 키 분배가 일정하게 이뤄지지 않기 때문에 일부 노드가 다른 노드보다 더 많은 키를 갖게 된다. 이 특징은 애플리케이션에 따라 문제가 될 수도, 그렇지 않을 수도 있다. 그럼에도, 해시 링은 사용하기 편리하며 클러스터 멤버십과 결합하여 멋진 솔루션을 제공한다. 여기에 관해서는 바로 다음 절에서 다룬다.

8.5 파티셔너

8장 1절에서 그룹 멤버십을 어떻게 관리하는지 배웠고, 8장 4절에서는 해시 링이 어떻게 동작하는지 알아봤다. 이제 두 가지를 같이 활용하는 방법을 생각해 보자.

한쪽에는 분산 시스템의 어떤 노드가 살아 있는지 알려 주는 그룹 시스템이 있고, 다른 쪽에는 어떤 노드가 데이터를 처리하는지 알려 주는 객체가 있다. 투즈는 두 메커니즘을 활용하는 API를 제공한다.

따라서 이것들을 각각의 애플리케이션으로 만드는 대신, 투즈가 제공하는 그룹 시스템을 사용하면 해시 링 멤버를 업데이트해서 **파티션 그룹**이라는 새로운 오브젝트를 만들 수 있다. join_partitioned_group 함수를 사용하면 일관된 해시 링을 사용하여 모든 멤버가 작업 부하를 분담하는 그룹에 애플리케이션이 참가할 수 있다.

예제 8.6 투즈의 join_partitioned_group 함수 사용하기(06_tooz-join-partitioned-group.py)

```
import sys
import time

from tooz import coordination

# client id와 group id가 인수로 전달됐는지 확인
if len(sys.argv) != 3:
    print("Usage: %s <client id> <group id>" % sys.argv[0])
    sys.exit(1)

# Coordinator 객체 얻음
c = coordination.get_coordinator(
    "etcd3://localhost",
    sys.argv[1].encode())
```

```
# Coordinator 시작(연결 시작)
c.start(start_heart=True)

group = sys.argv[2].encode()

# 파티션 그룹에 참가
p = c.join_partitioned_group(group)

print(p.members_for_object("foobar"))

# 5초간 대기
time.sleep(5)

# 그룹 나가기
c.leave_group(group).get()

# 프로그램이 끝나면 Coordinator도 종료
c.stop()
```

Partitioner 객체는 members_for_object 함수를 통해 객체를 관리할 멤버 세트를 반환한다.

 파이썬 객체의 고유한 바이트 식별자를 계산하기 위해 투즈 파티셔너는 members_for_object에 인수로 전달된 객체에 대해 __tooz_hash__ 함수를 호출한다. 만약 이 함수가 없다면 표준 hash 파이썬 모듈이 대신 호출된다. 각 객체는 클러스터 전체에서 고유하면서 일관되게 식별돼야 하므로 이 함수 정의는 중요하다.

예제 8.6을 다른 터미널에서 병렬로 실행하면, 같은 그룹에 참가해서 동일한 멤버 아이디를 반환함을 보게 될 것이다.

```
$ python Chapter08/06_tooz-join-partitioned-group.py client1 test-group
{b'client1'}

$ python Chapter08/06_tooz-join-partitioned-group.py client2 test-group
{b'client1'}
```

출력 결과를 보면, 두 클라이언트가 동시에 연결되어 있고 같은 그룹에 속해 있다는 걸 알 수 있다. client2 하나만 실행하면 그룹의 유일한 멤버이므로 출력 결과도 'client2'가 된다.

 투즈 파티셔너는 동작의 정확성을 위해 와처(8장 3절을 참고하자)를 사용한다. 주기적으로 tooz.coordination.Coordinator.run_watchers를 호출해서 파티셔너의 해시 링
이 파티션 그룹에서 멤버가 참여하고 나가는 것을 알 수 있도록 해야 한다.

이 메커니즘은 꽤 강력하며 몇 가지 문제를 해결할 수 있다.

예를 들어, 자동으로 여러 노드 간에 작업 부하를 나눌 수 있다. 웹에서 읽어
올 URL이 100개 있다고 하자. 이 메커니즘을 사용하면 작업 부하를 아주 쉽게
분산할 수 있다.

예제 8.7 해시 링을 사용해서 웹 페이지 읽기 작업 분산(07_spread-fetching-web.py)

```python
import itertools
import uuid

import requests
from tooz import coordination

class URL(str):
    def __tooz_hash__(self):
        # URL을 고유 식별자로 사용한다.
        return self.encode()

urls_to_fetch = [
    URL("https://httpbin.org/bytes/%d" % n)
    for n in range(100)
]

GROUP_NAME = b"fetcher"
MEMBER_ID = str(uuid.uuid4()).encode('ascii')

# Coordinator 객체 얻음
c = coordination.get_coordinator("etcd3://localhost", MEMBER_ID)
# Coordinator 시작(연결 시작)
c.start(start_heart=True)

# 파티션 그룹에 참가
p = c.join_partitioned_group(GROUP_NAME)

try:
    for url in itertools.cycle(urls_to_fetch):
        # 멤버십 변경이 없는지 확인
        c.run_watchers()
        # print("%s -> %s" % (url, p.members_for_object(url)))
        if p.belongs_to_self(url):
            try:
                r = requests.get(url)
            except Exception:
                # 에러가 발생하면
```

```
                    # 단순히 다음 아이템으로 이동
                    pass
            else:
                print("%s: fetched %s (%d)"
                    % (MEMBER_ID, r.url, r.status_code))
finally:
    # 그룹 나가기
    c.leave_group(GROUP_NAME).get()

    c.stop()
```

예제 8.7에서는 프로그램이 코디네이터에 연결되고, `fetcher`라는 이름의 그룹
에 참여한 다음, URL 목록을 순회하면서 각 페이지를 읽어 오기 시작한다. 프
로그램은 코디네이터에 한 번만 연결되지만, 예제 8.8의 출력 결과처럼 모든
페이지를 가져온다.

예제 8.8 07_spread-fetching-web.py를 실행했을 때의 결과

```
b'ae255559-f06e-4784-aec5-1b0a8cbc3e43': fetched https://httpbin.org/↵
    bytes/0 (200)
b'ae255559-f06e-4784-aec5-1b0a8cbc3e43': fetched https://httpbin.org/↵
    bytes/1 (200)
b'ae255559-f06e-4784-aec5-1b0a8cbc3e43': fetched https://httpbin.org/↵
    bytes/2 (200)
...
```

다른 터미널에서 두 번째 인스턴스를 실행하면, 첫 번째로 실행한 프로그램은
페이지 몇 개를 건너뛴다. 건너뛴 페이지들은 다음 출력 결과처럼 두 번째 실
행한 프로그램이 읽어 온다.

예제 8.9 07_spread-fetching-web.py를 두 개 실행했을 때의 결과

```
# 첫 번째 실행한 프로그램의 출력
b'4ad3ccd2-b7f2-4189-bf5a-1d12d4d2b781': fetched https://httpbin.org/↵
    bytes/6 (200)
b'4ad3ccd2-b7f2-4189-bf5a-1d12d4d2b781': fetched https://httpbin.org/↵
    bytes/7 (200)
b'4ad3ccd2-b7f2-4189-bf5a-1d12d4d2b781': fetched https://httpbin.org/↵
    bytes/9 (200)
b'4ad3ccd2-b7f2-4189-bf5a-1d12d4d2b781': fetched https://httpbin.org/↵
    bytes/13 (200)
b'4ad3ccd2-b7f2-4189-bf5a-1d12d4d2b781': fetched https://httpbin.org/↵
    bytes/14 (200)
b'4ad3ccd2-b7f2-4189-bf5a-1d12d4d2b781': fetched https://httpbin.org/↵
    bytes/15 (200)
b'4ad3ccd2-b7f2-4189-bf5a-1d12d4d2b781': fetched https://httpbin.org/↵
```

```
    bytes/17 (200)
b'4ad3ccd2-b7f2-4189-bf5a-1d12d4d2b781': fetched
...

# 두 번째 실행한 프로그램의 출력
b'd2df1eb6-fccc-48c9-a69a-4911eac378d2': fetched https://httpbin.org/↵
    bytes/8 (200)
b'd2df1eb6-fccc-48c9-a69a-4911eac378d2': fetched https://httpbin.org/↵
    bytes/10 (200)
b'd2df1eb6-fccc-48c9-a69a-4911eac378d2': fetched https://httpbin.org/↵
    bytes/11 (200)
b'd2df1eb6-fccc-48c9-a69a-4911eac378d2': fetched https://httpbin.org/↵
    bytes/12 (200)
b'd2df1eb6-fccc-48c9-a69a-4911eac378d2': fetched https://httpbin.org/↵
    bytes/16 (200)
...
```

새로운 멤버가 그룹에 참여하면 읽어야 할 URL은 해시 링을 사용하여 그룹 내의 멤버들 사이에 분산된다. 따라서 이전보다 속도가 두 배 빠르다.

물론 이런 메커니즘이 모든 작업에 적합한 것은 아니다. 순환이 필요 없는 작업은 5장에서 살펴본 것처럼 큐를 사용해 처리하는 것이 더 좋다. 그렇지만 큐를 사용하되, 지금 본 방법처럼 큐의 작업 처리는 워커 여러 개로 분산하는 방법도 고려할 수 있다.

8.6 클러스터 관리를 주제로 한, 알렉시스 야콥-모니어 (Alexys Jacob-Monier) 인터뷰

자기소개와 어떻게 파이썬을 사용하게 됐는지 설명을 부탁한다.

나는 스스로를 기계가 동작하는 방법보다는 그 기계로 무엇을 만들 수 있는지 알아내는 데 더 많은 시간을 보내는 독학자 (audodict)로 소개하고 싶다. 실패와 재시도를 꾸준히 반복하면서 처음부터 올바르게 만들기보다는 불필요한 건 만들지 않는 편이 더 좋다는 사실을 깨달았다. 이 때문에 나는 경험주의를 통해 좌절, 실패를 회피할 수 있다고 생각한다.

나는 광고 및 마케팅 스타트업이었던 1000mercis에서 플래시 웹 개발자로 직장 생활을 시작했다. 또 ASP/C# 개발도 담당했다. 회사 특성상 여러 업무를 동시에 처리해야만 했다. 시스템 관리자, 네트워크 관리자 등의 업무를 하다가 배시(bash)를 사용해서 1000줄 이상의 정교한 이메일 구문 분석 플랫폼을 개발하기도 했다.

상황이 이렇다 보니, 다양한 영역에 사용할 수 있고 내가 경험한 방식과도 일치하는 프로그래밍 언어가 필요했다. 파이썬에 대해서는 회사에서 주로 사용했던 젠투(Gentoo) 리눅스 때문에 알게 됐다. 그리고 나서 파이썬을 소개하는 리눅스 매거진 기사를 읽고 직접 사용해 보면서 큰 충격을 받았다. 내가 필요한 모든 기능이 파이썬에 들어 있는 걸 보면서 감격할 수밖에 없었고, 곧바로 모든 업무에 파이썬을 사용하기 시작했다.

나는 1000mercis의 CTO가 됐고, 회사는 국제적인 그룹으로 성장했으며, 리눅스와 파이썬을 핵심 기술로 받아들였다. 이 언어를 사용해서 규모에 맞게 분산되고 안정적이며 성능이 뛰어난 데이터 지향 플랫폼을 개발할 수 있었고, 또 재능 있는 사람들과 일할 수 있어서 매우 행복하다.

나는 오픈 소스 소프트웨어 커뮤니티 멤버로서 2011년부터 젠투 리눅스 개발자로 일하고 있으며, 특히 패키징, 클러스터링, NoSQL 관련 프로젝트 및 파이썬 라이브러리에 기여하고 있다. 또한 분산 애플리케이션 및 시스템과 관련한 유로파이썬(EuroPython) 콘퍼런스에서 몇 개 세션을 발표하기도 했다.

최근 몇 년 동안 데이터 과학과 엔지니어링 분야에서 파이썬이 광범위하게 사용되고 있어 매우 기쁘다.

분산 시스템을 만들 때 파이썬의 뛰어난 점(또는 나쁜 점)은 무엇이라고 생각하나? 장점과 단점에 대해 느낀 점을 알려 달라.

실망스럽겠지만, 분산 시스템을 만드는 데 있어서 파이썬은 그리 뛰어나다고 볼 수 없는, 평범한 언어라고 생각한다.

이런 판단은 노드 간 통신, 장애 허용성, 부분적인 장애 관리, 작업 분할 처리, 일관성 및 가용성 제약 등 분산 시스템과 관련된 모든 복잡한 요소를 애플리케이션에서 얼마나 처리할 수 있는지에 따라 내린다.

분산 코디네이터, 키-값 저장소, 메시지 브로커, 통계 저장소 및 데이터베이스 같은 견고한 서비스 세트에 의존하는 분산 애플리케이션을 만든다면 파이썬은 훌륭한 방법이 될 수 있다. 이러한 서비스는 리더 선출, 분산 잠금, 서비스

검색, 메시지 큐/스트리밍 및 통계 그래프 같은 기능을 제공하므로 분산 애플리케이션의 기본 요소로 사용할 수 있다.

가장 큰 문제는 애플리케이션 개발을 시작하기 전에 외부 서비스들을 설치하고 운영하고 관리할 수 있어야 한다는 점이다. 따라서 애플리케이션이 외부 서비스에 단단히 결합되어 서비스의 역할에 따라 애플리케이션의 성능과 기능 역시 결정된다. 데이터베이스라면 괜찮지만 분산 코디네이터의 경우는 상황이 다르다. 조직의 규모나 기술력에 따라 운영 비용이 문제가 되고 부담을 줄 수 있다.

이 점이 큰 문제가 아니라면 파이썬의 장점으로 애플리케이션 로직에 집중할 수 있고 프로토타입을 신속하게 구축할 수 있다는 점을 꼽을 수 있다. 가장 큰 이점은 외부 서비스나 컴포넌트에 연결할 수 있는 적합한 클라이언트 라이브러리를 쉽게 찾을 수 있다는 점이다. 파이썬의 영향력은 강력하므로 바인딩·라이브러리·드라이버가 충분히 보급되어 있기 때문에 거의 모든 프로젝트에서 사용 가능하다.

파이썬은 분산 애플리케이션의 비즈니스 로직 부분을 만드는 데 뛰어난 훌륭한 클라이언트 지향 언어다. 이 말은 또한 내부 구조와 생태계가 분산 시스템에 필요한 핵심 구성 요소를 만드는 데는 충분하지 않다는 것을 의미한다. 이유가 무엇인지 지금까지 얘기한 분산 컴포넌트에 관한 몇 가지 사실로 시작해 보자.

분산 코디네이터:
· 주키퍼는 자바로 만들었다.
· etcd는 고(Go)로 개발됐다.
· 콘설은 고로 개발됐다.

분산 키-값 저장소 및 데이터베이스
· 레디스는 C로 만들었다.
· MongoDB는 C++로 만들었다.
· 카산드라(Cassandra)는 자바로 개발됐다.
· CockroachDB는 고로 만들었다.

- 리액(Riak)의 개발 언어는 얼랭(Erlang)이다.

분산 메시지 브로커
- 카프카(Kafka)는 자바로 개발됐다.
- RabbitMQ의 개발 언어는 얼랭이다.

분산 시계열(time-series) 데이터베이스
- 그래파이트(Graphite)는 파이썬으로 만들었다.
- InfluxDB는 고로 개발됐다.

파이썬이 분산 시스템을 개발하는 데 뛰어난 언어라면, 더 많은 프로젝트의 개발 언어로 사용됐을 것이다. 알다시피 파이썬 커뮤니티에는 자바나 고 커뮤니티 이상으로 뛰어난 사람이 많다. 그렇지만 파이썬을 사용해서 고가용성 분산 데이터베이스 개발을 상상할 수 있나?

내 생각에는 이러한 사실과 관련된 파이썬의 주요 약점은 빈약한 패키징 및 동시성 관리다. 2017년에 열린 주요 파이썬 콘퍼런스 일정표를 봐도 이것들이 여전히 뜨거운 주제임을 알 수 있다.

- 파이썬에는 패키지, 배포 및 실행에 있어 쉽고 표준화된 방법이 없다.
- 3.5 버전부터 사용 가능한 효과적이고 강력한 동시성 코딩 방법은 너무 새롭다. 널리 사용되기에는 여전히 낮은 수준이다.
- GIL이 여전히 존재하며 PyPy 팀의 작업이 인상적이기는 하지만 CPython을 대체하는 과정에 JIT(just in time) 컴파일러가 없다.

고는 자바, 얼랭, 파이썬 언어를 효과적으로 절충하면서 이런 문제를 겪지 않기 때문에 분산 시스템의 선도 언어가 됐다.

파이썬의 또 다른 단점으로 커뮤니티를 들 수 있다. 파이썬 커뮤니티는 분산 시스템 개발을 쉽게 하기 위해 높은 수준의 라이브러리를 충분히 개발하지 못했다. 커뮤니티가 지원하는 성숙되고 신뢰할 수 있는 멀티 노드 커뮤니케이션, 코디네이션, 분산 기능을 제공하는 라이브러리나 프로젝트가 거의 없다.

커뮤니티는 또한 분산 해시 테이블(DHT)이나 합의 알고리즘(PAXOS, Raft)

과 같은 연구 논문을 구현한 저수준 라이브러리도 고려해야 한다. 나는 애플리케이션 레벨에서 합의 알고리즘을 구현하는 것이 좋다고 생각하기 때문에 이렇게 말했다. '애플리케이션 레벨 합의' 개발에 대한 유용한 설명(https://weareadaptive.com/wp-content/uploads/2017/04/Application-Level-Consensus.pdf)을 읽어 보기를 제안한다. 나는 파이썬이 여기에서 충분한 역할을 담당하길 희망한다.

가만히 앉아서 불평하기보다는 행동하는 것이 더 좋기 때문에 분산 애플리케이션에서 일관된 해싱을 사용할 수 있는 라이브러리인 uhashring 프로젝트(https://github.com/ultrabug/uhashring)를 만들었다. 오픈스택의 투즈 프로젝트(https://github.com/openstack/tooz) 역시 일관된 해싱을 제공하지만 유연성은 약간 떨어진다.

파이썬으로 구현된 합의 알고리즘은 거의 존재하지 않으며 실제 업무용으로 사용되지 않는다. 이 알고리즘은 분산 시스템을 만들 때 핵심 요소이므로 좀 더 확실한 결과물이 필요하다. 나는 시간이 생긴다면 견고한 래프트(Raft) 라이브러리를 만들어 보고 싶다. 그렇지만 내가 만들기 전에 더 똑똑한 개발자들이 이 과제를 해결하길 희망한다.

긍정적인 분위기로 끝마치기 위해, 파이썬 기반 그래파이트와 그라파나(Grafana) 프로젝트에 기여한 모든 사람들에게 감사의 말을 전하고 싶다. 그들의 놀라운 작업 덕분에 파이썬은 분산 시스템의 가장 중요한 구성 요소 중 하나인 지표 저장 및 그래프 작성에 빛을 발할 수 있었다. 지표는 대부분의 프로젝트에서 필수 요소지만, 특히 분산 시스템이 어떻게 동작하는지 모니터링하고 이해하기 위한 기본 요소이기도 하다. 다시 한 번 그들의 노고에 박수를 보낸다.

마지막으로 세 가지 흥미로운 파이썬 프로젝트를 소개한다.

· 앞에서 언급된 오픈스택 투즈 프로젝트는 외부 컴포넌트에 의존해서 분산 시스템을 개발하기 위한 좋은 도구 집합을 제공한다.
· RPyC 프로젝트는 RPC와 같은 방법으로 여러 컴퓨터에서 연산을 조정할 수 있는 우아한 방법을 제공한다.

- 대스크 프로젝트(https://dask.pydata.org/en/latest/)는 데이터 과학 분야의 병렬 계산을 지원하는 흔치 않은 라이브러리 중 하나로 각광받고 있다. 나는 데이터 과학의 분산 계산 이외에도 더 다양한 곳에서 이 라이브러리가 충분히 요긴하게 쓰일 수 있다고 생각한다.

파이썬을 사용해서 분산 시스템을 만들 때 피해야 할 실수 또는 따라야 할 지침, 충고를 부탁한다.

- 가능한 한 분산 시스템을 구축하지 않는 것이 좋다. 사실 대부분의 업무에서는 완전히 분산된 복잡한 애플리케이션을 필요로 하지 않는다. 애플리케이션 확장이 오로지 분산을 통해서만 가능하다고 생각하지 말자.

- '분산 시스템'이란 말 뒤에 숨겨진 과장 광고에 현혹되지 말자. 자존심은 버리고 계속 진행하기 전에 가능한 모든 대안을 열심히 찾아야 한다. 조직 및 개인의 준비가 충분하지 못하고 빠르게 제어할 수 없다면, '분산' 스택보다 '표준' 스택을 운영하는 것이 좋다. 가동 시간(uptime)과 신뢰성(reliability)이 여러분의 목표가 돼야 한다.

- 확장이란 말이 애플리케이션을 분산 시스템으로 변환하는 것을 의미하지는 않는다. 로드 밸런서 뒤에 웹 서버를 더 추가하는 것이 웹 애플리케이션을 '분산'한다고 볼 수는 없지만, 웹 프로젝트를 확장하는 가장 합리적인 방법이다. 데이터베이스, 키-값 저장소 같은 외부 컴포넌트를 합리적으로 선택했다면, 애플리케이션을 분산하기 전에 외부 구성 요소도 자체적으로 확장이 가능해야 한다. 그렇지 않다면 외부 구성 요소부터 바꿔야 한다.

- 겸손해지자. 의심할 여지 없이 애플리케이션을 만든 후에 무엇을 하면 안 되는지에 관해 많은 걸 배우게 될 것이다. 우리 모두는 실수를 하고, 나쁜 판단을 내리며, 일어날 수 있는 모든 가능성을 테스트하지도 못할 것이다. 구글조차도 처음부터 제대로 만들어 내지는 않았다.

- 설계 시에는 데이터 지역성과 격리를 염두에 둬야 한다. 애플리케이션을 분산한다는 말은 랜(LAN)을 비롯한 신뢰할 수 없는 네트워크를 사용하는 컴퓨터 간 통신에 의지해야 한다는 것을 뜻한다. 신뢰할 수 없는 네트워크를 사용해야 한다는 말은 가능한 한 데이터 전송을 최소화해야 한다는 말과 일

맥상통한다. '작은 것이 아름답다'는 유닉스 철학을 적용하되 마이크로서비스라는 함정에 빠지지 않도록 해야 한다. '확장과 분산 설계 시에 고려할 요소'라는 세션으로 유로파이썬 2015에서 발표한 내용을 소개한다(https://ep2015.europython.eu/conference/talks/using-service-discovery-a-distributed-application).

- 모든 것을 측정해야 한다. '모든 것'이란 말을 강조하고 싶다. 여기에는 함수 실행 시간, 모든 엔드포인트에 대한 초당 쿼리 수, 데이터베이스와 테이블별 백엔드에 대한 초당 쿼리 수 및 응답 시간, 다른 관련 비즈니스 요소를 비롯한 컴포넌트 간의 지연 시간 등이 포함된다. 평균(average)을 맹신하지 말고, 시간 흐름에 따른 퍼센티지와 볼륨 비교를 신뢰하고, 대시보드를 읽기 쉽고 명확하게 만들자. 대시보드를 보여 주는 모니터를 벽에 걸어 두고 항상 볼 수 있도록 해야 한다. 측정과 관련된 작업은 용량 계획 및 모니터링에도 필수적이다. 꼼꼼히 준비할수록 후회할 일이 줄어들 것이다.

- 장애 관리는 예술의 영역이다. 분산 시스템 세계에서는 "이 컴포넌트가 실패했을 때 어떻게 되는가?"라는 질문을 자신에게 자주 하게 된다. 장애 허용이란 말은 데이터 손실에 관한 것뿐 아니라 발생한 문제를 사용자에게 표시할지, 말아야 할지 결정하는 일도 포함한다. 장애 관리는 굉장한 주의를 필요로 한다.

- 최악의 상황을 고려하자. 생각보다 더 빨리 그런 상황이 닥칠 수 있다. 이런 상황이 오면 시스템이 얼마나 오랫동안 실패를 견뎌 낼 수 있는지 파악해야 한다. 아마도 영향을 완화하거나 성능이 저하된 상태로 계속 동작하게끔 구현하고 싶을 것이다. 이때는 뒤늦게 갑자기 크래시가 발생하는 것보다 빠르고 부드럽게 성능이 저하되도록 하는 것이 좋다.

- 파이썬 코드에 대한 배포 전략을 세우자. 분산 시스템은 살아 있는 시스템이다. 새로운 버전의 코드 배포는 심각한 영향을 미칠 수 있으므로 배포 전략을 신중히 세워야 한다. 애플리케이션은 타임 아웃 설정을 통해 실패가 발생하면 노드 하나씩 순차적으로 다시 로드할 수 있어야 한다. 이렇게 하면 오류가 발생할 경우 빠르고 안전하게 롤백할 수 있다. 노드에 대한 점진적인 배포는 릴리스가 항상 이전 버전과 호환되어야 함을 의미한다. 때로는

망가진 변경을 다시 배포하기 위한 멀티스테이지 배포가 필요할 수도 있다. 이런 작업을 도와주는 도구, 기술 스택 및 애플리케이션 컨테이너들이 있다. 이 중에서 쿠버네티스(Kubernetes), 깃랩(Gitlab) 및 uWSGI를 특히 좋아한다.

지금까지의 글을 읽고도 분산 시스템 구현에 열의가 사라지지 않았다면, 내 마지막 조언은 파이썬 커뮤니티가 지금까지 나열한 문제와 도전 과제를 해결할 수 있도록 도움을 주라는 것이다. 친애하는 독자 여러분, 우리는 당신이 필요하다!

9장

REST API 만들기

서비스 지향 아키텍처를 사용해서 애플리케이션을 개발할 때는 서비스 간 커뮤니케이션에 사용할 프로토콜을 선택해야 한다. 사용할 수 있는 프로토콜은 다양하다. 물론 자신만의 프로토콜을 구현할 수도 있지만 그리 좋은 생각은 아니다.

HTTP 프로토콜은 지난 25년간 웹 표준을 차지했으며, 앞으로도 이 자리를 쉽게 내줄 것 같지는 않아 보인다. 이 프로토콜은 몇 가지 단점이 있지만 이해가 쉽고 디버깅이 간단하다는 큰 장점을 갖고 있다. 또한 캐시 사용이 가능하며 대부분의 네트워크에서 거의 차단되는 일 없이 쉽게 전송할 수 있다. HTTP를 지원하는 도구도 굉장히 많기 때문에 빠른 개발과 손쉬운 디버깅이 필요할 때 HTTP는 완벽한 후보다.

HTTP를 기반으로 하는 REST 웹 서비스는 상태가 없다(stateless)는 장점이 있다. 이 속성은 1장 3절에서 설명한 서비스 지향 아키텍처와 일치한다. 이번 장에서는 파이썬을 활용한 REST 웹 서비스 개발의 기본 내용과 올바른 확장을 위해 알고 있어야 할 내용을 다룬다.

어느 한 자료만으로 REST API의 모범 사례를 파악하기는 어렵다. 우선적으로 따라야 할 지침은 HTTP RFC다. 이 문서는 어떤 경우에도 지나칠 수 없는 절대적인 참고 자료다. 이 외에도 HATEOAS(https://en.wikipedia.org/wiki/HATEOAS), OpenAPI

Initiative(https://www.openapis.org/)나 오픈스택 API 워킹 그룹 가이드라인(http://specs.openstack.org/openstack/api-wg/index.html#guidelines)처럼 읽어 보면 좋을 몇 가지 참고 자료가 있다. 이 문서들은 API 엔드포인트를 어떻게 설계할지 결정하기 전에 좋은 아이디어를 얻을 수 있는 훌륭한 지침들이다. 의미 있고 정확한 API를 만들 때 부딪치게 되는 여러 가지 질문에 대한 해답을 이 자료에서 찾을 수 있다.

소프트웨어 프로그래밍 세계에는 REST API를 개발하기 위한 풍부한 프레임워크가 있다. 파이썬도 예외는 아니며 REST API를 개발할 수 있는 많은 웹 라이브러리가 존재한다.

 파이썬 세계에서 가장 인기 있는 프레임워크인 장고(https://www.djangoproject.com/) 역시 장고 REST 프레임워크(http://www.django-rest-framework.org/)를 통해 이러한 기능을 제공한다. 장고는 웹 사이트를 만들기에 좋지만 작업할 때 다소 어수선한 면이 있기 때문에 나는 그다지 좋아하지 않는다. 물론 순전히 사견이며 장고로 REST API를 개발하는 데 있어 잘못된 점은 아무것도 없다. 다른 많은 파이썬 프레임워크에 대해서도 마찬가지다.

플라스크(Flask)는 파이썬 생태계에서 많이 사용되는 웹 프레임워크 중 하나다. 특히 REST API를 만들 때 사용하기 좋다. 플라스크는 모듈로 구성되어 있어 가볍고 확장 가능하며 충분한 기본 기능을 제공한다. 이번 장에서는 플라스크를 사용한다.

 이번 장의 많은 예제에서는 HTTP REST API를 사용할 때 http 명령 행 도구를 쓴다. 이 도구는 파이썬 명령 행 인터페이스인 httpie(https://pypi.python.org/pypi/httpie)에 포함돼 있다. httpie는 사용법이 간단하고 웹 서버와 쉽게 연결할 수 있으며 출력 결과에 색상을 입혀 한눈에 이해하기도 편하다.

9.1 WSGI 프로토콜

파이썬 세계에서 HTTP가 연관된 경우에는 REST API를 고려하기 전에 첫 번째 추상화 계층인 WSGI에 관해 알고 있어야 한다.

　　WSGI는 웹 서버 게이트웨이 인터페이스(web server gateway interface)를

뜻한다. PEP 0333(https://www.python.org/dev/peps/pep-0333/)을 통해
처음 시작됐으며, PEP 3333(https://www.python.org/dev/peps/pep-3333/)
에서 업데이트됐다. 이 두 PEP는 프레임워크와 웹 서버를 혼합하는 문제를 해
결하기 위해 설계됐다. 웹 서버와 웹 프레임워크 간에 공통 프로토콜을 두어서
불필요하게 서로 묶이지 않도록 한다. 사실 각 프레임워크에 웹 서버를 제공하
도록 강제하는 건 좋지 못하다. 이미 더 좋은 제안이 많이 있기 때문이다.

WSGI 프로토콜은 이해하기 쉽고 모든 파이썬 프레임워크가 이를 기반으로
하고 있기 때문에 프로토콜을 익혀 두는 건 가치 있는 일이기도 하다.

WSGI 웹 서버가 애플리케이션을 로드하면 호출 가능한 애플리케이션 객체
를 찾는다. 이 객체를 호출하면 HTTP 클라이언트로 다시 돌려줄 결과를 반환
해야 한다. 호출 가능한 객체의 이름은 반드시 application이어야 하며 인수를
두 개 받는다. 첫 번째 인수는 environ이라는 이름의 환경 변수 키-값 쌍으로
채워진 딕셔너리고, 두 번째 인수는 start_response라는 함수다. WSGI 애플리
케이션은 반드시 이 함수를 사용해서 클라이언트에 돌려줄 상태와 헤더를 보
내야 한다. 예제 9.1 코드를 보자.

예제 9.1 기본 WSGI 애플리케이션(01_WSGI-basic.py)

```python
def application(environ, start_response):
    """가장 간단한 애플리케이션 객체"""
    status = '200 OK'
    response_headers = [('Content-type', 'text/plain')]
    start_response(status, response_headers)
    return [b'Hello world!\n']
```

웹 개발 프레임워크는 application 객체를 제공하고 개발자가 비즈니스 로직
구현에 집중하도록 함으로써 일종의 플러그(plug) 역할을 담당한다.

WSGI 사양은 WSGI 프로토콜을 구현하는 애플리케이션을 스택처럼 쌓
을 수 있도록 구현됐다. 요청을 처리하고 필요하다면 파이프라인의 다음
WSGI 애플리케이션으로 전달할 수 있도록 구현된 애플리케이션을 미들웨어
(middleware)라고 부른다. 이 경우, 파이프라인이 실제 WSGI 애플리케이션
에 도달할 때까지 WSGI 미들웨어를 체인처럼 연결해서, ACL 관리나 속도 제
한 등을 미리 처리할 수 있다.

WSGI 애플리케이션을 서비스하기 위해 다양한 웹 서버를 활용할 수 있다. wsgi 모듈은 파이썬에 내장된 웹 서버로, 예제 9.2처럼 사용할 수 있다.

예제 9.2 wsgiref.simple_server를 사용한 기본 WSGI 애플리케이션(02_WSGI-application.py)

```python
from wsgiref.simple_server import make_server

def application(environ, start_response):
    """text/plain으로 wsgi 환경 변수를 반환"""
    body = '\n'.join([
        '%s: %s' % (key, value) for key, value in sorted(environ.items())
    ])

    start_response("200 OK", [
        ('Content-Type', 'text/plain'),
        ('Content-Length', str(len(body)))
    ])

    return [body.encode()]

# 서버 초기화
httpd = make_server('localhost', 8051, application)
# 요청 하나를 기다려서 처리한 뒤에 종료
httpd.handle_request()
# 요청 및 응답을 확인하려면 'curl -v http://localhost:8051' 명령 실행
```

비록 동작에는 문제가 없지만 실제 업무에서는 wsgiref 서버 사용을 피해야 한다. 이 서버는 매우 제한적이어서 성능이 좋지 않고 튜닝하기도 어렵다. 사용 가능한 또 다른 WSGI 서버는 다음과 같다.

· 가장 유명한 서버는 아파치 httpd(https://httpd.apache.org/)와 mod_wsgi(https://modwsgi.readthedocs.io/en/develop/) 조합이다. 이 둘은 수년간 검증됐기 때문에 가장 안전한 선택지 중 하나이며, 동일 포트에 경로가 다른 여러 WSGI 애플리케이션을 배포하는 것처럼 배포 시에 다양한 조합을 사용할 수 있다. 단점은 설정을 다시 로드하기 위해 httpd 프로세스를 다시 시작하면 모든 서비스가 재시작된다는 점이다. 동일한 httpd 프로세스로 여러 WSGI 애플리케이션을 배포한다면 문제가 될 수 있다.

· Gunicorn(Green Unicorn, http://gunicorn.org/)은 사용 및 배포 방법이 상대적으로 쉽다.

· 웨이트리스(https://waitress.readthedocs.io/en/latest/)는 순수 파이썬

HTTP 서버다.

- uWSGI(https://uwsgi-docs.readthedocs.io/en/latest/)는 거의 완전하고 매우 빠른 WSGI 서버로 내가 제일 좋아하는 서버이기도 하다. WSGI 이상의 기능을 지원하기 위해 더 많은 옵션을 제공하므로 사용 및 설정이 약간 어렵다. 하지만 별다른 요구 사항 없이 동작하는 데 중점을 둔 애플리케이션이라면 몇 가지 옵션만 있으면 된다. uWSGI는 HTTP2와 펄, 루비, 고 같은 여타 언어도 지원한다.

예제 9.3 uWSGI를 사용한 애플리케이션 배포 방법

```
$ uwsgi --http :9090 --master --wsgi-file 01_WSGI-basic.py
*** Starting uWSGI 2.0.17 (64bit) on [Wed May  2 15:04:54 2018] ***
compiled with version: 5.4.0 20160609 on 28 March 2018 06:08:07
os: Linux-4.13.0-39-generic #44~16.04.1-Ubuntu SMP Thu Apr 5 16:43:10 ↵
    UTC 2018
nodename: hyun-VirtualBox
machine: x86_64
clock source: unix
detected number of CPU cores: 4
current working directory: /home/hyun/work/scaling_python_kor/Chapter09
detected binary path: /home/hyun/work/scaling_python_kor/bin/uwsgi
!!! no internal routing support, rebuild with pcre support !!!
your processes number limit is 31701
your memory page size is 4096 bytes
detected max file descriptor number: 1024
lock engine: pthread robust mutexes
thunder lock: disabled (you can enable it with --thunder-lock)
uWSGI http bound on :9090 fd 4
uwsgi socket 0 bound to TCP address 127.0.0.1:38249 (port auto-assigned) ↵
    fd 3
Python version: 3.5.2 (default, Nov 23 2017, 16:37:01)  [GCC 5.4.0 ↵
    20160609]
*** Python threads support is disabled. You can enable it with --enable-↵
    threads ***
Python main interpreter initialized at 0x24a6be0
your server socket listen backlog is limited to 100 connections
your mercy for graceful operations on workers is 60 seconds
mapped 145808 bytes (142 KB) for 1 cores
*** Operational MODE: single proccss ***
```

다른 터미널에서 다음 명령을 실행한다.

```
$ curl -v http://localhost:9090
* Rebuilt URL to: http://localhost:9090/
*   Trying 127.0.0.1...
```

```
* Connected to localhost (127.0.0.1) port 9090 (#0)
> GET / HTTP/1.1
> Host: localhost:9090
> User-Agent: curl/7.47.0
> Accept: */*
>
< HTTP/1.1 200 OK
< Content-Type: text/plain
< Content-Length: 622
<
[...]
```

대규모 클라이언트를 지원하도록 HTTP 애플리케이션을 확장해야 한다면 WSGI 서버의 성능이 중요하다. 모든 사용 사례를 만족시키는 솔루션은 없기 때문에 벤치마크를 통해 가장 적합한 것을 찾아야 한다. 아파치 httpd가 제공하는 고급 기능이 꼭 필요한 게 아니라면 uWSGI나 Gunicorn을 사용하는 것이 좋다.

 이번 장에서 제공하는 모든 예제는 스크립트를 곧바로 실행하거나 앞에서 설명한 uWSGI를 사용해서 실행할 수 있다.

9.2 데이터 스트리밍

HTTP API를 사용하다 보면 이벤트를 수신할 필요가 종종 생긴다. 대부분은 API를 정기적으로 폴링(polling)하는 것 외에 특별한 방법이 없다. 하지만 이렇게 하면 TCP나 SSL을 사용하는 새로운 연결이 맺어지므로 HTTP 엔드포인트에 많은 부담을 준다.

좀 더 효과적인 방법으로, HTML5에 정의된 서버 전송 이벤트(server-sent event) 메시지 프로토콜(https://www.w3.org/TR/eventsource/)을 사용한 스트리밍이 있다. 이 외에 HTTP 1.1이나 웹소켓(WebSocket, https://tools.ietf.org/html/rfc6455) 프로토콜로 정의된 분할 전송 인코딩(Transfer-Encoding:chunked)을 사용할 수도 있다. 그렇지만 분할 인코딩은 더 복잡하며 웹소켓은 여기서 소개할 단순한 사례에 쓰기에는 과도한 면이 있다.

확장 가능하며 효과적인 방식으로 스트리밍 메커니즘을 구축하려면 백엔드가 이 기능을 제공하는지 확인해야 한다. 백엔드는 메시징 큐, 데이터베이스 또는 애플리케이션이 구독할 수 있는 이벤트 스트림을 제공하는 다른 소프트웨어가 될 수 있다.

새로운 이벤트가 발생했는지 알기 위해 주기적으로 백엔드를 폴링하는 API를 제공하는 것은 한쪽의 문제를 단순히 다른 쪽으로 이동시키는 것에 지나지 않는다. 물론 아무 일도 하지 않는 것보다는 낫지만 좋은 방법이라고 볼 수 없다.

이번 절에서 만들 예제는 레디스에 메시지를 저장하고 HTTP REST API를 통해 해당 메시지에 접근하는 작은 애플리케이션이다. 각 메시지는 채널 번호, 소스 문자열 및 실제 내용으로 이루어져 있다. 여기서 사용할 백엔드는 메시지 큐에서 제공하는 것과 비슷한 알림 메커니즘을 제공하는 레디스다.

이 예제의 목표는 메시지를 클라이언트로 스트리밍해서 실시간으로 처리하는 것이다. 이를 위해 레디스 게시/구독(Pub/Sub) 메커니즘(https://redis.io/topics/pubsub)을 활용하여 PUBLISH(https://redis.io/commands/publish), SUBSCRIBE(https://redis.io/commands/subscribe) 명령을 사용한다. 이 기능을 사용해서 다른 프로세스가 보낸 메시지를 구독하고 수신할 수 있다.

예제 9.4 PUBLISH 명령(04_publish-command.py)

```python
import redis

r = redis.Redis()
r.publish("chatroom", "hello world")
```

예제 9.4는 메시지를 채널에 게시하는 방법을 보여 준다. publish 함수는 첫 번째 인수로 전달된 채널에 메시지를 전송한다. 두 번째 인수는 실제 데이터로 전송되는 문자열이다.

SUBSCRIBE 명령을 사용해서 구독 트리거가 제대로 작동히느지 확인힐 수 있다. 이상이 없다면 PUBLISH 명령이 실행되는 즉시 알림을 받게 된다.

예제 9.5 SUBSCRIBE 명령으로 확인

```
$ redis-cli
127.0.0.1:6379> SUBSCRIBE chatroom
Reading messages... (press Ctrl-C to quit)
```

```
1) "subscribe" ①
2) "chatroom"
3) (integer) 1
1) "message" ②
2) "chatroom"
3) "hello world"
```

① 레디스에서 구독이 제대로 동작하고 있음을 보여 주는 자동 메시지다.

② 첫 번째로 수신된 메시지다.

예제 9.5는 알림 동작을 확인하는 방법을 보여 준다. 메시지를 보내는 즉시 레디스 클라이언트가 메시지를 수신한다.

예제 9.6 파이썬에서 메시지 수신(06_message-listen.py)

```
import redis

r = redis.Redis()
p = r.pubsub()
p.subscribe("chatroom")
for message in p.listen():
    print(message)
```

예제 9.6에서는 pyredis 라이브러리를 사용해서 레디스에 연결한다. 이 프로그램은 해당 채널을 구독하다가 알림을 받으면 그 내용을 화면에 출력한다. 출력 결과는 다음과 같다.

예제 9.7 06_message_listen.py 출력 결과

```
$ python 06_message-listen.py
{'pattern': None, 'type': 'subscribe', 'data': 1, 'channel': b'chatroom'}
{'pattern': None, 'type': 'message', 'data': b'hello world', 'channel': ↵
        b'chatroom'}
```

이제 이 기능을 웹 API로 제공해야 한다. 예제 9.8은 스트리밍 방식으로 메시지를 보내는 엔드포인트를 구현한 코드다.

예제 9.8 플라스크 기반 스트리밍 애플리케이션(08_flask-streamer.py)

```
import json

import flask
import redis

application = flask.Flask(__name__)
```

```
def stream_messages(channel):
    r = redis.Redis()
    p = r.pubsub()
    p.subscribe(channel)
    for message in p.listen():
        if message["type"] == "message":
            yield "data: " + json.dumps(message["data"].decode()) + "\n\n"

@application.route("/message/<channel>", methods=['GET'])
def get_messages(channel):
    return flask.Response(
        flask.stream_with_context(stream_messages(channel)),
        mimetype='text/event-stream')

@application.route("/message/<channel>", methods=['POST'])
def send_message(channel):
    data = flask.request.json
    if (not data or 'source' not in data or 'content' not in data):
        flask.abort(400)
    r = redis.Redis()
    r.publish(channel, "<{}> {}".format(data["source"], data["content"]))
    return "", 202
```

> **!** 이 애플리케이션을 사용하려면 최소 두 개의 연결을 동시에 사용해야 한다. 하나는 스트
> 리밍, 다른 하나는 메시지를 보내기 위한 목적이다. 따라서 uWSGI처럼 한 번에 여러 개
> 의 연결을 처리할 수 있는 웹 서버가 필요하다. 플라스크가 제공하는 기본 웹 서버는 한
> 번에 하나의 연결만 처리한다.

GET /message/<channel>을 호출해서 첫 번째 엔드포인트에 접근하면, 서버는
문자열 대신에 text/event-stream 마임(MIME) 타입의 제너레이터 함수를 반
환한다. 플라스크는 이 함수를 호출해서 제너레이터가 데이터를 yield할 때마
다 결과를 보낸다.

stream_messages 제너레이터는 앞에서 작성한 레디스 알림을 수신하는 코드
를 재사용한다. 채널 식별자를 인수로 받아서 해당 채널을 구독하고 데이터를
넘겨준다.

두 번째 엔드포인트는 POST /message/<channel>을 호출해서 접근할 수 있다.
이 엔드포인트는 source와 content 필드를 포함하고 있는 JSON 데이터를 받아
서 레디스에 보낸다.

다음과 같이 uWSGI로 서버를 실행할 수 있다.

```
$ uwsgi --http :5000 --master --workers 10 --wsgi-file 08_flask-streamer.py
```

다른 터미널에서 서버에 연결해서 이벤트를 수신할 HTTP 클라이언트를 실행한다.

```
$ http --stream GET localhost:5000/message/chatroom
```

세 번째 터미널에서 POST 메서드를 사용해서 메시지를 전송한다.

```
$ http --json --stream POST localhost:5000/message/chatroom source=jd ↵
    content="it works"
HTTP/1.1 202 ACCEPTED
Content-Length: 0
Content-Type: text/html; charset=utf-8
```

요청을 보내자마자 이벤트 스트림에 연결된 두 번째 터미널로 메시지가 수신되는 걸 볼 수 있다.

```
$ http --stream GET localhost:5000/message/chatroom
HTTP/1.1 200 OK
Content-Type: text/event-stream; charset=utf-8

data: "<jd> it works"
```

물론 지금 예제 대신 루프로 쿼리 문을 반복해서 레디스나 기타 다른 데이터베이스에 새 데이터가 들어왔는지 계속 폴링하는 방식의 애플리케이션을 구현할 수도 있다. 그렇지만 지금 본 예제와 같이 푸시 시스템을 이용하는 방법이 데이터베이스를 지속적으로 폴링하는 것보다 훨씬 효율적이다. 이 방식은 레디스뿐 아니라 다른 많은 백엔드 시스템에도 적용할 수 있다. 예를 들어, PostgreSQL에서는 **LISTEN**(https://www.postgresql.org/docs/9.1/static/sql-listen.html)과 **NOTIFY**(https://www.postgresql.org/docs/9.1/static/sql-notify.html) 명령을 사용해서 구현할 수 있다.

이러한 애플리케이션은 수평 확장이 가능하다. 애플리케이션에서 상태를 관리하지 않으므로 요청을 처리하기 위해 필요한 수만큼 HTTP 서버를 실행할 수 있다.

9.3 ETag 사용하기

개체 태그(entity tag)를 의미하는 ETag는 HTTP 표준의 헤더 부분이다. ETag 를 사용하면 클라이언트가 캐시를 사용한 조건부 요청을 통해 대역폭과 서버 리소스 사용량을 제한할 수 있다.

클라이언트가 서버에 요청을 보내면 서버는 ETag 헤더를 포함한 응답을 돌려줄 수 있다. ETag는 리소스 콘텐츠의 충돌 방지 해시 함수, 마지막 수정 시간의 해시 또는 단순히 리비전 번호를 사용해서 생성할 수 있다.

다음 예제 9.9는 ETag 헤더를 포함한 서버 응답의 예다.

예제 9.9 ETag 헤더

```
$ http --headers https://gnocchi.xyz
HTTP/1.1 200 OK
Accept-Ranges: bytes
Connection: Keep-Alive
Content-Length: 12110
Content-Type: text/html; charset=UTF-8
Date: Sun, 01 Apr 2018 02:42:59 GMT
ETag: "2f4e-567159b0f5240"
Keep-Alive: timeout=5, max=100
Last-Modified: Sat, 10 Mar 2018 21:29:37 GMT
Server: Apache
Strict-Transport-Security: max-age=31536000; includeSubDomains; preload
```

애플리케이션은 예제 9.10과 같이 If-None-Match 헤더를 사용해서 페이지를 다시 다운로드해야 할지 말아야 할지를 결정할 수 있다.

예제 9.10 If-None-Match 헤더 사용하기

```
$ http GET https://gnocchi.xyz If-None-Match:\"2f4e-567159b0f5240\"
HTTP/1.1 304 Not Modified
Connection: Keep-Alive
Date: Sun, 01 Apr 2018 02:48:31 GMT
ETag: "2f4e-567159b0f5240"
Kccp Alivc: timcout=5, max=100
Server: Apache
```

URL의 ETag가 If-None-Match 헤더의 값과 동일하면 서버는 HTTP 상태 코드로 304 Not Modified만 돌려주며 실제 콘텐츠는 보내지 않는다. 이제 클라이언트는 콘텐츠가 변하지 않았음을 알 수 있으므로 캐시된 사본을 사용한다.

CPU 사용량과 네트워크 대역폭을 모두 아끼려면 ETag 계산을 최소화해야한다. 파일의 경우, 문서가 마지막으로 수정된 시간과 크기를 사용해서 간단히 ETag를 계산할 수 있다. 이 두 가지 값은 한 번의 stat 호출이나 이와 비슷한 다른 명령을 통해 큰 부하 없이 얻을 수 있다. 데이터의 MD5 해시를 계산하면 좀 더 정교한 ETag를 생성할 수 있다. 하지만 데이터가 크다면 비용 역시 클 수 있다. 여러 창의적인 방법을 고안해 보자.

예제 9.11은 If-None-Match와 If-Match를 사용해서 요청된 콘텐츠를 반환할지, 말아야 할지를 결정하는 플라스크 서버 예제다.

예제 9.11 ETag를 사용하는 플라스크 애플리케이션 예제(11_flask-etag.py)

```python
import unittest
import flask
import werkzeug

application = flask.Flask(__name__)

class NotModified(werkzeug.exceptions.HTTPException):
    code = 304

@application.route("/", methods=['GET'])
def get_index():
    # 이 예제는 항상 동일한 콘텐츠를 사용하므로 Etag도 고정된 값이다.
    ETAG = "hword"

    if_match = flask.request.headers.get("If-Match")
    if if_match is not None and if_match != ETAG:
        raise NotModified

    if_none_match = flask.request.headers.get("If-None-Match")
    if if_none_match is not None and if_none_match == ETAG:
        raise NotModified

    return flask.Response("hello world", headers={"ETag": "hword"})

class TestApp(unittest.TestCase):
    def test_get_index(self):
        test_app = application.test_client()
        result = test_app.get()
        self.assertEqual(200, result.status_code)

    def test_get_index_if_match_positive(self):
        test_app = application.test_client()
        result = test_app.get(headers={"If-Match": "hword"})
        self.assertEqual(200, result.status_code)
```

```
    def test_get_index_if_match_negative(self):
        test_app = application.test_client()
        result = test_app.get(headers={"If-Match": "foobar"})
        self.assertEqual(304, result.status_code)

    def test_get_index_if_none_match_positive(self):
        test_app = application.test_client()
        result = test_app.get(headers={"If-None-Match": "hword"})
        self.assertEqual(304, result.status_code)

    def test_get_index_if_none_match_negative(self):
        test_app = application.test_client()
        result = test_app.get(headers={"If-None-Match": "foobar"})
        self.assertEqual(200, result.status_code)

if __name__ == "__main__":
    application.run()
```

> 예제 9.11은 단위 테스트를 포함하고 있다. 노즈(nose)가 설치되어 있다면, nosetests
> 11_flask-etag.py로 실행할 수 있다. 설치하지 않았다면 pip install nose로 먼저
> 설치하자.

ETag는 서로를 덮어쓰면서 리소스가 동시에 업데이트되지 않도록 하는 낙관적인 동시성 제어(optimistic concurrency control)에도 사용할 수 있다. 첫 번째 GET 요청으로 수신된 ETag값을 비교하고 이후의 PUT, POST, PATCH, DELETE[1]에 전달함으로써 동시성 작업이 서로를 변경하지 못하게 할 수 있다.

예제 9.12에는 엔드포인트 두 개가 구현돼 있다. GET /은 전역 변수 VALUE에 저장된 정숫값을 반환한다. POST /는 이 값을 하나씩 증가시킨다. ETag는 ETAG라는 다른 카운터를 증가시켜 생성하며, 값이 변경될 때마다 무작위로 증가한다.

예제 9.12 ETag 및 PUT을 사용한 플라스크 애플리케이션 예제(12_flask-etag-put.py)

```
import random
import unittest

import flask
from werkzeug import exceptions
```

---

1 또는 서버의 객체를 수정할 수 있는 기타 다른 방법

```python
app = flask.Flask(__name__)

class NotModified(exceptions.HTTPException):
    code = 304

ETAG = random.randint(1000, 5000)
VALUE = "hello"

def check_etag(exception_class):
    global ETAG

    if_match = flask.request.headers.get("If-Match")
    if if_match is not None and if_match != str(ETAG):
        raise exception_class

    if_none_match = flask.request.headers.get("If-None-Match")
    if if_none_match is not None and if_none_match == str(ETAG):
        raise exception_class

@app.route("/", methods=['GET'])
def get_index():
    check_etag(NotModified)
    return flask.Response(VALUE, headers={"ETag": ETAG})

@app.route("/", methods=['PUT'])
def put_index():
    global ETAG, VALUE

    check_etag(exceptions.PreconditionFailed)

    ETAG += random.randint(3, 9)
    VALUE = flask.request.data
    return flask.Response(VALUE, headers={"ETag": ETAG})

class TestApp(unittest.TestCase):
    def test_put_index_if_match_positive(self):
        test_app = app.test_client()
        resp = test_app.get()
        etag = resp.headers["ETag"]
        new_value = b"foobar"
        result = test_app.put(headers={"If-Match": etag},
                              data=new_value)
        self.assertEqual(200, result.status_code)
        self.assertEqual(new_value, result.data)

    def test_put_index_if_match_negative(self):
        test_app = app.test_client()
        result = test_app.put(headers={"If-Match": "wrong"})
        self.assertEqual(412, result.status_code)

if __name__ == "__main__":
```

```
app.run()
```

예제에 포함된 단위 테스트를 통해 클라이언트가 값을 덮어쓰기 전에 리소스
가 수정되지 않았는지 확인하는 걸 알 수 있다. 데이터가 변경됐다면 ETag값
은 If-Matches에 포함된 것과 다르므로 412 Precondition Failed 상태 코드가
반환되면서 요청이 중단된다. 클라이언트는 새로운 GET / 요청을 실행해서 변
경된 콘텐츠와 ETag값을 가져온 다음, 필요한 작업을 처리하고 다시 업데이트
를 시도할 수 있다. 다음 예제 9.13은 이러한 낙관적 동시성 모델을 따르는 재
시도 루프를 구현했다.

예제 9.13 재시도 루프가 추가된 플라스크 애플리케이션(13_flask-etag-retry.py)

```python
while True:
    resp = test_app.get()
    etag = resp.headers["ETag"]

    # 필요한 작업을 처리한다.
    new_data = b"boobar"

    resp = test_app.put(data=new_data, headers={"If-Match": etag})
    if resp.status_code == 200:
        break
    elif resp.status_code == 412:
        continue
    else:
        raise RuntimeError("Unknown exception: %d" % resp.status_code)

self.assertEqual(200, resp.status_code)
self.assertEqual(new_data, result.data)
```

 예제 9.13 코드를 보면 재시도 사이에 지연 시간을 따로 설정하지 않았다. 이렇게 되면 재
시도가 성공할 때까지 HTTP 서버에 급격한 과부하를 주게 된다. 실패 시에 재시도를 올
바로 구현하는 방법에 대해서는 6장을 참고하자.

ETag 헤더를 사용하면 HTTP API에 기본직인 동시성 제어를 구현하면서 클라
이언트가 필요에 따라 데이터를 캐시할 수 있는 방법도 제공한다. 또 애플리케
이션의 네트워크 트래픽과 CPU 사용량을 줄여 확장성을 높이고, 클라이언트
간에 충돌 없이 동일한 데이터로 작업할 수 있게 한다.

9.4 비동기 HTTP API

클라이언트가 HTTP API를 호출하고 요청이 성공했다면, 서버는 이를 알리기 위해 200 OK 상태 코드를 클라이언트에 보낸다. 쉽고 간편한 방법이지만, 서버에서 작업을 처리하는 데 오랜 시간이 필요하다면, 클라이언트가 응답을 대기해야 하므로 실패 위험이 높아진다.

실제로 연결이 오래 지속되고(예를 들면, 몇 초간) 네트워크에 문제가 발생해서 연결이 중단될 수도 있다. 이 경우에는 클라이언트가 요청을 재시도해야 되는데, 이런 상황이 빈번하게 발생하면 실제로 처리한 작업은 아무것도 없이 CPU 시간과 네트워크 대역폭만 소비하게 된다.

이런 상황을 피하는 확실한 방법은 시간이 걸리는 작업을 비동기로 만들어 콘텐츠 일부 또는 콘텐츠 없이 응답 코드만 202 Accepted로 반환하는 것이다. 이 상태 코드는 요청이 수락됐으며 서버에서 처리 중임을 의미한다. 서버에서는 이 응답 코드를 우선 반환하고, 다른 비동기 프로세스를 사용해서 작업을 처리할 수 있다.

예제 9.14는 이 메커니즘을 구현한 코드다. 이 애플리케이션은 클라이언트에 숫자들의 합계를 반환하는 *sum* 서비스를 제공한다. 클라이언트는 서버에서 작업 결과가 준비됐을 때 결과를 요청한다.

예제 9.14 비동기로 작업을 처리하는 플라스크 애플리케이션 예제(14_flask-async-job.py)

```python
import queue
import threading
import uuid

import flask
from werkzeug import routing

application = flask.Flask(__name__)
JOBS = queue.Queue()
RESULTS = {}

class UUIDConverter(routing.BaseConverter):

    @staticmethod
    def to_python(value):
        try:
            return uuid.UUID(value)
```

```
        except ValueError:
            raise routing.ValidationError

    @staticmethod
    def to_url(value):
        return str(value)

application.url_map.converters['uuid'] = UUIDConverter

@application.route("/sum/<uuid:job>", methods=['GET'])
def get_job(job):
    if job not in RESULTS:
        return flask.Response(status=404)
    if RESULTS[job] is None:
        return flask.jsonify({"status": "waiting"})
    return flask.jsonify({"status": "done", "result": RESULTS[job]})

@application.route("/sum", methods=['POST'])
def post_job():
    # 무작위로 작업 id를 생성한다.
    job_id = uuid.uuid4()
    # 실행할 작업을 저장한다.
    RESULTS[job_id] = None
    JOBS.put((job_id, flask.request.args.getlist('number', type=float)
        ))
    return flask.Response(
        headers={"Location": flask.url_for("get_job", job=job_id)},
        status=202)

def compute_jobs():
    while True:
        job_id, number = JOBS.get()
        RESULTS[job_id] = sum(number)

if __name__ == "__main__":
    t = threading.Thread(target=compute_jobs)
    t.daemon = True
    t.start()
    application.run(debug=True)
```

이 애플리케이션은 엔드포인트를 두 개 제공한다. POST /sum 요청은 쿼리 문자열에 숫자들이 포함돼 있다. 애플리케이션은 이 숫자들을 queue.Queue 객체에 고유 식별자(UUID)와 함께 저장한다. 파이썬은 queue.Queue 객체로 스레드에 안전한 큐를 제공한다. 이 애플리케이션은 백그라운드(데몬) 스레드를 사용하기 때문에 이와 같이 스레드에 안전한 데이터 구조가 필요하다. 스레드에서는 저장된 숫자들의 합계를 계산한다.

두 번째 엔드포인트에서는 작업 아이디로 RESULTS 변수에서 결과를 찾고 작업이 완료됐으면 클라이언트에 돌려준다.

```
$ http POST http://localhost:5000/sum number==42 number==23 number==35
HTTP/1.0 202 ACCEPTED
Content-Length: 0
Content-Type: text/html; charset=utf-8
Date: Sun, 01 Apr 2018 10:16:39 GMT
Location: http://localhost:5000/sum/5d4cafc8-8966-4c9d-b93b-f5f28bc21f49
Server: Werkzeug/0.14.1 Python/3.5.2
```

이 응답은 Location 헤더에 결괏값을 받을 수 있는 URL을 포함하고 있다. 클라이언트가 결과를 얻기 위해서는 이 URL로 GET 요청을 보내야 한다.

```
$ http GET http://localhost:5000/sum/5d4cafc8-8966-4c9d-b93b-f5f28bc21f49
HTTP/1.0 200 OK
Content-Length: 43
Content-Type: application/json
Date: Sun, 01 Apr 2018 10:17:03 GMT
Server: Werkzeug/0.14.1 Python/3.5.2

{
    "result": 100.0,
    "status": "done"
}
```

예상한 대로 첫 번째 요청으로 보낸 숫자인 42, 23, 35의 합으로 100.0이 반환됐다. 계산이 아직 완료되지 않은 경우 서버는 {"status":"waiting"} 응답을 보낸다.

 서버에서 계산이 아직 완료되지 않았을 때 요청이 도착하면, 서버는 {"status": "waiting"} 응답을 보내서 클라이언트가 다시 요청을 보낼 수 있도록 한다. 클라이언트가 최종 결과를 얻기 위해 주기적으로 요청을 보내기 때문에 이런 방식을 폴링(polling)이라고 한다. 좋은 방법은 아니기 때문에 다음과 같이 개선할 수 있다.

· 9장 2절에서 본 것처럼 스트리밍 방식을 사용한다. 클라이언트는 특정 엔드포인트에 접속하고 서버가 작업을 마치자마자 결과를 푸시한다.
· 웹훅(https://en.wikipedia.org/wiki/Webhook)을 구현한다. 서버는 클라이언트가 보낸 URL을 숫자와 함께 저장했다가 작업이 완료되면 결과와 함께 이 URL을 호출한다. 이 방식은 작업을 마치자마자 결과를 클라이언트에 보내기 때문에 푸시의 일종이

다. 하지만 이렇게 동작하려면 클라이언트에서도 자체 웹 서버를 실행해서 해당 이벤트를 수신할 수 있어야 한다.

이와 같은 디자인 모델을 따르면 시간이 오래 걸리는 작업은 백그라운드에서 처리하고 그동안 다른 요청을 더 받을 수 있다. 예제에서 본 숫자 더하기가 시간이 걸리는 작업은 아니지만, 이 설계 방식을 적용하기에 적절한 실제 상황을 충분히 찾을 수 있을 것이다.

9.5 빠른 HTTP 클라이언트

여러분이 만든 HTTP 서버 또는 다른 서버에 접속해야 하는 클라이언트를 개발해야 할 경우가 자주 있다. 요즘에는 REST API가 흔하므로 최적화 패턴은 필수 요건이 됐다.

 기본 TCP 연결을 최적화하는 몇 가지 방법이 있지만, 운영 체제를 손대야 하기 때문에 이 책에서는 다루지 않는다.

파이썬에는 많은 HTTP 클라이언트가 있지만 가장 널리 사용되며 다루기 쉬운 것은 requests(http://docs.python-requests.org/en/master/)다.

첫 번째 최적화로 고려할 만한 것은 웹 서버 연결을 지속적으로 유지하는 것이다. 지속적인 연결(persistent connection)은 HTTP 1.1 이후로 표준이었지만 많이 활용되고 있지 않다. 서버 연결이 유지되는지 알려면 requests의 get 함수 등을 통해 응답이 반환될 때 연결이 종료되는지 확인하면 된다. 이를 피하기 위해서는 이미 맺어진 연결을 재사용할 수 있게 하는 Session 객체를 사용해야 한다.

예제 9.15 requests에서 Session 객체 사용하기(15_requests-session.py)

```python
import requests

session = requests.Session()
session.get("http://example.com")
# 이미 맺어진 연결을 재사용
session.get("http://example.com")
```

각 연결은 기본 개수가 10인 커넥션 풀에 저장된다. 기본 개수는 예제 9.16과 같이 필요에 따라 조정할 수 있다.

예제 9.16 requests의 커넥션 풀 크기 조정(16_requests-connection-pool.py)

```
import requests

session = requests.Session()
adapter = requests.adapters.HTTPAdapter(
    pool_connections=100,
    pool_maxsize=100)
session.mount('http://', adapter)
response = session.get("http://example.org")
```

TCP 연결을 재사용해서 HTTP 요청을 여러 개 보내면 다음과 같은 성능상의 이득을 얻을 수 있다.

· 동시에 연결되는 커넥션 수가 감소하므로 CPU와 메모리 사용량이 줄어든다.
· TCP 핸드셰이킹(TCP handshaking)이 없으므로 후속 요청에서 지연 시간이 감소한다.
· TCP 연결을 종료하지 않고도 예외를 발생시킬 수 있다.

HTTP 프로토콜은 파이프라이닝(https://en.wikipedia.org/wiki/HTTP_pipelining)을 제공하기 때문에 마치 배치 작업처럼 응답이 오기를 기다리지 않고 동일한 연결에서 여러 요청을 보낼 수 있다. 아쉽게도 requests 라이브러리에서는 이 기능을 지원하지 않는다. 파이프라인 요청은 병렬로 요청을 보내는 것보다 속도 면에서 이득이 없을 수 있다. 실제로 HTTP 1.1 프로토콜은 요청과 동일한 순서로 응답을 보내도록 한다.

  requests의 큰 약점은 바로 동기 방식이라는 점이다. requests.get("http://example.org")이 실행되면 HTTP 서버가 응답을 완료할 때까지 프로그램은 블록된다. 애플리케이션이 아무 일도 하지 않고 대기하는 것은 여러 면에서 단점이 될 수 있다. 그 시간 동안 처리 가능한 다른 작업을 수행하도록 하는 것이 좋다.

  잘 만든 애플리케이션은 2장 3절에서 설명한 스레드 풀을 사용해서 이 문제를 보완한다. 이렇게 하면 HTTP 요청을 병렬로 매우 빠르게 처리할 수 있다.

예제 9.17 requests에서 futures 사용하기(17_requests-futures.py)

```python
from concurrent import futures

import requests

with futures.ThreadPoolExecutor(max_workers=4) as executor:
    futures = [
        executor.submit(
            lambda: requests.get("http://example.org"))
        for _ in range(8)
    ]

results = [
    f.result().status_code
    for f in futures
]

print("Results: %s" % results)
```

이 패턴은 매우 유용하기 때문에 requests-futures(https://github.com/ross/requests-futures)라는 이름의 라이브러리로 패키징됐다. 예제 9.18에서 볼 수 있듯이 Session 객체의 사용법은 어렵지 않다.

예제 9.18 requests-futures 사용하기(18_requests-futures_exam.py)

```python
from requests_futures import sessions

session = sessions.FuturesSession()

futures = [
    session.get("http://example.org")
    for _ in range(8)
]

results = [
    f.result().status_code
    for f in futures
]

print("Results: %s" % results)
```

기본 동작으로 스레드 두 개가 워커로 생성되지만 max_workers 인수를 전달하거나 FutureSession 객체에 실행자를 전달해서 이 값을 변경할 수 있다. 예를 들면 다음처럼 할 수 있다.

```
FutureSession(executor=ThreadPoolExecutor(max_workers=10))
```

이미 말했지만 requests는 동기 방식이다. 즉 서버가 응답을 보낼 때까지 애플리케이션이 대기하므로 프로그램 속도가 느려진다. 스레드에서 HTTP 요청을 보내는 것이 하나의 해결책이 될 수 있지만, 스레드는 자체 오버헤드를 갖고 있고 대부분의 개발자들이 어려워하는 동기화 이슈를 내재하고 있다.

파이썬은 3.5 버전부터 asyncio를 사용하여 비동기 기능을 제공한다. asyncio를 활용한 aiohttp(http://aiohttp.readthedocs.io/en/stable/) 라이브러리를 사용하면 비동기 HTTP 클라이언트를 쓸 수 있다. 이 라이브러리는 연속된 요청을 보낼 수 있으며, 이미 전송한 요청에 대한 응답을 기다리지 않고 새로운 요청을 보낼 수 있다. HTTP 파이프라이닝과 달리 aiohttp는 여러 연결을 통해 병렬로 요청을 보내기 때문에 순서 문제를 피할 수 있다.

예제 9.19 aiohttp 사용하기(19_aiohttp_exam.py)

```python
import aiohttp
import asyncio

async def get(url):
    async with aiohttp.ClientSession() as session:
        async with session.get(url) as response:
            return response

loop = asyncio.get_event_loop()

coroutines = [get("http://example.com") for _ in range(8)]

results = loop.run_until_complete(asyncio.gather(*coroutines))

print("Results: %s" % results)
```

지금까지 소개한 방법들인 Session 객체, 스레드, 퓨처스(futures), asyncio는 저마다의 방식으로 HTTP 클라이언트를 더 빠르게 만든다.

예제 9.20은 httpbin.org에 요청을 보내는 HTTP 클라이언트다. httpbin.org는 작업을 완료하는 데 시간이 필요한 요청(여기서는 1초)을 흉내 내기 위한 HTTP API를 제공한다. 특히 이 코드에서는 지금까지 설명한 모든 방법을 사용하며 각 방법당 소요된 시간도 표시한다.

예제 9.20 requests의 사용 방법별로 수행 시간 비교(20_requests-comparison.py)

```python
import contextlib
import time

import aiohttp
import asyncio
import requests
from requests_futures import sessions

URL = "http://httpbin.org/delay/1"
TRIES = 10

@contextlib.contextmanager
def report_time(test):
    t0 = time.time()
    yield
    print("Time needed for '%s' called: %.2fs"
        % (test, time.time() - t0))

with report_time("serialized"):
    for i in range(TRIES):
        requests.get(URL)

session = requests.Session()
with report_time("Session"):
    for i in range(TRIES):
        session.get(URL)

session = sessions.FuturesSession(max_workers=2)
with report_time("FuturesSession w/ 2 workers"):
    futures = [session.get(URL)
        for i in range(TRIES)]
    for f in futures:
        f.result()

session = sessions.FuturesSession(max_workers=TRIES)
with report_time("FuturesSession w/ max workers"):
    futures = [session.get(URL)
        for i in range(TRIES)]
    for f in futures:
        f.result()

async def get(url):
    async with aiohttp.ClientSession() as session:
        async with session.get(url) as response:
            await response.read()

loop = asyncio.get_event_loop()
with report_time("aiohttp"):
    loop.run_until_complete(
```

```
asyncio.gather(*[get(URL)
                    for i in range(TRIES)]))
```

프로그램의 실행 결과는 다음과 같다.

예제 9.21 20_requests-comparison.py 실행 결과

```
$ python 20_requests_comparison.py
Time needed for 'serialized' called: 16.60s
Time needed for 'Session' called: 13.48s
Time needed for 'FuturesSession w/ 2 workers' called: 7.04s
Time needed for 'FuturesSession w/ max workers' called: 1.69s
Time needed for 'aiohttp' called: 1.68s
```

예상대로 가장 느린 결과는 연결을 재사용하지 않고 차례대로 요청하는 'serialized' 코드다. Session 객체를 사용해서 연결을 재사용하는 'Session' 코드는 속도 면에서 약 8%가 빨라졌다. 요청을 보낼 때는 적어도 Session 객체를 항상 사용해야 한다.

시스템과 프로그램에서 스레드를 사용할 수 있다면 요청을 병렬로 보내는 것이 좋다. 그렇지만 스레드는 약간의 오버헤드가 있으며 그리 가볍지도 않다. 스레드는 생성, 시작, 조인(join) 과정을 거쳐야 하기 때문에 그만큼 속도상의 제약이 있다.

이전 파이썬 버전을 사용하고 있지 않다면 그리고 빠른 비동기 HTTP 클라이언트를 만들고 싶다면 aiohttp를 사용하는 것이 좋다. 요청 수백 개를 병렬로 보낼 수 있기 때문에 가장 빠르고 확장 가능한 솔루션이다. 다른 대안으로, 스레드 수백 개를 병렬로 다루는 것은 좋은 방법이라고 볼 수 없다.

속도 최적화를 위한 또 다른 효과적인 대안은 요청을 스트리밍하는 것이다. 요청을 보내면 보통은 응답 본문이 즉시 다운로드된다. requests 라이브러리가 제공하는 stream 매개 변수 그리고 aiohttp의 content 속성은 모두 요청이 실행되자마자 전체 내용이 메모리에 올라가지 않도록 한다.

예제 9.22 requests에서 스트리밍 사용하기(22_requests-streaming.py)

```
import requests

# 'with'를 사용해서 응답 stream을 확실히 닫아서
# 연결을 다시 pool에 반환한다.
```

```
with requests.get('http://example.org', stream=True) as r:
    print(list(r.iter_content()))
```

예제 9.23 aiohttp에서 스트리밍 사용하기(23_aiohttp-streaming.py)

```
import aiohttp
import asyncio

async def get(url):
    async with aiohttp.ClientSession() as session:
        async with session.get(url) as response:
            return await response.content.read()

loop = asyncio.get_event_loop()
tasks = [asyncio.ensure_future(get("http://example.com"))]
loop.run_until_complete(asyncio.wait(tasks))
print("Results: %s" % [task.result() for task in tasks])
```

필요하지도 않은 전체 콘텐츠를 로딩하느라 불필요하게 메모리를 소비하지 않으려면, 이와 같은 스트리밍 방식을 기억해 두자. 전체 콘텐츠를 읽을 필요가 없고 청크(chunk)로 작업이 가능하다면 이 방법을 사용하는 것이 좋다.

9.6 REST API 테스트

REST API를 개발한다는 건 멋진 일이지만, 개발한 REST API가 제대로 동작하도록 만드는 건 더 훌륭한 일이다. 항상 API에 대한 테스트를 만들고 돌려 봐야 할 이유가 바로 여기에 있다. 때로는 지루하고 보잘것없어 보이지만 결국에는 올바른 결정이었음을 느낄 것이다.

분산 시스템을 운영하기 위해서는 개발 팀, QA 팀, 운영 팀 간 협업이 필요하다. 이 말은 관련된 부서의 모든 인원이 서비스에 이상이 없음을 확인할 수 있어야 한다는 것을 의미하기도 한다. 개발자는 아이디어에 대한 프로토타입을 빠르게 만들고 테스트할 수 있어야 하고, QA 엔지니어는 개발된 서비스가 요구 사항을 만족시키는지 검증할 수 있어야 하며, 배포를 담당하는 엔지니어는 서비스가 올바로 배포됐는지 확인할 수 있어야 한다.

이런 모든 상황을 고려하면 우리가 지금까지 알고 있던 파이썬의 전통적인 단위 테스트, 기능 테스트는 요구 상황을 충분히 만족시키기 어려워 보인다. 하지만 파이썬에는 이런 문제를 해결할 수 있는 가비(https://github.com/

cdent/gabbi)라는 유용한 도구가 있다.

가비는 HTTP 테스트 도구로 YAML 형식으로 테스트 시나리오를 작성할 수 있다. 이 파일 형식은 작성 및 관리가 쉬우면서도 필요한 모든 테스트를 만들 수 있을 만큼 강력하다. 테스트를 쉽게 만들 수 있다면 개발자가 아니더라도 테스트를 작성할 수 있기 때문에 진입 장벽도 낮출 수 있다. 구체적으로 말해 QA 엔지니어가 새로운 테스트를 만들 수 있게 되면 개발자는 테스트 작성에 대한 부담을 덜 수 있으므로 전체 테스트 과정을 빠르고 효율적인 형태로 유지할 수 있게 된다.

가비를 사용해서 테스트를 실행하기 위해서는 테스트 시나리오당 YAML 파일을 한 개 만들어야 한다. 테스트 시나리오는 예제 9.24와 같이 연속된 HTTP 호출로 구성된다.

예제 9.24 기본 가비 테스트 파일

```
tests:
- name: A test
  GET: /api/resources/id
```

테스트 시나리오는 여기서 더 복잡해지지 않으므로 애플리케이션이 커지더라도 테스트 작성에 큰 어려움은 없다.

앞에서 다룬 예제 9.11에서는 unittest를 사용했는데, 이를 가비로 바꾸면 다음 예제 9.25처럼 만들 수 있다. 예제 9.26은 테스트 시나리오다.

예제 9.25 가비를 사용한 플라스크 애플리케이션 테스트(25_gabbi-flask.py)

```
import os

import flask
from gabbi import driver
import werkzeug

application = flask.Flask(__name__)

class NotModified(werkzeug.exceptions.HTTPException):
    code = 304

@application.route("/", methods=['GET'])
def get_index():
    # 이 예제는 항상 동일한 콘텐츠를 사용하므로 Etag도 고정된 값이다.
    ETAG = "hword"
```

```
        if_match = flask.request.headers.get("If-Match")
        if if_match is not None and if_match != ETAG:
            raise NotModified

        if_none_match = flask.request.headers.get("If-None-Match")
        if if_none_match is not None and if_none_match == ETAG:
            raise NotModified

        return flask.Response("hello world",
                              headers={"ETag": "hword"})

# 다음 명령으로 테스트를 실행한다.
# python3 -m unittest -v 25_gabbi-flask.py
def load_tests(loader, tests, pattern):
    return driver.build_tests(os.path.dirname(__file__),
                              loader, intercept=lambda: application)


if __name__ == "__main__":
    application.run()
```

예제 9.26 가비 테스트 파일(gabbi-flask.yaml)

```
tests:
  - name: GET root with If-Match match
    GET: /
    request_headers:
      If-Match: hword
    status: 200
    response_headers:
      ETag: hword

  - name: GET root with If-Match no match
    GET: /
    request_headers:
      If-Match: foobar
    status: 304
    response_forbidden_headers:
      - ETag

  - name: GET root with If-None-Match no match
    GET: /
    request_headers:
      If-None-Match: hword
    status: 304
    response_forbidden_headers:
      - ETag

  - name: GET root with If-None-Match match
    GET: /
    request_headers:
      If-None-Match: foobar
```

```
      status: 200
      response_headers:
        ETag: hword
```

unittest 모듈을 사용해서 테스트를 쉽게 실행할 수 있다.

```
$ python3 -m unittest -v 25_gabbi-flask.py
test_request (gabbi.suitemaker.25_gabbi-flask_25-gabbi-flask_get_root_↵
    with_if-match_match)
gabbi.suitemaker.25_gabbi-flask_25-gabbi-flask_get_root_with_if-match_↵
    match.test_request ... ok
test_request (gabbi.suitemaker.25_gabbi-flask_25-gabbi-flask_get_root_↵
    with_if-match_no_match)
gabbi.suitemaker.25_gabbi-flask_25-gabbi-flask_get_root_with_if-match_↵
    no_match.test_request ... ok
test_request (gabbi.suitemaker.25_gabbi-flask_25-gabbi-flask_get_root_↵
    with_if-none-match_no_match)
gabbi.suitemaker.25_gabbi-flask_25-gabbi-flask_get_root_with_if-none-↵
    match_no_match.test_request ... ok
test_request (gabbi.suitemaker.25_gabbi-flask_25-gabbi-flask_get_root_↵
    with_if-none-match_match)
gabbi.suitemaker.25_gabbi-flask_25-gabbi-flask_get_root_with_if-none-↵
    match_match.test_request ... ok


----------------------------------------------------------------------
Ran 4 tests in 0.009s

OK
```

가비를 사용하면 명령 행에서 테스트를 실행할 수 있다. 따라서 테스트가 제대로 작성됐다면 운영 환경을 비롯한 어디서도 배포된 애플리케이션을 검증할수 있다.

예제 9.27 gabbi-run 명령으로 테스트 실행하기

```
$ gabbi-run http://localhost:5000 < gabbi-flask.yaml
... ✓ gabbi-runner.input_get_root_with_if-match_match
... ✓ gabbi-runner.input_get_root_with_if-match_no_match
... ✓ gabbi-runner.input_get_root_with_if-none-match_no_match
... ✓ gabbi-runner.input_get_root_with_if-none-match_match


----------------------------------------------------------------------
Ran 4 tests in 0.016s

OK
```

예제 9.27과 같이 gabbi-run을 사용하면 원격 서버에서 쉽게 YAML 시나리오 파일을 실행할 수 있다. 요청을 보낼 대상 URL과 표준 입력에 대한 시나리오 파일만 인수로 전달하면 된다. 이 도구는 실제로 배포된 서비스에 대해 기능 테스트를 수행하는 지속적인 통합 작업 등에 매우 유용하게 쓰일 수 있다.

이외에도 가비는 이전 요청의 콘텐츠를 사용해서 후속 요청을 보내거나 JSONPath를 사용해서 반환된 내용을 검증하는 등 다양한 부가 기능을 제공한 다. 이러한 특성 덕분에 가비를 활용하여 파이썬에서 HTTP REST API를 효과 적으로 테스트하고 검증할 수 있다.

9.7 HTTP를 주제로 한 크리스 덴트(Chris Dent) 인터뷰

자기소개와 어떻게 파이썬을 사용하게 됐는지 설명을 부탁한다.

나는 1990년대 초반부터 인터넷 분야에서 시스템 관리자와 개 발자로 일해 왔다. 지금은 오픈스택에서 코드를 만들고 리뷰한 다. 오픈스택에서 일하기 전에는 주로 위키(wiki)와 관련된, 소 규모 그룹의 작업 생산성을 향상시키기 위한 도구와 프로세스를 만들었다.

2002년에 모인모인(MoinMoin) 위키의 몇 가지 기능을 개선하기 위해 파이 썬을 사용했다. 당시에 내가 주로 사용한 언어는 펄(Perl)이었기 때문에, 파이 썬의 공백 규칙이나 다른 제약 조건들이 썩 마음에 들지 않았다.

5년 후, 중간 규모 팀과 함께 기업용 위키(Socialtext)를 위한 대규모 펄 코드 를 완성했고, 새로운 프로젝트(TiddlyWeb)를 시작하게 됐는데 원하는 언어를 자유롭게 선택할 수 있었다.

나는 루비나 파이썬으로 선택 범위를 좁혔고, 다음과 같은 몇 가지 고려 사항 을 기반으로 파이썬을 선택했다.

· 당시에 나는 펄에 대한 피로가 쌓여 있었다. 간편 구문(syntactic sugar), 예 를 들면 #, $, @, {}가 가능한 한 없기를 바랐고 가능한 한 많은 도움이 되 는 제약을 원했다. 이 기준 때문에 루비를 제외했다. 루비와 펄은 훌륭한 언 어지만 내 경험상 개발자가 여러 명이거나 정해진 기간만 출근하는 개발자

와 일해야 할 때는 파이썬이 더 좋다.

· 나는 WSGI를 좋아한다.

· 그 프로젝트는 다른 언어로 복제되기 위한 참조용의 성격도 있었다. 파이썬의 가독성은 이 점에서 매력적인 요소다.

그 후 파이썬은 개인적인 또는 전문적인 프로젝트에서 가장 많이 사용하는 언어가 됐다.

WSGI를 좋아하는 이유는 무엇인가? 다른 프로토콜보다 이 사양이 더 좋은 점은 무엇인가?

나는 웹 CGI로 처음 프로그래밍을 시작했다. WSGI는 CGI처럼 단순하면서도 environ이라는 구조와 더불어 매우 기능적이고 조합 가능한 인터페이스를 제공한다는 면에서 CGI보다 더 낫다. 그래서 WSGI를 배울 때 금방 익숙해졌으며 더 강력하고 유연하게 사용할 수 있었다. 그리고 파이썬 기본 요소를 기반으로 했기 때문에 특별한 다른 라이브러리 등을 필요로 하지 않다는 점도 마음에 들었다.

나는 오랫동안 아파치에서 mod_perl을 사용했다. 물론 잘 동작했지만 mod_perl과 아파치 모두에 의존해야 하는 건 불편했다. WSGI를 처음 배울 때는 mod_wsgi가 만들어진 지 얼마 되지 않았고 막 유명해지기 시작하던 때였다. WSGI + mod_wsgi는 mod_perl이나 mod_python에서 생기는 아파치 특징적인 오버헤드 없이, mod_perl의 '요청이 있을 때마다 매번 컴파일을 하지는 않는다'는 장점을 제공한다. 처음에는 주로 아파치를 사용했음에도 불구하고, WSGI가 제공하는 서버와 애플리케이션의 확실한 경계가 고마웠다. 위험 요소를 구분해 주었기 때문이다. 나중에는 WSGI 지원 서버를 사용해서 WSGI 애플리케이션을 실행할 수 있다는 점이 좋았다. 테스트나 실험 목적으로는 단순한 것을 사용하고 실제 운영을 위해서는 주로 NGINX + uwsgi와 같은 좀 더 설정 가능하고 능력 있는 조합을 사용했다.

어떤 면에서 WSGI는 루비의 랙(Rack), 펄의 PSGI, 자바스크립트의 잭(Jack)이나 JSGI의 선구자였다. 이것들은 모두 비슷하게 동작했기 때문에 깨끗한 인터페이스를 통한 기능 제공이 필요했다. 시간이 지남에 따라 사람들은 WSGI

가 특히 동시성 및 비동기 환경에서 사용하기 힘들다는 점을 불평하기 시작했다. 다행히 나에게는 이 점이 크게 문제가 되지 않았으며, 어떤 면에서는 오히려 도움이 되는 제약 사항이었다. 나는 애플리케이션이 가능한 한 하나의 요청과 하나의 응답을 더 잘 처리하기를 바랐다.

WSGI 애플리케이션을 개발하려는 개발자에게 몇 가지 조언을 부탁한다. 주의해야 할 점은 무엇인가?

절대적인 원칙이 있다고 보기는 어렵지만 적어도 다음 몇 가지는 그렇게 봐야 할 것 같다.

- 맨 처음부터 만들기 시작한다면 프레임워크를 사용하지 않아야 한다. 각 작업별로 가장 좋은 조각을 모아서 조립하는 것이 좋다.
- URL과 이를 처리하는 코드를 1:1로 명시적으로 연관시키는 라이브러리나 도구를 사용하자. 나는 이를 위해 selector(https://github.com/lukearno/selector/)와 Routes(http://routes.readthedocs.io/en/latest/)를 사용했다. 중요한 점은 코드에서 URL을 처리하는 핸들러가 어디에 있는지 쉽게 찾을 수 있어야 한다는 것이다. 이 말은 '객체 전달(dispatch)'이나 데코레이터를 통해 URL과 코드를 연관시키는 프레임워크를 피하라는 뜻이다.
- WSGI 애플리케이션에서 리소스를 표현하기 위해 객체를 자주 사용한다면, 그 객체에 지속성과 직렬화를 연결하지 말자. 그 대신, 그러한 객체를 수락하거나 반환할 수 있는 지속성 및 직렬화 인터페이스가 있어야 한다. 이렇게 하면 지속성 시스템을 캐싱하는 것과 같이 추가 구현 및 계층화가 훨씬 쉬워진다.
- 앞의 내용과 관련하여 URL에 표시된 리소스가 저장소 시스템에 표시된 개체와 동일하다는 함정에 빠지지 말자. 특히 RDBMS를 사용할 때 그렇다. HTTP 레벨에서 의미 있는 것은 전혀 같지 않을 수 있다.
- HTTP 요청과 응답을 HTTP 레벨에서 효과적으로 테스트할 수 있는 방법을 찾아서 먼저 테스트하자. 이렇게 하면 예상하지 못한 경우를 처리할 수 있는 좀 더 유연한 애플리케이션을 만들 수 있다. 나는 wsgi-intercept(https://github.com/cdent/wsgi-intercept)와 가비(https://gabbi.readthedocs.io/

en/latest/)를 사용해서 테스트한다.

- 미들웨어를 사용해서 인증, 로깅, 인코딩, 예외 처리 등을 하는 경우 미들웨어와 애플리케이션을 쉽게 결합할 수 있는지 확인하자. 이를 통해 테스트를 편하게 할 수 있는지 가늠할 수 있다. 예를 들어, 인증 처리를 테스트해야 하는 경우 기본 인증 미들웨어를 다른 모방 객체 등으로 대체할 수 있다.
- 실패한 HTTP 응답 코드는 예외를 사용해서 처리하고, 미들웨어가 잡아낼 수 있도록 애플리케이션 밖으로 내보내자. 이렇게 하면 오류를 한곳에 모을 수 있고 애플리케이션 코드를 깨끗하게 유지할 수 있다.

그럴 만한 이유가 있으면 모든 규칙과 마찬가지로 이러한 규칙을 위반할 수도 있다.

근래의 많은 서비스가 HTTP REST API로 설계됐다. 이 형태는 상태가 없으므로 수평적으로 확장하기 쉽다. 이런 특징 외에도, HTTP REST API의 성능을 높이고 더 효과적이고 큰 규모의 확장을 달성하려면 무엇이 필요한가?

나는 보통의 HTTP API를 언급할 때는 REST라는 용어를 쓰기가 망설여진다. 어떤 형태로든 이미지, 동영상 등의 하이퍼미디어를 사용하고 있지 않다면 진정한 REST가 아니다. 그리고 REST 레벨의 '가벼움'에 관한 토론은 유용하지도 않다. 클라이언트에 적절한 도구가 있다면 하이퍼미디어는 유용한 수단이 되겠지만, 대부분은 URL에 HTTP 요청을 보내 상태를 변경하는 작업이 필요할 뿐이다.

처음부터 성능을 염두에 두고 설계하기보다는 상태 없음을 유지하면서 시스템을 측정하고 쉽게 변경할 수 있도록 설계하는 것이 바람직하다고 본다. 개발하는 동안 단일 원칙을 갖는 함수와 클래스, 소수의 공동 작업자(collaborator), 최소한의 부작용 등을 염두에 둔다면 의도하지 않더라도 이렇게 될 것이다. 다음으로 프로파일링을 통해 시간을 많이 소비하는 곳을 찾아낼 수 있다. 문제가 어디에 있다는 것을 명확하게 찾을 수 있다면, 예상이 아니라 정확한 사실에 근거하여 문제를 쉽고 빠르게 수정할 수 있다.

읽기 작업이 많은 HTTP API는 캐싱에 매우 적합하다. memcached는 여기에 사용할 수 있는 든든한 친구다. 여러 계층에서 캐싱을 사용하는 것을 고려하자. 예를 들어, 데이터베이스에서 읽을 때와 JSON 직렬화처럼 개체의 외부 표현을 생성할 때를 고려하자. 캐시 무효화는 특히 리소스의 컬렉션을 사용해서 작업할 때 복잡해질 수 있다. 네임스페이싱(https://github.com/memcached/memcached/wiki/ProgrammingTricks#namespacing)을 다르게 해서 많은 양의 캐시 데이터를 무효화할 수 있다. 네임스페이싱을 사용하면 많은 쓰기 작업이 필요한 API도 효과적으로 캐시할 수 있다.

캐시 헤더를 사용해서 클라이언트가 꼭 필요한 요청만 수행하는지 확인하자. 클라이언트가 캐시된 데이터를 다시 사용할 수 있으면 요청할 필요가 없다. 캐시 헤더로 로컬에 캐시된 데이터를 서버가 검증할 수 있다면, 네트워크로 응답 본문을 보낼 필요가 없다. 서버가 효과적으로 ETag 같은 캐시 헤더를 검증할 수 있다면, 데이터 저장소에 연결할 필요도 없으므로 작업을 절약할 수 있다. 앞에서 소개한 네임스페이싱을 사용해서 서버에서 ETag 캐시를 관리할 수 있다.

로그를 제외한 모든 GET 요청은 서버의 어떤 상태도 변경해서는 안 된다. 읽기와 관련된 API는 말 그대로 읽기 작업만 해야 한다. 이렇게 하면 캐싱 처리가 더 단순해져서 쓰기 전용 데이터 저장소와 읽기 전용 데이터 저장소를 구분할 수 있게 된다. 실제로 두 작업을 완전히 별개의 애플리케이션이라고 생각하는 것이 좀 더 합리적일 수 있다. NGINX와 같은 빠른 역방향 프락시를 사용하면 좀 더 수월하게 이 작업을 처리할 수 있다.

빠른 쓰기 작업이 필요하고 클라이언트에서 데이터가 최종 목적지에 도달했는지 100% 신뢰할 수 있는 확인이 필요하지 않다면, 일단 202 상태 코드를 반환한 다음, 나중에 다른 프로세스에서 캐시의 새 데이터를 영구 저장소에 저장하도록 할 수 있다. Gnocchi(https://gnocchi.xyz)가 이 과정을 처리한다.

마지막으로, 항상 새로운 리소스를 생성하는 대신 기존 리소스를 업데이트하는 경우, ETag는 '손실된 업데이트 문제(https://www.w3.org/1999/04/Editing/)'를 피할 수 있는 표준화된 방법을 제공하여 데이터 저장소에서 불필요하게 발생하는 읽기 작업을 최소화한다.

HTTP API에 대한 단위 테스트, 기능 테스트 방법 그리고 벤치마킹 및 프로파일링에 관해 조언을 부탁한다.

HTTP API를 테스트할 때 가장 중요한 고려 사항은 테스트하려는 내용이 무엇인지 명확히 인지하는 것이다. 예를 들어, 저장소 레이어를 테스트하는 것과 HTTP API 레이어를 테스트하는 것을 결합하기는 쉽다. 이는 나쁜 생각일 수 있다. API 레이어를 테스트할 때는 저장소 레이어가 자신만의 정교한 테스트를 갖고 있는 신뢰할 수 있는 대상이라고 가정할 수 있어야 한다. 마찬가지로 API 레이어 테스트가 직렬화 계층 테스트로 대체되어서는 안 된다. 즉 응답 본문의 전체 내용을 계속 반복해서 테스트할 필요가 없다. 그 대신, 기대한 응답인지 검증해야 한다.

중요한 점은 API의 HTTP 부분이 실제로 정확한 HTTP, 그러니까 정확한 응답 코드와 헤더를 사용하고 있는지 확인하는 것이다. 다른 도구들을 사용하면서 실망했기 때문에 내가 직접 가비라는 도구를 만들었다. 가비는 YAML 형식을 사용해서 연속된 HTTP 테스트를 표현할 수 있다. YAML은 가독성과 표현력이 좋기 때문에 HTTP 요청과 응답을 단순하고 유연하게 쓸 수 있다. 이 도구는 WSGI 애플리케이션과 직접 또는 실행 중인 서비스(파이썬이 아닌 다른 언어를 사용한 서비스도 가능함)와 통신할 수 있다.

가비로 테스트한 결과는 API가 명시적으로 동작하는 방식을 확실히 알려 주는 파일 모음이다. 유지 관리와 기여자에게 도움을 주는 것 외에도, 계획되지 않은 클라이언트도 테스트된 API를 사용할 수 있다는 걸 확인하는 데 도움을 준다.

벤치마킹을 위한 여러 도구가 있다. 프로파일링 역시 중요하다. 요즘은 wrk와 siege가 자주 선택되는 것 같다. 많은 동시 연결과 직렬 연결을 테스트하는 것이 중요하다. 이러한 각각의 시나리오를 테스트하면 서로 다른 문제를 발견할 수 있게 된다.

프로파일링 시에는 웹 서버와 미들웨어가 서로 영향을 미치지 않도록 프로파일 데이터의 범위를 좁히는 것이 중요하다. 내가 사용한 방법은 werkzeug가 갖고 있는 프로파일링 미들웨어(http://werkzeug.pocoo.org/docs/0.14/contrib/profiler)를 마지막 미들웨어로 사용하는 것인데, 이렇게 하면 실제

WSGI 애플리케이션만 프로파일링된다. 이를 통해, 하나의 요청을 만들고 해당 요청에 대한 프로파일을 생성해서 필요한 분석을 할 수 있다.

물론 중요한 코드에 `time.time()`을 사용하는 전통적인 방법도 실행 시간에 대한 대략적인 개요를 얻는 데 매우 유용하다.

10장

PaaS에 배포하기

애플리케이션을 배포하고 그 과정을 관리하는 작업은 지루할 수 있다. 9장 1절에서 살펴본 것처럼 코드를 서비스하려면 WSGI 호환 웹 서버를 설치하고 구성해야 한다. 애플리케이션을 서비스하기 위해 서버를 관리하는 건 위험하고 때로는 성가시며, 특히 전문 분야가 아니라면 더욱 그렇다. 심지어 보안 관련 문제나 유지 보수에 관해서는 아직 언급하지도 않았다.

서비스로서의 플랫폼(platform as a service), 간단히 PaaS는 애플리케이션 호스팅을 제공하는 클라우드 컴퓨팅 서비스다. PaaS를 사용하면 필요한 인프라를 구축하고 유지해야 하는 복잡한 과정 없이 배포를 관리할 수 있다. 이러한 플랫폼은 보통 관계형 데이터베이스 시스템 관리 및 자동 확장과 같은 유용한 기능을 제공한다.

PaaS는 가상 머신을 통해 서버를 배포하는 매우 유용한 방법이다. 여러분의 팀이 소수의 개발자로 이루어져 있고 인프라에 대한 경험이 없다면 PaaS로 많은 시간을 절약할 수 있을 것이다.

많은 PaaS 서비스가 있지만 이 모두를 다루기는 어렵다. 하지만 어떤 편의를 제공하는지 예제를 다뤄 보면 이해하는 데 도움이 될 것이다. 다음 절에서 몇 가지 사례를 살펴보자.

> 📖 대부분의 플랫폼은 유료 서비스다. 하지만 테스트 목적으로 무료 티어(free-tier) 서비스
> 를 제공한다.

10.1 허로쿠

허로쿠(https://www.heroku.com/)는 2007년부터 시작된 초기 클라우드
플랫폼 중 하나이며 파이썬을 포함한 여러 언어를 지원한다. 또한 훌륭한
RDBMS인 PostgreSQL을 지원한다는 점에서 인기가 높다.

허로쿠를 사용하면 어떤 종류의 애플리케이션이라도 운영 환경에 쉽게 배
포할 수 있다. 많은 사용 사례를 설명하는 광범위하고 완벽한 온라인 설명서
(https://devcenter.heroku.com/)도 제공된다.

웹 사이트에서 온라인 등록을 마치면 heroku 명령 행 도구를 통해 애플리케
이션을 올리고 배포할 수 있다.

허로쿠는 애플리케이션 배포와 버전 관리에 깃(git)을 사용한다. 애플리케이
션을 배포할 때는 단순히 git push를 실행하면 된다.

허로쿠는 애플리케이션을 하나 또는 여러 개의 프로세스로 구성할 수 있는
프로세스 모델을 제공한다. 보통 기본 프로세스는 gunicorn과 같은 WSGI 서
버가 서비스하는 WSGI 애플리케이션이다. 이 프로세스는 Procfile 파일에 다
음과 같이 설정한다.

예제 10.1 허로쿠 프로파일

```
web: gunicorn hello.wsgi --log-file -
```

이 간단한 파일로 hello.wsgi 모듈에서 WSGI 애플리케이션을 실행할 수 있다.

예제 10.2 허로쿠 애플리케이션 배포

```
$ ls -R
Procfile app.json hello requirements.txt runtime .txt

./hello:
__init__.py wsgi.py
$ heroku login
Enter your Heroku credentials.
Email: python@example.com
```

```
Password:
Logged in as python@example.com
$ heroku create
Creating app... done,    fierce-savannah-40050
https://fierce-savannah-40050.herokuapp.com/ | https://git.heroku.com/ ↵
    fierce-savannah-40050.git
$ git init
$ git add .
$ git commit -m 'Initial import'
$ git remote add heroku https://git.heroku.com/fierce-savannah-40050. git
$ git push heroku master
Counting objects: 280, done.
Delta compression using up to 4 threads.
Compressing objects: 100% (128/128), done.
Writing objects: 100% (280/280), 43.45 KiB | 0 bytes/s, done.
Total 280 (delta 134), reused 274 (delta 133)
remote: Compressing source files... done.
remote: Building source:
remote:
remote: -----> Python app detected
remote: -----> Installing python-2.7.13
remote: $ pip install -r requirements.txt
remote: Collecting gunicorn==19.6.0 (from -r /tmp/ build_a40bfcb639fc016↵
    094ca3018a1b17d7f/requirements.txt (line 1))
remote: Downloading gunicorn-19.6.0-py2.py3-none-any.whl (114kB)
remote: Installing collected packages: gunicorn
remote: Successfully installed gunicorn-19.6.0
remote:
remote: -----> Discovering process types
remote: Procfile declares types -> web
remote:
remote: -----> Compressing...
remote: Done: 36.3M
remote: -----> Launching...
remote: Released v3
remote: https://fierce-savannah-40050.herokuapp.com/ deployed to Heroku
remote:
remote: Verifying deploy... done.
To https://git.heroku.com/fierce-savannah-40050.git
* [new branch] master -> master
$ curl https://fierce-savannah-40050.herokuapp.com/
Hello world!
```

예제 10.2는 허로쿠 플랫폼에 WSGI 애플리케이션을 배포하는 과정이 매우 단순하다는 걸 보여 준다. 소스 코드를 커밋할 준비가 됐다면 허로쿠 저장소에 푸시해서 애플리케이션을 배포할 수 있다. 파이썬이 설치되면 requirements.txt에 나열된 종속성도 함께 설치되며 Procfile에 나열된 프로세스들이 실행된다.

더 많은 CPU가 필요하다면 다이노(dyno)의 수량을 업그레이드할 수 있다. 다이노는 허로쿠가 애플리케이션을 실행하는 컨테이너를 부르는 이름이다.

```
$ heroku ps:scale web=5
Scaling dynos... done, now running web at 5:Standard-1X.
```

 애플리케이션 사용 방법에 따라 자동으로 다이노의 수를 확장하는 기능 등이 제공된다.

Procfile은 큐를 처리하거나 일반 작업을 실행하는 데몬과 같이 WSGI 서버 이외의 특정 워커를 지정할 수 있다. 이 작업은 Procfile에 다음과 같은 명령을 추가해 주면 된다.

```
worker: python myherokuapp/myprogram.py
```

이렇게 하면 수직 확장이 되어 여러 다이노로 확산될 수 있다. 허로쿠에서 파이썬을 사용할 때 백그라운드 작업에 대한 참조 구현은 RQ를 사용한다. RQ는 5장 1절에서 다뤘다.

허로쿠는 지금까지 살펴본 기술들의 장점을 최대한 활용한다. 상태 없는 웹 서버와 큐 워커를 사용하면 애플리케이션 확장을 손쉽게 조정할 수 있다.

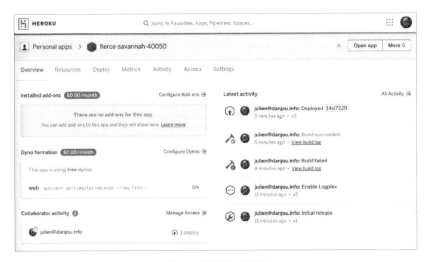

그림 10.1 허로쿠 웹 대시보드

10.2 아마존 빈스톡

아마존 웹 서비스(https://aws.amazon.com/ko/)는 AWS 일래스틱 빈스톡 (https://aws.amazon.com/ko/elasticbeanstalk/)이라는 파이썬 코드를 직접 실행할 수 있는 플랫폼을 제공한다. 이를 통해 아마존 클라우드에서 어떤 파이 썬 애플리케이션이라도 쉽게 실행할 수 있다. 일래스틱 빈스톡은 아마존 EC2 가 제공하는 가상 시스템 인스턴스를 관리하는 서비스다.

이 서비스를 사용하기 위해 아마존은 awsebcli 패키지를 통해 eb라는 이름 의 파이썬 명령 행 도구를 제공한다. pip install awsebcli 명령으로 설치할 수 있다.

WSGI 애플리케이션을 배포할 준비가 됐다면 eb init으로 프로젝트를 초기 화한 다음, eb create로 환경을 생성한다.

예제 10.3 eb로 일래스틱 빈스톡에 배포하기

```
$ eb init scapytest
$ eb create
Enter Environment Name
(default is scapytest-dev):
Enter DNS CNAME prefix
(default is scapytest-dev):

Select a load balancer type
1) classic
2) application
(default is 1): 1

Type "view" to see the policy, or just press ENTER to continue:
Creating application version archive "app-4bd9-170119_180332".
Uploading scapytest/app-4bd9-170119_180332.zip to S3. This may take a ↵
    while.
Upload Complete.
Environment details for: scapytest-dev
Application name: scapytest
Region: us-west-2
Deployed Version: app-4bd9-170119_180332
Environment ID: e-x4uchhqxmk
Platform: 64bit Amazon Linux 2016.09 v2.3.0 running Python 3.4
Tier: WebServer-Standard
CNAME: scapytest-dev.us-west-2.elasticbeanstalk.com
Updated: 2017-01-19 17:03:37.409000+00:00
[...]
INFO: Environment health has transitioned from Pending to Ok.
```

```
Initialization completed 7 seconds ago and took 3 minutes.
INFO: Added instance [i-0a3c269030a13566c] to your environment.
INFO: Successfully launched environment: scapytest-dev
$ curl -v http://scapytest-dev.us-west-2.elasticbeanstalk.com/
* Trying 54.186.46.232...
* TCP_NODELAY set
* Connected to scapytest-dev.us-west-2.elasticbeanstalk.com
(54.186.46.232) port 80 (#0)
> GET / HTTP/1.1
> Host: scapytest-dev.us-west-2.elasticbeanstalk.com
> User-Agent: curl/7.51.0
> Accept: */*
>
< HTTP/1.1 200 OK
< Content-Type: text/plain; charset=UTF-8
< Date: Thu, 19 Jan 2017 17:16:57 GMT
< Server: Apache/2.4.23 (Amazon) mod_wsgi/3.5 Python/3.4.3
< Content-Length: 13
< Connection: keep-alive
<
Hello world!
* Curl_http_done: called premature == 0
* Connection #0 to host scapytest-dev.us-west-2.elasticbeanstalk.com ↵
    left intact
```

예제 10.3에서 볼 수 있듯이 awsebcli의 eb 명령 행 도구를 사용하면 몇 가지 명령만으로 파이썬 애플리케이션을 쉽게 배포할 수 있다. 다른 클라우드 서비스와 마찬가지로 AWS는 CPU 사용량, 네트워크 대역폭 등 여러 가지 지표를 기반으로 자동 확장 기능을 제공한다.

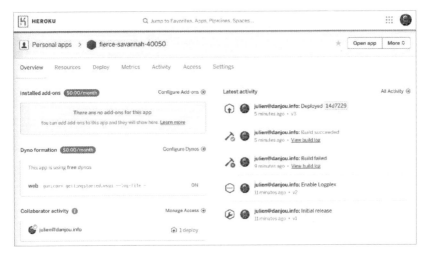

그림 10.2 AWS 일래스틱 빈스톡 대시보드

일래스틱 빈스톡은 EC2와 같은 다른 아마존 서비스를 기반으로 하므로 사용하기 편리하고 다른 서비스도 손쉽게 활용할 수 있다.

10.3 구글 앱 엔진

구글 역시 가상 머신부터 애플리케이션 호스팅에 이르기까지 다양한 기능을 제공하는 클라우드 플랫폼을 보유하고 있다. 구글 앱 엔진(https://cloud.google.com/appengine/docs/)은 파이썬을 비롯한 다양한 코드를 직접 호스팅하고 실행할 수 있는 플랫폼이다.

구글도 다른 서비스와 마찬가지로 gcloud라고 하는 명령 행 도구를 제공한다. WSGI 애플리케이션 배포 방법을 설명하는 거의 완벽한 수준의 온라인 문서도 제공한다.

WSGI 파이썬 애플리케이션을 구글 앱 엔진에 배포하려면 파일 두 개만 있으면 된다.

- app.yaml은 애플리케이션 메타데이터와 실행할 메인 모듈의 위치를 포함한다.
- 실행할 코드가 들어 있는 최소 하나의 파이썬 파일 또는 하위 디렉터리를 포함한 전체 파이썬 모듈

예제 10.4 구글 앱 엔진에서 사용하는 app.yaml

```
runtime: python27
api_version: 1
threadsafe: true

handlers:
  - url: /.*
    script: main.app
```

예제 10.5 구글 앱 엔진용 main.py

```
def app(environ, start_response):
    """단순한 application 객체"""
    status = '200 OK'
    response_headers = [('Content-type', 'text/plain')]
    start_response(status, response_headers)
    return ['Hello world!\n']
```

이 파일이 준비되면 예제 10.6과 같이 구글 앱 엔진에 직접 배포하고 접근할
수 있다.

예제 10.6 구글 클라우드 앱에 WSGI 애플리케이션 배포

```
$ gcloud app deploy
You are about to deploy the following services:
- scapytest/default/20170120t170002 (from [/Users/jd/Source/scaling- ↵
    python/examples/gae-app/app.yaml])
Deploying to URL: [https://scapytest.appspot.com]

Do you want to continue (Y/n)? y

Beginning deployment of service [default]...
File upload done.
Updating service [default]...done.
Deployed service [default] to [https://scapytest.appspot.com]

You can read logs from the command line by running:
 $ gcloud app logs read -s default

To view your application in the web browser run:
 $ gcloud app browse
abydos examples/gae-app curl https://scapytest.appspot.com/
Hello world!
```

그림 10.3 구글 앱 엔진 대시보드

다른 플랫폼과 똑같이 구글 앱 엔진은 확장 기능을 제공한다. 확장은 자동으로
이루어지므로 애플리케이션의 트래픽이 증가하더라도 특별히 수행할 작업은
없다.

구글 앱 엔진의 주요 단점은, 이 책을 쓰는 시점에서는, 표준 환경이 파이썬 2.7만 지원한다는 점이다. 파이썬 3은 표준 환경이 아닌 가변형(flexible) 환경에서만 사용할 수 있다.

10.4 오픈시프트

오픈시프트(https://www.openshift.com/)는 레드햇이 만든 PaaS다. 파이썬을 포함한 여러 다른 언어를 지원한다. 쿠버네티스(https://kubernetes.io/)와 도커(https://www.docker.com/)를 기반으로 하는 높은 수준의 사용자 정의를 통해 허로쿠 이상의 기능을 제공한다. 즉 자신만의 도커 이미지와 쿠버네티스 템플릿을 제공할 수 있으므로 단순한 파이썬 애플리케이션보다 더 많은 시나리오를 쉽게 지원할 수 있다.

오픈시프트 온라인(OpenShift Online)은 레드햇이 운영하는 퍼블릭 클라우드이고, **오픈시프트 데디케이티드**(OpenShift Dedicated)를 통해서는 자신의 서비스를 다른 클라우드 제공 업체(아마존, 구글 앱 엔진 등)에서 실행하고 관리할 수 있으며, **오픈시프트 컨테이너 플랫폼**(OpenShift Container Platform)으로는 자신만의 하드웨어와 데이터 센터에서 서비스를 운영할 수 있다. 이를 통해 원하는 모든 것을 내재화하거나 외부화해서 프로젝트에 꼭 맞는 최적의 솔루션을 선택할 수 있다.

자신만의 PaaS 플랫폼을 구축할 수 있다는 것은 특정 서비스 업체에 얽매이는 상황을 막을 수 있기 때문에 큰 장점이 될 수 있다.

오픈시프트의 무료 버전인 **오프시프트 오리진**(OpenShift Origin)은 자신의 하드웨어에서 간단히 실행할 수 있다. 예를 들어, 나는 몇 분 안에 개인 노트북에 오픈시프트를 배포할 수 있었다. 시스템에 도커가 설치되고 오픈시프트 도구가 배포되며 새 클러스터를 쉽게 만들 수 있다.

```
$ oc cluster up
-- Checking OpenShift client ... OK
-- Checking Docker client ... OK
-- Checking Docker version ... OK
-- Checking for existing OpenShift container ... OK
-- Checking for openshift/origin:v1.3.2 image ...
```

```
      Pulling image openshift/origin:v1.3.2
      Pulled 0/3 layers, 6% complete
      Pulled 1/3 layers, 70% complete
      Pulled 2/3 layers, 85% complete
      Pulled 3/3 layers, 100% complete
      Extracting
      Image pull complete
-- Checking Docker daemon configuration ... OK
-- Checking for available ports ... OK
-- Checking type of volume mount ...
      Using Docker shared volumes for OpenShift volumes
-- Creating host directories ... OK
-- Finding server IP ...
      Using 192.168.64.3 as the server IP
-- Starting OpenShift container ...
      Creating initial OpenShift configuration
      Starting OpenShift using container 'origin'
      Waiting for API server to start listening
      OpenShift server started
-- Installing registry ... OK
-- Installing router ... OK
-- Importing image streams ... OK
-- Importing templates ... OK
-- Login to server ... OK
-- Creating initial project "myproject" ... OK
-- Server Information ...
      OpenShift server started.
      The server is accessible via web console at:
          https://192.168.64.3:8443

You are logged in as:
      User: developer
      Password: developer

To login as administrator:
      oc login -u system:admin

$ oc login -u system:admin
Logged into "https://192.168.64.3:8443" as "system:admin" using existing ↵
    credentials.

You have access to the following projects and can switch between them ↵
    with 'oc project <projectname>':

  default
  kube-system
* myproject
  openshift
  openshift-infra

Using project "myproject".
```

오픈시프트를 이용해 파이썬 애플리케이션을 배포하는 것은 간단하다. 웹 대
시보드로 모든 기능에 접근할 수도 있다. WSGI 애플리케이션을 실행하려면
프로젝트 저장소 깃 URL만 제공하면 된다.

```
$ oc new-app python~https://github.com/OpenShiftDemos/os-sample-python ↵
    --name scaling-python-test
--> Found image 09a1531 (40 hours old) in image stream "python" in ↵
    project "openshift" under tag "3.5" for "python"

    Python 3.5
    ----------
    Platform for building and running Python 3.5 applications

    Tags: builder, python, python35, rh-python35

    * A source build using source code from https://github.com/ ↵
        OpenShiftDemos/os-sample-python will be created
      * The resulting image will be pushed to image stream "scaling- ↵
          python-test:latest"
      * Use 'start-build' to trigger a new build
    * This image will be deployed in deployment config "scaling-python-test"
    * Port 8080/tcp will be load balanced by service "scaling-python-test"
      * Other containers can access this service through the hostname ↵
          "scaling-python-test"

--> Creating resources with label app=scaling-python-test ...
    imagestream "scaling-python-test" created
    buildconfig "scaling-python-test" created
    deploymentconfig "scaling-python-test" created
    service "scaling-python-test" created
--> Success
    Build scheduled, use 'oc logs -f bc/scaling-python-test' to track ↵
        its progress.
    Run 'oc status' to view your app.
$ oc expose svc scaling-python-test
route "scaling-python-test" exposed
$ oc status
In project My Project (myproject) on server https://192.168.64.3:8443

http://scaling-python-test-myproject.192.168.64.3.xip.io to pod port ↵
    8080-tcp (svc/scaling-python-test)
  dc/scaling-python-test deploys istag/scaling-python-test:latest <- ↵
    bc/scaling-python-test source builds https://github.com/ ↵
        OpenShiftDemos/os-sample-python on openshift/python:3.5
    deployment #1 deployed 44 minutes ago - 1 pod
$ curl -v http://scaling-python-test-myproject.192.168.64.3.xip.io/
* Trying 192.168.64.3...
* TCP_NODELAY set
* Connected to scaling-python-test-myproject.192.168.64.3.xip.io ↵
```

```
   (192.168.64.3) port 80 (#0)
> GET / HTTP/1.1
> Host: scaling-python-test-myproject.192.168.64.3.xip.io
> User-Agent: curl/7.51.0
> Accept: */*
>
< HTTP/1.1 200 OK
< Server: gunicorn/19.6.0
< Date: Thu, 19 Jan 2017 14:32:16 GMT
< Content-Type: text/html; charset=utf-8
< Content-Length: 12
< Set-Cookie: 438d0cfdb6e5a6a330e8b3c011196054=1
    c1350bcc1188bccaeda678ef473a5a5; path=/; HttpOnly
< Cache-control: private
<
* Curl_http_done: called premature == 0
* Connection #0 to host scaling-python-test-myproject.192.168.64.3.xip ↵
    .io left intact
Hello World!
```

이와 같이 오픈시프트 인스턴스에 파이썬 애플리케이션을 배포하는 일은 어렵지 않은 작업이다. 오픈시프트가 깃 저장소 복제와 파이썬 컨테이너에 애플리케이션 배포를 책임진다.

오픈시프트는 애플리케이션을 완성할 수 있는 다른 유용한 기능을 제공한다. 또한 RDBMS REST API, 키-값 저장소와 같은 네트워크 서비스 배포와 관리에도 도움을 줄 수 있다.

오픈시프트는 CPU 사용량에 따라 애플리케이션을 자동으로 여러 개의 포드 (pod)로 쉽게 확장할 수 있다. 또 애플리케이션 상태 모니터링을 제공하며 몇 번의 클릭과 명령으로 확장 규칙을 정할 수 있도록 API와 대시보드를 제공한다.

10.5 PaaS 이상의 솔루션

지금까지 애플리케이션을 배포하는 데 사용할 수 있는 플랫폼을 몇 가지 살펴 봤다. 이 서비스들 외에도 많은 클라우드 플랫폼이 있다. 파이썬 코드를 실행 한다는 원칙은 동일하지만, 이 서비스들은 저마다 특징을 가지고 있다.

이러한 플랫폼들 중 대다수는 단순히 파이썬 코드 실행 외에도 데이터베이 스 접근, 메시지 큐, 객체 저장소 등 애플리케이션에 꼭 필요한 빌딩 블록을 제 공한다. 서비스들의 대부분은 설계에 따라 확장 가능하며 컴포넌트들의 성능

그림 10.4 오픈시프트 웹 대시보드

한 오픈 API를 제공하는 플랫폼을 사용해서 문제를 예방할 수 있다.

파이썬 호스팅 플랫폼은 보통 확장성이 뛰어나고 장애 허용성이 좋지만 복원력이 없다. 그래서 충돌, 실패, 서버 중단 및 네트워크 문제가 발생할 수 있다. 애플리케이션을 실행할 때는 이렇게 갑작스런 상황을 대비해야 한다. 가능하다면 제공할 서비스의 중요도에 따라 여러 서비스를 사용하거나 배포 사이트를 여러 개 유지하는 방법을 고려하는 것도 좋다.

11장

분산 시스템 테스트

높은 품질의 소프트웨어를 작성하고 유지하기 위해 필요한 테스트 종류 중에서 단위 테스트는 확장성에 영향을 받지 않는다. 코드 크기가 어떻든 간에, 단위 테스트를 작성하고 실행하는 방법은 동일하게 유지된다. 단위 테스트 코드는 단순하고 작은 범위의 코드로만 이루어져야 하며, 전역 애플리케이션 아키텍처에 종속되어서는 안 된다.

하지만 기능 테스트는 다르다. 예를 들어, 애플리케이션이 마이크로서비스 아키텍처를 사용해서 만들어졌다면 다른 서비스에 의존하고 있을 수 있다. 외부 시스템, 저장소, 관계형 데이터베이스에 의존하는 경우도 마찬가지다.

마이크로서비스는 여러 노드에 애플리케이션을 분산하기 위한 훌륭한 방법이지만, 여러 부분을 함께 테스트하기는 꽤 까다롭다.

트래비스(https://travis-ci.org/)나 젠킨스(https://jenkins.io/)에서는 셸 스크립트를 사용할 수 있으므로 이를 통해 기능 및 통합 테스트를 실행하고 제어할 수 있다. 이 방법은 애플리케이션 종류를 가리지 않고 사용할 수 있지만, 우리는 파이썬에 더 중점을 둬서 특히 유용한 도구 몇 가지를 살펴보겠다.

기능 및 통합 테스트 도구의 설정 및 실행은 빠르고 반복 가능하며 일관적이어야 한다. 이 특성은 모든 개발자가 테스트 결과에 '거짓 음성(false negative)[1]이 없는지 확인하면서 대부분의 테스트를 자신의 환경에서 실행할 수 있도록 한다.

11.1 톡스 환경 설정

이미 알고 있겠지만 톡스(https://tox.readthedocs.io/en/latest/)는 가상 파이썬 환경을 자동으로 만들어 주는 도구로, 다양한 환경에서 동시에 여러 파이썬 버전을 지원한다. 격리된 환경을 제공하며 간단히 재구축할 수 있다.

보통, 톡스는 다음과 같은 파일을 사용해서 프로그램의 단위 테스트를 직접 실행하기 위해 사용한다.

```
[testenv]
deps=nose
commands=nosetests
```

이 파일은 패키징 도구가 지정한 대로 올바른 종속성이 설치된 깨끗한 파이썬 환경에서 테스트를 실행한다.

commands 매개 변수로 어떤 명령도 전달할 수 있기 때문에 필요한 서비스가 있다면 테스트 시작 전에 해당 서비스를 먼저 실행할 수도 있다. 예를 들어, 통합 테스트를 실행하기 위해 memcached가 필요한 경우 다음처럼 작성한다.

```
[testenv]
commands=memcached -p 12345 & nosetests
```

애플리케이션이 TCP 포트 12345에서 memcached를 사용하도록 구성되어 있다면, memcached의 인스턴스를 사용해서 테스트를 실행할 수 있다.

하지만 이 방식은 너무 단순해서 memcached가 연결을 받아들일 준비를 마쳤는지 알 수 있는 방법이 없다. 따라서 memcached 준비가 완료되기 전에, 테스트가 먼저 실행되면서 아무 이유 없이 실패할 수 있다. 이 상황이 바로 전형적인 '거짓 음성'의 예로, 정상적인 테스트 코드에 문제가 있다고 보고되는 경우다. 이런 경우는 테스트 집합의 유용성을 훼손하기 때문에 반드시 피해야

---

1 (옮긴이) 거짓 양성(false positive)과 거짓 음성(false negative)은 통계 분야에서 주로 쓰이는 용어다. 검사 결과 음성(no)이라고 판단했지만, 실제로는 양성(yes)인 경우를 '거짓 음성'이라고 한다.

한다.

게다가 테스트가 종료되더라도 memcached는 여전히 실행 중인 상태다. 따라서 톡스를 다시 실행했을 때는 TCP 포트가 이미 사용 중이므로 memcached 서비스를 제대로 시작할 수 없다. 이외에도 두 번째로 실행된 테스트가 이전 memcached 서비스에 연결되면서 앞에서 저장된 항목과 키를 사용하게 된다. 이런 상황 역시 잠재적으로 '거짓 음성'이 발생할 가능성이 높다.

짧은 예제지만 외부 종속성을 조정하는 일이 생각보다 훨씬 복잡하다는 사실을 이해했을 것이다. 테스트를 실행하기 전에 전체 리소스 배포를 조정하는 것이 아예 불가능하지는 않지만, 다음 항목들은 테스트 시작 전에 처리할 필요가 있다.

- 외부 서비스가 필요로 하는 디렉터리나 리소스 준비
- 외부 서비스 실행
- 외부 서비스가 사용할 준비가 됐는지 확인

그러고 나서 테스트를 실행한 후에는 다음과 같은 작업이 필요하다.

- 외부 서비스를 종료한다.
- 서비스가 생성한 모든 임시 파일 등을 삭제한다.

이 작업들이 간단하지는 않지만 잘 만들어 두면 tox -e py36-integration과 같은 간단한 명령으로 통합 테스트를 시작할 수 있다.

```
[testenv]
deps = nose
commands=nosetests

[testenv:py36-integration]
commands=./setup-memcached.sh nosetests
```

예제 11.1 memcached를 이용한 테스트(01_tox_shell/test_memcached.py)

```
import os
import socket
import unittest

class TestWithMemcached(unittest.TestCase):
    def setUp(self):
```

```
            super(TestWithMemcached, self).setUp()
            if not os.getenv("MEMCACHED_PID"):
                self.skipTest("Memcached is not running")

    def test_connect(self):
        s = socket.socket()
        s.connect(("localhost", 4526))
```

예제 11.2 **01_tox_shell/setup-memcached.sh**

```sh
#!/bin/sh

clean_on_exit () {
    test -n "$MEMCACHED_DIR" && rm -rf "$MEMCACHED_DIR"
}

trap clean_on_exit EXIT

wait_for_line () {
    while read line
    do
        echo "$line" | grep -q "$1" && break
    done < "$2"
    # 작업이 블록되지 않도록 계속 대기열을 읽어 준다.
    cat "$2" >/dev/null &
}

MEMCACHED_DIR='mktemp -d'
mkfifo ${MEMCACHED_DIR}/out
memcached -p 4526 -vv > ${MEMCACHED_DIR}/out 2>&1 &
export MEMCACHED_PID=$!
wait_for_line "server listening" ${MEMCACHED_DIR}/out

$*

kill ${MEMCACHED_PID}
```

다음과 같이 실행하면 memcached가 발견되지 않으므로 테스트를 건너뛴다.

```
$ tox -e py36
GLOB sdist-make: /home/hyun/work/scaling_python_kor/Chapter11/setup.py
py36 create: /home/hyun/work/scaling_python_kor/Chapter11/.tox/py36
py36 installdeps: nose
py36 inst: /home/hyun/work/scaling_python_kor/Chapter11/.tox/dist/test_↵
    memcached-0.1.zip
py36 installed: nose==1.3.7,test-memcached==0.1
py36 runtests: PYTHONHASHSEED='3994259299'
py36 runtests: commands[0] | nosetests
S
------------------------------------------------------------------------
```

```
Ran 1 test in 0.003s

OK (SKIP=1)
_____ summary _____
  py36: commands succeeded
  congratulations :)
```

하지만 py36-integration으로 실행하면, memcached가 설정되므로 테스트가 정상적으로 실행된다.

```
$ tox -e py36-integration
GLOB sdist-make: /home/hyun/work/scaling_python_kor/Chapter11/setup.py
py36-integration create: /home/hyun/work/scaling_python_kor/Chapter11/.
tox/py36-integration
py36-integration installdeps: nose
py36-integration inst: /home/hyun/work/scaling_python_kor/Chapter11/.tox/↵
    dist/test_memcached-0.1.zip
py36-integration installed: nose==1.3.7,test-memcached==0.1
py36-integration runtests: PYTHONHASHSEED='2092027894'
py36-integration runtests: commands[0] | ./02_setup-memcached.sh ↵
    nosetests
.
----------------------------------------------------------------------
Ran 1 test in 0.003s

OK
_____ summary _____
  py36-integration: commands succeeded
  congratulations :)
```

이와 같은 방식은 테스트가 어느 곳에서든 이상 없이 실행되고, 프로젝트의 모든 개발자도 자신의 시스템에서 테스트를 돌려 볼 수 있게 하는 좋은 전략이다. 테스트 환경을 설정하는 데만 몇 분 또는 몇 시간을 소비해야 한다면, 애플리케이션 테스트에 집중할 수 없을 것이다.

11.2 pifpaf로 외부 서비스 관리하기

평소에 셸 스크립트를 즐겨 쓰지 않는다면 앞에서 본 방법이 마음에 들지 않았을 것이다. 이런 종류의 스크립트는 오류가 발생하는 경우가 많고 장황하며 활용할 수 있는 도구도 매우 제한적이다. 그래서 작성이나 사용은 편할지 몰라도 유지 면에서는 꽤 까다로울 수 있다.

그래서 이번에는 내가 얼마 전에 개발한 도구를 소개하려고 한다. 이 도구는 통합 테스트 실행 및 관리를 쉽게 해 주므로 프로젝트를 진행할 때 자주 사용하고 있다. 도구의 이름은 pifpaf(https://github.com/jd/pifpaf)다.[2]

pifpaf가 해결할 수 있는 문제는 11장 1절에서 다뤘던 문제, 즉 애플리케이션 통합 테스트에 필요한 외부 시스템의 시작과 종료다.

pifpaf는 데몬을 구성하지 않고도 명령 행을 통해 데몬을 실행할 수 있게 해 준다. 이 과정에서 관리자 권한을 가질 필요도 없다. 시스템에 소프트웨어만 설치되어 있다면 pifpaf는 이를 시작할 수 있다. 예를 들어, PostgreSQL을 시작하려면 예제 11.3과 같이 `pifpaf run postgresql` 명령을 실행한다.

예제 11.3 pifpal로 PostgreSQL 실행하기

```
$ pifpaf run postgresql $SHELL
$ echo $PIFPAF_URL
postgresql://localhost/postgres?host=/tmp/tmpvi6j2cz7&port=9824
$ psql
psql (9.5.12)
Type "help" for help.

postgres=# \l
                            List of databases
    Name    | Owner | Encoding |  Collate    |   Ctype     | Access privileges
------------+-------+----------+-------------+-------------+-------------------
 postgres   | hyun  | UTF8     | ko_KR.UTF-8 | ko_KR.UTF-8 |
 template0  | hyun  | UTF8     | ko_KR.UTF-8 | ko_KR.UTF-8 | =c/hyun          +
            |       |          |             |             | hyun=CTc/hyun
 template1  | hyun  | UTF8     | ko_KR.UTF-8 | ko_KR.UTF-8 | =c/hyun          +
            |       |          |             |             | hyun=CTc/hyun
(3 rows)

postgres=# create table foobar ();
CREATE TABLE
postgres=# \d foobar
   Table "public.foobar"
 Column | Type | Modifiers
--------+------+-----------

postgres=# \q
```

기본 동작으로, pifpaf는 run <daemon> 뒤에 인수로 오는 어떤 명령이든 실행

---

2 (옮긴이) pifpaf 설치 도중 psutil 컴파일 시에 'Python.h' 파일을 찾을 수 없다는 에러가 보고되면, python-dev(파이썬 3.6은 python3.6-dev)를 설치해야 한다.

한다. 예제 11.3에서는 셸 실행(예를 들어, /bin/bash)을 대체하는 $SHELL이 인수로 주어졌다. 이 새로운 셸은 PostgreSQL 서버의 주소를 포함한 $PIFPAF_URL 같은 환경 변수를 몇 개 가지고 있다. 이 URL 형식은 파이썬의 표준 SQL 라이브러리 중 하나인 SQLAlchemy가 쉽게 이해할 수 있다. PostgreSQL의 경우, pifpaf는 psql이 즉시 동작하도록 미리 필요한 변수를 설정한다. 하위 셸에 exit를 입력해서 애플리케이션이 종료되면, pifpaf는 PostgreSQL을 중지하고 작성된 임시 데이터를 삭제한다.

이와 같이 pifpaf를 사용하면 하위 셸에서 테스트를 실행할 수 있다. 11장 1절의 예제를 pifpaf를 사용하도록 다시 만든다면, 단순히 셸 스크립트를 pifpaf로 바꿔주면 된다.

```
[testenv]
deps = nose
       pifpaf
commands=nosetests

[testenv:py36-integration]
commands=pifpaf run memcached --port 19842 -- nosetests
```

예제 11.4 memcached를 이용한 테스트(pifpaf 사용)(02_tox_pifpaf/test_memcached_pifpaf.py)

```python
import os
import socket
import unittest

class TestWithMemcached(unittest.TestCase):
    def setUp(self):
        super(TestWithMemcached, self).setUp()
        if not os.getenv("PIFPAF_MEMCACHED_URL"):
            self.skipTest("Memcached is not running")

    def test_connect(self):
        s = socket.socket()
        s.connect(("localhost", int(os.getenv("PIFPAF_MEMCACHED_PORT"))))
```

pifpaf가 내보내는 변수를 사용하면 memcached 사용 여부를 쉽게 탐지해서 테스트와 연결할 수 있다.

💡 pifpaf는 PostgreSQL, MySQL, memcached, etcd, 레디스, Ceph, RabbitMQ, 콘설 (Consul), CouchDB, MongoDB, Gnocchi 등의 많은 데몬을 지원한다. 이 도구는 파이

썬으로 개발됐으며 자신만의 애플리케이션 지원을 위해 쉽게 확장할 수 있다. 한번 사용
해 보자!

-- 명령 구분자와 여러 pifpaf 명령을 사용해서 데몬 여러 개를 결합하는 것도
가능하다.

```
$ pifpaf run redis -- pifpaf -e PIFPAF2 run memcached -- $SHELL
$ env | grep PIFPAF_
PIFPAF_REDIS_URL=redis://localhost:6379
PIFPAF_PID=4352
PIFPAF_DAEMON=redis
PIFPAF_URLS=redis://localhost:6379;memcached://localhost:11212
PIFPAF_DATA=/tmp/tmp47ldelrf
PIFPAF_REDIS_PORT=6379
PIFPAF_URL=redis://localhost:6379
$ env | grep PIFPAF2_
PIFPAF2_MEMCACHED_PORT=11212
PIFPAF2_DAEMON=memcached
PIFPAF2_MEMCACHED_URL=memcached://localhost:11212
PIFPAF2_PID=4360
PIFPAF2_URL=memcached://localhost:11212
PIFPAF2_DATA=/tmp/tmp9xmx6bgh
$ ps -ef
[...]
hyun      4355  4352  0 18:48 ?        00:00:00 redis-server *:6379
hyun      4363  4360  0 18:48 ?        00:00:00 memcached -p 11212
[...]
```

pifpaf를 사용해서 서버 두 개가 시작됐으며 각자의 URL 목록을 갖고 있다. 이
URL은 ;로 분리된 PIFPAF_URLS 전역 변수를 통해 사용할 수 있다. 다른 포트나
소켓을 사용해서 동일한 데몬의 인스턴스를 여러 개 시작할 수도 있다.

pifpaf는 ssh-agent에서 사용하는 것과 동일한 변수 익스포트 시스템을 활용
하므로 어떤 셸 스크립트에서도 사용할 수 있다. 별다른 명령 없이 pifpaf를 호
출하면 다음처럼 동작한다.

```
$ pifpaf run memcached
export PIFPAF_DAEMON="memcached";
export PIFPAF_PID="4798";
export PIFPAF_MEMCACHED_URL="memcached://localhost:11212";
export PIFPAF_OLD_PS1="(scaling_python_kor) \[\e]0;\u@\h: \w\a\]${debian_
chroot:+($debian_chroot)}\[\033[01;32m\]\u@\h\[\033[00m\]:\[\033[01;34m\]
    \w\[\033[00m\]\$ ";
export PIFPAF_URL="memcached://localhost:11212";
```

```
export PS1="(pifpaf/memcached) (scaling_python_kor) \[\e]0;\u@\h: \w\a\]
    ${debian_chroot:+($debian_chroot)}\[\033[01;32m\]\u@\h\[\033[00m\]:
    \[\033[01;34m\]\w\[\033[00m\]\$ ";
export PIFPAF_URLS="memcached://localhost:11212";
export PIFPAF_MEMCACHED_PORT="11212";
export PIFPAF_DATA="/tmp/tmpbr7ci56a";
pifpaf_stop () { if test -z "$PIFPAF_PID"; then echo 'No PID found in
    $PIFPAF_PID'; return -1; fi; if kill $PIFPAF_PID; then _PS1=$PIFPAF_
    OLD_PS1; unset PIFPAF_DAEMON PIFPAF_PID PIFPAF_MEMCACHED_URL PIFPAF_
    OLD_PS1 PIFPAF_URL PS1 PIFPAF_URLS PIFPAF_MEMCACHED_PORT PIFPAF_
    DATA; PS1=$_PS1; unset _PS1; unset -f pifpaf_stop; unalias pifpaf_
    stop 2>/dev/null || true; fi; } ; alias pifpaf_stop=pifpaf_stop ;
$ kill 4798
```

실제로 이런 동작을 의도했다면 eval 명령으로 호출해야 한다.

```
$ eval 'pifpaf run memcached'
$ echo $PIFPAF_URL
memcached://localhost:11212
$ pifpaf_stop
```

이렇게 pifpaf를 사용하면 새로운 프로그램이나 하위 셸을 시작하지 않는다는 장점이 있다. 셸 스크립트에서 이 특징은 유용할 수 있다.

11.3 pifpaf로 픽스처 사용하기

pifpaf로 테스트를 전역적으로 실행할 수도 있지만, 테스트 내부에서 pifpaf를 사용해서 일부 동작을 조정하는 것도 가능하다.

pifpaf는 드라이버를 테스트 픽스처로 내보낸다. 픽스처는 테스트 전에 설정되고 테스트가 끝나면 정리되는 컴포넌트를 뜻한다. 여러 곳에서 재사용되기 때문에 특정 유형의 컴포넌트를 만들어 두는 것이 좋다. 이 경우, pifpaf는 실행된 데몬을 표현하는 객체를 내보낸다. 이 객체는 각 테스트 전에 초기화되고 테스트가 완료되면 기본값으로 재설정된다.

예제 11.5에서는 각 테스트가 실행되기 전에 memcached 인스턴스가 설정된다. 모든 테스트에 대해 동일한 memcached를 사용할 때와 비교하면 느리고 비용도 크지만, 동일한 인스턴스에서 여러 테스트를 차례로 실행할 때 발생할 수 있는 부작용을 피하고, 인스턴스 상태를 깨끗하게 유지한 채로 각 테스트를 실행할 수 있게 한다.

예제 11.5 memcached 픽스처를 사용한 테스트(05_memcached-fixtures.py)

```python
import socket

import fixtures
from pifpaf.drivers import memcached

class TestWithMemcached(fixtures.TestWithFixtures):
    def setUp(self):
        super(TestWithMemcached, self).setUp()
        self.memcached = self.useFixture(memcached.MemcachedDriver(port=9742))

    def test_connect(self):
        s = socket.socket()
        s.connect(("localhost", self.memcached.port))
```

이 테스트는 앞서 11장 2절에서 봤던 것과 다르게 pifpaf 데몬을 실행할 필요
가 없으며 톡스를 설정할 필요도 없다.[3]

예제 11.5에서 사용된 방법은 memcached가 똑같은 포트를 사용해서 각 테스트를 수
신하기 때문에 테스트가 순차적으로 실행되는 경우에만 제대로 작동한다. 테스트를 동시
에 실행하면 memcached 인스턴스 여러 개가 동일한 TCP/UDP 포트에 연결하려고 하
기 때문에 실패할 수 있다. 이 문제는 각 테스트마다 포트 번호를 증가시키거나 포트를
추적하는 방법 등으로 해결할 수 있다.

이 테스트 코드는 모든 것이 매끄럽게 돌아가는 경우를 테스트할 수 있지만,
뭔가 잘못됐을 때를 시험하는 것은 더 의미 있는 일이다. pifpaf는 픽스처 객체
를 조작해서 이와 같은 테스트를 가능하게 한다.

예를 들어, memcached 연결이 끊어졌을 때 애플리케이션에서 발생하는 일
을 테스트하려면 다음처럼 한다.

예제 11.6 memcached와 픽스처를 사용한 애플리케이션(06_app-memcached-fixtures.py)

```python
import fixtures
from pifpaf.drivers import memcached
from pymemcache import client
```

---

3 (옮긴이) pytest 05_memcached-fixtures.py로 테스트를 실행할 수 있다.

```
class AppException(Exception):
    pass

class Application(object):
    def __init__(self, memcached=("localhost", 11211)):
        self.memcache = client.Client(memcached)

    def store_settings(self, settings):
        self.memcache.set("appsettings", settings)

    def retrieve_settings(self):
        return self.memcache.get("appsettings")

class TestWithMemcached(fixtures.TestWithFixtures):
    def test_store_and_retrieve_settings(self):
        self.memcached = self.useFixture(memcached.MemcachedDriver↵
            (port=9742))
        self.app = Application(("localhost", self.memcached.port))
        self.app.store_settings(b"foobar")
        self.assertEqual(b"foobar", self.app.retrieve_settings())
```

예제 11.6에서 애플리케이션은 memcached를 사용해서 설정을 저장하고 읽어 온다. 기본 테스트 케이스는 test_store_and_retrieve_settings이며, memcached를 시작해서 모든 것이 제대로 동작하는지 확인한다. 대부분 이런 식으로 테스트 케이스를 만들며 보통 어떤 문제도 발생하지 않는다.

하지만 설정을 저장하고 가져오려고 할 때 memcached가 멈추거나 다시 시작되면 어떤 일이 발생할지 알 수 있는 방법이 없다. 이 애플리케이션은 memcached를 연동하는 부분에 어떤 try/except도 사용하지 않고 있다. 뭔가 잘못됐다면 애플리케이션 사용자는 아마도 pymemcache가 발생시킨 예외를 보게 될 것이다. 테스트로 확인할 때까지는 이 역시도 불확실한 가정이다. 실제로 그런지 확인해 보자.

예제 11.7 모든 시나리오 테스트(07_app-memcached-fixtures-all.py)

```
import fixtures
from pifpaf.drivers import memcached
from pymemcache import client
from pymemcache import exceptions

class AppException(Exception):
    pass

class Application(object):
    def __init__(self, memcached=("localhost", 11211)):
```

```
        self.memcache = client.Client(memcached)

    def store_settings(self, settings):
        try:
            self.memcache.set("appsettings", settings)
        except (exceptions.MemcacheError,
                ConnectionRefusedError,
                ConnectionResetError):
            raise AppException

    def retrieve_settings(self):
        try:
            return self.memcache.get("appsettings")
        except (exceptions.MemcacheError,
                ConnectionRefusedError,
                ConnectionResetError):
            raise AppException

class TestWithMemcached(fixtures.TestWithFixtures):
    def test_store_and_retrieve_settings(self):
        self.memcached = self.useFixture(memcached.MemcachedDriver(port=9742))
        self.app = Application(("localhost", self.memcached.port))
        self.app.store_settings(b"foobar")
        self.assertEqual(b"foobar", self.app.retrieve_settings())

    def test_connect_fail_on_store(self):
        self.app = Application(("localhost", 123))
        self.assertRaises(AppException,
                          self.app.store_settings,
                          b"foobar")

    def test_connect_fail_on_retrieve(self):
        self.memcached = memcached.MemcachedDriver(port=9743)
        self.memcached.setUp()
        self.app = Application(("localhost", self.memcached.port))
        self.app.store_settings(b"foobar")
        self.memcached.cleanUp()
        self.assertRaises(AppException,
                          self.app.retrieve_settings)

    def test_memcached_restarted(self):
        self.memcached = memcached.MemcachedDriver(port=9744)
        self.memcached.setUp()
        self.app = Application(("localhost", self.memcached.port))
        self.app.store_settings(b"foobar")
        self.memcached.reset()
        self.addCleanup(self.memcached.cleanUp)
        self.assertRaises(AppException,
                          self.app.retrieve_settings)
```

예제 11.7에서는 모든 시나리오를 테스트한다. `test_connect_fail_on_store` 테스트는 애플리케이션을 사용하려고 할 때 memcached 서비스가 시작되지 않은 경우 어떻게 되는지 확인한다. `test_connect_fail_on_retrieve` 테스트는 memcached가 처음에는 동작하지만 갑자기 종료되는 경우 어떻게 되는지 테스트한다. 마지막으로, `test_memcached_restarted` 테스트는 memcached가 다시 시작되는 경우를 확인한다.

이처럼 새로운 테스트 시나리오를 작성해서 애플리케이션이 `Connection RefusedError`와 같은 새로운 예외를 처리할 수 있도록 한다. 이 예제는 `AppException` 예외를 발생하는 데 그치는데, 6장 2절에서 설명한 터내서티(tenacity)를 사용해서 재시도하는 것이 더 좋은 방법이다.

pifpaf가 여러분의 요구에 부합하거나 또는 부합하지 않더라도 다른 컴포넌트를 활용하는 애플리케이션의 테스트를 만들 때는 실패 시나리오에 대한 테스트 작성을 절대 잊지 말자.

12장

캐싱

애플리케이션을 대규모로 확장해야 할 때 캐싱(caching)은 필수 요소다. 캐싱을 활용하면 다음과 같은 문제를 해결할 수 있다.

· 높은 계산 비용: 캐싱을 사용하면 이미 계산된 결과를 다시 사용할 수 있다. 그래서 동일한 계산을 반복하는 대신 데이터베이스 등에 계산 결과를 저장해 두고 다음부터는 여기서 결과를 가져온다. 메모이제이션(memorization)의 기본 원리가 바로 여기에 있다.
· 긴 지연 시간: 어떤 데이터는 접근하기까지의 지연 시간이 너무 길 수 있다. 데이터가 충분히 모아졌다면, (지연 시간이) 더 짧은 데이터 저장소에 저장해서 속도를 높일 수 있다. 캐시 무효화(cache invalidity) 문제가 발생하는 이유이기도 하다.

캐싱은 이와 같은 문제에 대해 해결 방법을 제시하며, 다음에 설명할 여러 기술을 결합하면 애플리케이션 성능을 크게 향상시킬 수 있다.

12.1 로컬 캐싱

로컬 캐싱은 네트워크를 통해 원격 캐시에 접근할 필요가 없으므로 속도 면에서 큰 장점이 있다. 일반적으로, 캐싱은 데이터를 구분할 수 있는 키(key)와 데이터를 함께 묶어서 저장한다. 이런 면에서 파이썬 딕셔너리는 캐싱을 구현하기 위한 가장 명확한 데이터 구조다.

예제 12.1 기본 캐싱 예제

```
>>> cache = {}
>>> cache['key'] = 'value'
>>> cache = {}
>>> def compute_length_or_read_in_cache(s):
...     try:
...             return cache[s]
...     except KeyError:
...             cache[s] = len(s)
...             return cache[s]
...
>>> compute_length_or_read_in_cache("foobar")
6
>>> cache
{'foobar': 6}
>>> compute_length_or_read_in_cache("foobar")
6
>>> compute_length_or_read_in_cache("babaz")
5
>>> cache
{'babaz': 5, 'foobar': 6}
```

이와 같은 단순한 캐시는 확실한 약점을 몇 가지 갖고 있다. 첫 번째로, 크기 제한이 없으므로 전체 시스템 메모리를 다 써 버릴 만큼 커져서 최악의 경우에는 프로세스나 운영 체제 전체가 멈출 수 있다.

따라서 데이터 저장소가 무한히 커지지 않도록 캐시 내의 항목들이 일정 시간이 지나면 만료되도록 구현해야 한다. 쉽게 적용할 수 있는 몇 가지 알고리즘을 다음에 정리했다.

· LRU(least recently used)는 가장 오랫동안 사용하지 않은 항목을 먼저 제거한다. 이렇게 하려면 각 항목의 마지막 접근 시간을 저장해야 한다.

· LFU(least frequently used)는 자주 사용하지 않는 항목을 먼저 제거한다. 그래서 각 항목에 접근한 횟수를 저장해야 한다.

· TTL(time-to-live)은 특정 시간보다 오래된 항목을 제거한다. LRU와 LFU가 접근을 기준으로 하는 반면, TTL은 일정 시간이 지나면 자동으로 캐시를 무효화하는 장점이 있다.

LRU, LFU와 같은 방법은 메모이제이션에 더 적합하다(메모이제이션은 12장 2절에서 다룬다). TTL은 보통 원격 데이터 사본을 로컬에 저장할 때 사용한다.

파이썬의 cachetools(https://pypi.python.org/pypi/cachetools) 패키지는 이 알고리즘을 모두 구현했으며, 예제 12.2와 같이 간단히 사용할 수 있으므로 동일한 종류의 캐시를 직접 구현할 필요가 없다.

예제 12.2 cachetools 사용하기

```
>>> import cachetools
>>> cache = cachetools.LRUCache(maxsize=3)
>>> cache['foo'] = 1
>>> cache['bar'] = 42
>>> cache
LRUCache([('bar', 42), ('foo', 1)], maxsize=3, currsize=2)
>>> cache['bar']
42
>>> cache['foo']
1
>>> cache[12]
Traceback (most recent call last):
[...]
KeyError: 12
>>> cache['baz'] = 33
>>> cache['babar'] = 32
>>> cache
LRUCache([('foo', 1), ('baz', 33), ('babar', 32)], maxsize=3, currsize=3)
>>>
```

cachetools.LRUCache 클래스는 LRU 캐시 메커니즘을 제공한다. 예제 코드에서는 캐시의 최대 크기를 3으로 설정했으므로 네 번째 항목을 추가할 때 가장 오래 전에 사용한 항목을 버린다.

예제 12.3 cachetools로 웹 페이지 캐싱(03_cache-webpage.py)

```
import time

import cachetools
import requests

cache = cachetools.TTLCache(maxsize=5, ttl=5)
URL = "http://httpbin.org/uuid"
while True:
    try:
        print(cache[URL])
    except KeyError:
        print("Paged not cached, fetching")
```

```
            page = requests.get("http://httpbin.org/uuid")
            cache[URL] = page.text
            print(page.text)
        time.sleep(1)
```

예제 12.3에서는 cachetools를 사용하여 웹 페이지를 5초간 캐시한다. 코드에서는 최대 다섯 개의 페이지를 5초간 캐시하도록 설정했다. 코드를 실행하면 1초마다 페이지 내용을 출력하며 5초가 지나면 캐시가 갱신된다.

TTLCache 클래스는 여러 형태의 시간 정의를 허용하므로 필요하다면 초 단위 대신 다른 시간 단위(반복, ping, 요청 등)를 사용하도록 지정할 수 있다.

12.2 메모이제이션

메모이제이션(memoization)은 함수 실행 결과를 저장해서 호출 속도를 높이는 기술로, 순수(pure) 함수일 때만 결과를 캐시할 수 있다. 즉 부작용(side effect)이나 출력이 없어야 하며, 어떤 전역 상태에도 의존하지 않는 함수일 때만 가능하다. 다음은 sin 함수를 사용한 메모이제이션 예제다.

예제 12.4 메모이제이션 기본

```
>>> import math
>>> _SIN_MEMOIZED_VALUES = {}
>>> def memoized_sin(x):
...     if x not in _SIN_MEMOIZED_VALUES:
...         _SIN_MEMOIZED_VALUES[x] = math.sin(x)
...     return _SIN_MEMOIZED_VALUES[x]
...
>>> memoized_sin(1)
0.8414709848078965
>>> _SIN_MEMOIZED_VALUES
{1: 0.8414709848078965}
>>> memoized_sin(2)
0.9092974268256817
>>> memoized_sin(2)
0.9092974268256817
>>> _SIN_MEMOIZED_VALUES
{1: 0.8414709848078965, 2: 0.9092974268256817}
>>> memoized_sin(1)
0.8414709848078965
>>> _SIN_MEMOIZED_VALUES
{1: 0.8414709848078965, 2: 0.9092974268256817}
```

첫 번째로 memorized_sin을 호출하면, 값이 계산되어 _SIN_MEMOIZED_VALUES 딕셔너리에 저장된다. 같은 인수로 함수가 다시 호출되면 sin 함수를 다시 호출하는 대신, 딕셔너리에 이미 저장된 값을 가져온다. sin 함수는 메모이제이션을 사용하지 않아도 빠르게 동작하는 함수지만, 복잡한 계산이 필요한 함수라면 이 방법이 매우 효과적이다.

파이썬에서 메모이제이션은 데코레이터를 활용해서 쉽게 쓸 수 있다. PyPI에는 아주 단순한 경우부터 굉장히 복잡하고 포괄적인 형태까지, 데코레이터를 통해 메모이제이션을 구현한 몇 가지 패키지가 있다.

파이썬 3.3부터 functools 모듈은 LRU 캐시 데코레이터를 제공한다. 이 데코레이터는 지금 설명한 메모이제이션 기능과 똑같이 동작하면서 캐시 크기가 최대에 도달하면 가장 오래전에 사용한 항목을 제거하여 캐시 항목 수를 제한한다.

이 모듈은 또한 캐시 적중, 누락 등의 통계도 제공한다. 캐시를 구현할 때 이런 기능은 필수 항목이다. 유용성을 제대로 측정할 수 없다면 메모이제이션 또는 캐싱을 사용할 이유도 없다.

예제 12.5는 앞의 예제 12.4를 functools.lru_cache를 사용해서 다시 작성했다.

예제 12.5 functools.lru_cache 사용하기

```
>>> import functools
>>> import math
>>> @functools.lru_cache(maxsize=2)
... def memoized_sin(x):
...     return math.sin(x)
...
>>> memoized_sin(2)
0.9092974268256817
>>> memoized_sin.cache_info()
CacheInfo(hits=0, misses=1, maxsize=2, currsize=1)
>>> memoized_sin(2)
0.9092974268256817
>>> memoized_sin.cache_info()
CacheInfo(hits=1, misses=1, maxsize=2, currsize=1)
>>> memoized_sin(3)
0.1411200080598672
>>> memoized_sin.cache_info()
CacheInfo(hits=1, misses=2, maxsize=2, currsize=2)
```

```
>>> memoized_sin(4)
-0.7568024953079282
>>> memoized_sin.cache_info()
CacheInfo(hits=1, misses=3, maxsize=2, currsize=2)
>>> memoized_sin(3)
0.1411200080598672
>>> memoized_sin.cache_info()
CacheInfo(hits=2, misses=3, maxsize=2, currsize=2)
>>> memoized_sin.cache_clear()
>>> memoized_sin.cache_info()
CacheInfo(hits=0, misses=0, maxsize=2, currsize=0)
```

이전 버전의 파이썬을 사용하거나 다른 알고리즘이 필요하다면, 앞에서 설명한 cachetools를 써서 예제 12.6과 같이 다양한 캐시 유형을 사용할 수 있다.

예제 12.6 cachetools를 사용한 메모이제이션

```
>>> import cachetools.func
>>> import math
>>> import time
>>> memoized_sin = cachetools.func.ttl_cache(ttl=5)(math.sin)
>>> memoized_sin(3)
0.1411200080598672
>>> memoized_sin.cache_info()
CacheInfo(hits=0, misses=1, maxsize=128, currsize=1)
>>> memoized_sin(3)
0.1411200080598672
>>> memoized_sin.cache_info()
CacheInfo(hits=1, misses=1, maxsize=128, currsize=0)
>>> time.sleep(5)
>>> memoized_sin.cache_info()
CacheInfo(hits=1, misses=1, maxsize=128, currsize=0)
```

12.3 분산 캐시

cachetools 또는 functools.lru_cache가 제공하는 캐싱 시스템을 분산 시스템에 적용하기에는 큰 약점이 있는데, 바로 데이터 저장은 분산되지 않는다는 점이다. 이 기능들은 보통, 데이터를 파이썬 딕셔너리에 저장하기 때문에 대규모 애플리케이션에 필요한 확장 및 공유 가능한 캐시 데이터 저장소를 제공하지 않는다.

시스템이 네트워크를 통해 분산돼 있다면 캐시 역시 네트워크를 통해 분산될 필요가 있다. 요즘에는 memcached, 레디스를 비롯하여 네트워크 캐싱 기능을 제공하는 다양한 서비스가 있다.

이 중 가장 쉽게 사용할 수 있는 서비스는 memcached다. 설치 이후에 는 memcached 명령으로 쉽게 실행할 수 있다. memcached를 연동할 때는 pymemcache(https://pypi.python.org/pypi/pymemcache) 라이브러리를 사용하는 것이 좋다. 예제 12.7은 memcached에 연결하는 방법과 네트워크 분산 캐시 서버로 memcached를 활용하는 방법을 보여 준다.

예제 12.7 memcached 연결하기(07_memcached-connect.py)

```python
from pymemcache.client import base

# memcached를 먼저 시작해야 한다.
client = base.Client(('localhost', 11211))
client.set('some_key', 'some_value')
result = client.get('some_key')
print(result) # 'some_value' 출력
```

이 예제는 네트워크를 이용해 키-값 튜플을 저장하고 여러 개의 분산된 노드를 통해 데이터에 접근할 수 있다는 걸 보여 준다. 단순한 과정이지만 강력한 효 과를 가져오며 저렴한 비용으로 애플리케이션을 최적화할 수 있는 첫 번째 단 계다.

memcached에 데이터를 저장할 때 키와 값을 캐시에 얼마 동안 유지할지 의 미하는 만료 시간(expiration time)을 지정할 수 있다. 지정한 시간이 지나면 캐시에서 키가 제거된다. 만료 시간을 얼마만큼 설정한 것인지는 작업할 데이 터나 애플리케이션의 성격에 따라 다르다. 몇 초가 될 수도 있고 몇 시간이 될 수도 있다.

캐시 무효화는 현재 데이터와 캐시가 동기화되지 않았을 때 캐시를 제거할 시기를 정의하는 것이며, 또한 너무 오래된 데이터를 취급하지 않도록 애플리 케이션에서 처리해야 할 작업을 의미한다. 여기에 관해 정해진 규칙은 없으며 사용하는 애플리케이션 유형에 따라 달라진다.

하지만 꼭 처리해야 할 몇 가지 경우가 있는데 예제 12.7에서는 다루지 않았 던 것이다.

먼저 캐시 서버는 무한히 성장할 수 없다. 너무 많은 키를 가지고 있다면 그 중 일부를 비워야 한다. 어떤 키는 만료 시간이 되어 제거될 수 있다. 이 경우

는 데이터가 손실되므로 원본 데이터를 다시 쿼리해야 한다. 이 상황은 예제 12.8과 같이 쉽게 처리할 수 있다.

예제 12.8 memcached에서 누락된 키 처리하기(08_memcached-missing-key.py)

```python
from pymemcache.client import base

def do_some_query():
    # 실제로는 데이터베이스나 REST API로 원격에서 데이터를 가져온다고 가정한다.
    return 42

# memcached는 이미 동작 중이어야 한다.
client = base.Client(('localhost', 11211))
result = client.get('some_key')
if result is None:
    # 캐시에 없는 데이터는 원본 소스에서 가져와야 한다.
    result = do_some_query()
    # 다음 조회를 위해 결과를 캐시한다.
    client.set('some_key', result)
print(result)
```

이처럼 정상적인 동작을 통해 캐시가 비워진 상황을 다루는 건 애플리케이션의 필수 요소다. 또한 콜드(cold) 캐시 상태(예를 들면, memcached가 방금 시작되어 데이터가 아무것도 없는 경우)도 반드시 처리해야 한다. 이 경우 캐시는 완전히 비어 있으며 한 번에 하나의 요청으로 모두 채워져야 한다.

memcached에서 크래시가 발생한 경우처럼 일부 콜드 캐시 상황은 막기 힘들지만 몇몇 상황은 새로운 memcached 서버로 마이그레이션해서 해결할 수도 있다. 콜드 캐시 상황이 발생할 가능성이 있다면 이를 피하는 것이 좋다. 캐시를 다시 채워야 한다는 건 캐시 누락이 발생한 모든 사용자가 일시에 원본 데이터를 요청한다는 뜻이므로 데이터 저장소에 큰 부담을 준다.

pymemcache는 이런 상황을 해결하기 위해 예제 12.9와 같이 Fallback Client라는 클래스를 제공한다.

예제 12.9 pymemcache의 FallbackClient 사용하기(09_pymemcache-fallback.py)

```python
from pymemcache.client import base
from pymemcache import fallback

def do_some_query():
    # 실제로는 데이터베이스나 REST API로 원격에서 데이터를 가져온다고 가정한다.
    return 42
```

```
# 'ignore_exc=True'로 설정해서 캐시 누락을 처리할 수 있도록 한다.
# 새 캐시에 데이터가 채워지면 이전 캐시 서버를 중지할 수 있다.
old_cache = base.Client(('localhost', 11211), ignore_exc=True)
new_cache = base.Client(('localhost', 11212))

client = fallback.FallbackClient((new_cache, old_cache))

result = client.get('some_key')
if result is None:
    # 캐시에 없는 데이터는 원본 소스에서 가져와야 한다.
    result = do_some_query()
    # 다음 조회를 위해 결과를 캐시한다.
    client.set('some_key', result)
print(result)
```

FallbackClient는 생성자에 전달된 이전 캐시를 쿼리하여 순서를 유지한다. 이 경우, 새로운 캐시 서버가 항상 먼저 쿼리되고, 캐시 미스가 발생하면 이전 캐시 서버를 쿼리해서, 원본 데이터 소스로 연결되는 걸 방지한다. 어떤 키가 설정될 때는 새 캐시 서버에만 저장된다. 일정 시간이 지난 뒤에는 이전 캐시를 폐기하고 FallbackClient를 new_cache 클라이언트로 대체할 수 있다.

원격 캐시와 통신할 때는 일반적인 동시성 문제가 다시 발생한다. 즉 클라이언트 여러 개가 동시에 같은 키에 접근을 시도할 수 있다. memcached는 CAS (check and set)를 사용해서 이 문제를 해결한다.

가장 쉬운 예로 사용자 수를 카운트하는 애플리케이션을 생각해 보자. 사용자가 연결될 때마다 카운터는 1씩 증가한다. 예제 12.10은 memcached를 사용해 이 상황을 구현한 코드다.

예제 12.10 memcached로 사용자 수 카운트하기(10_memcached_user_count.py)

```
def on_visit(client):
    result = client.get('visitors')
    if result is None:
        result = 1
    else:
        result += 1
    client.set('visitors', result)
```

하지만 두 개의 애플리케이션 인스턴스가 동시에 이 카운트를 변경한다면 어떻게 될까? 두 인스턴스가 처음으로 client.get('visitors')을 호출했을 때는 같은 수를 얻는다. 이 수를 42라고 하자. 이제 양쪽 모두 1씩 더하면 똑같이 43

이 되고, 이 수가 카운터에 업데이트되므로 카운터 역시 43이 된다. 이미 눈치 챘겠지만 카운터는 43이 아니라, 42 + 1 + 1로 계산해서 44가 되는 것이 맞다.

memcached의 CAS 기능을 활용하면 이러한 동시성 문제를 손쉽게 해결할 수 있다. 예제 12.11은 이 방법을 적용한 코드다.

예제 12.11 memcached에서 CAS 사용하기(11_memcached-CAS.py)

```python
def on_visit(client):
    while True:
        result, cas = client.gets('visitors')
        if result is None:
            result = 1
        else:
            result += 1
        if client.cas('visitors', result, cas):
            break
```

여기에서 사용된 gets 함수는 get과 동일하게 값을 반환하지만 그 외에 CAS값 도 반환한다. CAS값은 이후에 cas 함수를 호출할 때 사용한다. cas는 set 함수 와 비슷하지만, 만약 gets 함수 호출 후에 CAS값이 변경됐다면 작업이 실패한 다. 이때는 성공할 때까지 루프를 반복한다.

그러므로 두 개의 애플리케이션 인스턴스가 동시에 카운터를 변경하려고 시도하면, 둘 중 하나만 작업이 성공하므로 카운터는 43이 된다. 다른 하나는 client.cas 함수를 호출할 때 False값이 반환되므로 루프를 다시 반복하게 된 다. 루프를 다시 돌면, 이번에는 갱신된 카운터 값인 43을 얻게 되며 cas 함수 호출도 성공하므로 카운터값은 44로 업데이트되어 동시성 문제가 해결된다.

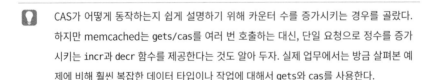

CAS가 어떻게 동작하는지 쉽게 설명하기 위해 카운터 수를 증가시키는 경우를 골랐다. 하지만 memcached는 gets/cas를 여러 번 호출하는 대신, 단일 요청으로 정수를 증가 시키는 incr과 decr 함수를 제공한다는 것도 알아 두자. 실제 업무에서는 방금 살펴본 예 제에 비해 훨씬 복잡한 데이터 타입이나 작업에 대해서 gets와 cas를 사용한다.

대부분의 원격 캐시 서버와 데이터 저장소는 동시성 이슈를 막기 위해 이러한 기능을 제공한다. 이 기능을 적재적소에 사용하기 위해서는 사용 사례를 제대 로 이해하고 있어야 한다.

12.4 데이터베이스를 주제로 한, 제이슨 마이어스(Jason Myers) 인터뷰

자기소개와 어떻게 파이썬을 사용하게 됐는지 설명을 부탁한다.

나는 주스 애널리틱스(Juice Analytics)의 파이썬 개발자로 일하고 있으며 책을 쓰기도 한다. 인프라 아키텍트로 일하다가 개발자로 전환한 뒤에 파이썬을 쓰기 시작했다. 파이썬을 사용하기 전에는 C#을 공부하고 PHP 관련 일을 하기도 했다. 수년간 펄, PHP, 때로는 C를 사용하여 프로그램을 개발했다. 그러다가 파이썬으로 웹 개발을 하게 됐고 지금까지 이어지고 있다. 나는 읽기 쉽고 유연한 파이썬을 좋아하며 커뮤니티에도 애정을 갖고 있다. 파이썬을 쓰게 되면서 클라우드 운영 체제 엔지니어, 데이터 엔지니어, 웹 개발자로 일했다.

당신은 『Essential SQLAlchemy』라는 책을 쓰기도 했다. 데이터베이스와 파이썬 전문가로서 볼 때, 확장성과 성능에 위험한 영향을 줄 수 있는 위험 요소는 어떤 것들이 있는가?

실제로 봤던 몇 가지 사례를 소개한다.

먼저 사람들이 dogpile(http://dogpilecache.readthedocs.io/en/latest/) 같은 쿼리 캐싱을 사용하지 않는다는 점을 말하고 싶다. 일부 쿼리는 캐시에서 곧바로 가져올 수 있으므로 쿼리를 캐싱하지 않으면 페이지 로딩과 확장에 큰 영향을 미칠 수 있다. 또한 쿼리 결과를 캐싱하면 다른 출력에 대해 다양한 응답 형식을 사용할 수 있으며, 쿼리가 동일한 경우 애플리케이션의 다른 부분에서도 캐시를 활용할 수 있다.

두 번째로, 대부분의 사람들은 필요한 것보다 더 많은 데이터를 가져오는 경향이 있다. 이렇게 하는 이유는 SQL 함수보다 파이썬에서 데이터를 처리하는 것이 더 편하다고 느끼거나, 칼럼이 필요할 때 전체 행에서 가져올 수 있기 때문이다. 이는 ETL 처리 과정에서도 발생할 수 있다. 하지만 이러한 상황은 결국 메모리 사용량을 증가시키고 쿼리 시간도 증가시키는 결과를 초래한다.

마지막으로, 더 나은 커넥션 풀링이나 장애 극복을 위해 pgbouncer(https://

pgbouncer.github.io/)나 pgpool(http://www.pgpool.net/mediawiki/index.php/Main_Page)을 활용하는 것이 좋다. 작은 수의 연결을 오래 유지하고 재사용하면, 서버에서 새로운 연결을 맺거나 많은 연결을 서비스할 때 발생하는 과부하를 줄일 수 있다.

쿼리 결과를 저장하기 위한 특별한 전략이나 파이썬에서 지원하는 솔루션이 있는가? 아니면 매번 필요할 때마다 처음부터 다시 개발하는가?

이런 경우에는 주로 dogpile.cache 라이브러리를 사용한다. 거의 항상 이 라이브러리와 SQLAlchemy를 사용하며, 장고(Django)에서 작업할 때는 cached_property 데코레이터를 자주 쓴다. 장고에서는 기본 동작으로, 호출할 수 없는 모델 속성이 캐시되지만, cached_property 데코레이터를 사용하면 그 이상을 감당할 수 있다.

psycopg2나 SQLAlchemy와 같은 라이브러리를 사용해서 더 나은 연결 풀링을 기본으로 지원할 수 있나? PostgreSQL과 무관하게 사용할 수 있는 동일한 메커니즘과 기법이 있는가?

pgbouncer나 pgpool은 PostgreSQL 서버처럼 다룰 수 있는 PostgreSQL 프락시다. psycopg2와 SQLAlchemy는 PostgreSQL에 연결된 것처럼 동작할 것이다. SQLAlchemy와 PostgreSQL에서 사용하는 연결 풀을 체크아웃 속도에 맞게 조정할 수도 있다. 이 주제에 관해 많은 개념이 쏟아져 나오지만, 나는 약 3년 전에 등장한 SAAutoPool(https://github.com/kleptog/saautopool)이 사용하는 기본 원리를 좋아한다. SAAutoPool은 풀 사용을 모니터해서 풀 크기를 최적화하는데 체크아웃된 연결 수와 초당 체크아웃 속도를 추적해서 새로운 연결이 고정된 시간(기본값은 5초)마다 열릴 수 있도록 풀 크기를 계산한다.

최근에 객체 버저닝에 관한 주제로 얘기를 나눈 적이 있다. 이게 무엇이며 어떤 점에서 유용한지 설명을 부탁한다.

버전 객체는 어떤 버전의 코드에서 객체가 생성됐는지 알려 주는 속성을 포함한 객체다. 이 객체는 분산된 서비스에서 업그레이드 호환성을 제공하기 위해 외부 API 또는 데이터베이스 스키마와 독립적으로 프로젝트 내에 데이터 모델을 가질 수 있도록 만들어진다.

예를 들어, 초기 사용자 서비스가 버전 1인 경우 사용자 모델에서 버전 속성을 1로 설정한다. 이 모델이 API 요청에 대한 입출력을 할 때마다 버전 정보가 함께 전달된다. 이렇게 해서 수신 시스템이 해당 객체를 처리하는 방법을 정확하게 알 수 있다.

모든 시스템을 잠금 상태로 유지한다면 이 시스템은 그리 유용하지 않을 수 있다. 하지만 분산 시스템과 순차 업데이트 세계에서는 그렇지 않다. 사용자 모델의 버전 2를 배포할 때 이전 API와 새로운 사용자 모델 구조를 분리하기 위해 많은 것을 할 수 있다. 하지만 버전 1과 버전 2로 업그레이드된 컨테이너 하나가 동일한 엔드포인트의 모든 클라이언트에 대한 요청을 계속 처리할 수 있도록 API 엔드포인트가 여러 버전을 수용하고 입력과 출력 모두에서 차이점을 처리하도록 할 수도 있다.

지금 말한 '여러 버전'이란 말이 보통의 REST API를 사용해 온 사람들에게는 낯설게 느껴지겠지만, 동일한 엔드포인트를 재사용하고 업데이트할 수 있는 매우 자연스러운 흐름이며, 서비스뿐 아니라 객체 버전 간의 변환 경계 역할도 한다. 이 방법은 RPC, 큐, 사용자 대면 API 등과 같이 버전이 유동적일 필요가 있을 수 있지만, 엔드포인트는 잘 알려져 있으며 즉각적인 변경에 도움이 되지 않는다.

나는 이것을 JSONAPI 사양(jsonapi.org)과 연결하고 파이썬에서는 내 스키마를 정의하기 위해 marshmallow와 marshmallow jsonapi를 사용한다. JSONAPI 객체 정의의 "type" 필드를 가져와서 필요한 타입과 버전, 예를 들면 "user:1", "user:3"을 포함하도록 한다. 이 필드는 내부적으로 다르게 처리되지만 API 소비자는 어떻게 동작하는지 모른다. 가지고 있는 타입으로 요청하고 준비가 되면 새로운 타입으로 업그레이드할 수 있다.

이러한 방식은 RDBMS 대신 문서 저장소로 작업할 때 나에게 좀 더 여유를 준다.

13장

T h e   H a c k e r ' s   G u i d e   t o   S c a l i n g   P y t h o n

성능

성급한 최적화는 모든 악의 근원이다.

- 도널드 커누스(Donald Knuth)

애플리케이션 성능을 끌어올리기 위해 최적화는 반드시 필요하다. 이 작업은 보통, 애플리케이션을 배포하거나 애플리케이션을 마이크로서비스로 분할하기 전에 진행돼야 한다.

상당수의 개발자들은 최적화를 진행할 때 어느 부분이 빠르고 어느 부분이 느린지 추측해서 판단하는 경향이 있다. 이번 장에서는 프로그램의 어떤 부분이 병목 현상(bottleneck)을 유발하는지, 추측이 아닌 프로파일링(profiling)을 통해 찾는 방법을 설명한다.

13.1 메모리와 CPU 프로파일링

파이썬 프로그램을 프로파일링한다는 것은 프로그램 실행 시간과 관련된 모든 것을 측정하는 동적 분석을 의미한다. 보통은 각 함수에서 소비된 시간을 측정하는데, 이 데이터를 통해 프로그램이 어디에서 지체되는지, 최적화가 필요한 곳은 어디인지에 관한 정보를 얻을 수 있다. 프로파일링은 매우 흥미 있는 작업이다.

많은 개발자들이 프로파일링 시에 주로 지역 최적화에 집중하는 경향이 있다. 예를 들면, 파이썬의 range와 xrange 함수 중 어느 것이 더 빠른지에 관심을 갖는다. 하지만 어느 함수가 더 빨리 실행되는지 몰랐다고 해서 항상 문제가 발생하지는 않는다. 설사 더 빠른 함수를 사용해서 시간상 이득을 얻었더라도, 자료를 찾고 동료와 논쟁하면서 소비한 시간만큼의 값어치에는 미치지 못할 수도 있다.

프로그램의 어느 부분에서 시간이 지체되는지 실제로 측정하지 않고, 추측으로만 프로그램을 최적화하는 건 도움이 되지 않는다. 추측에만 의지해서는 기대한 결과를 얻기 어렵다.

측정해야 될 것이 많기 때문에 프로파일링의 종류도 다양하다. 여기서는 각 함수가 명령을 실행하거나 메모리를 할당하면서 소비한 시간을 알 수 있는 CPU 및 메모리 사용량 측정에 중점을 둔다.

파이썬 2.5부터 이런 작업에 도움이 되는 몇 가지 기본 도구가 제공된다. cProfile은 이것들 중 표준처럼 쓰이며 사용법도 쉽다.

예제 13.1 cProfile 기본 사용법

```
>>> import cProfile
>>> cProfile.run('2 + 2')
        3 function calls in 0.000 seconds

    Ordered by: standard name

    ncalls  tottime  percall  cumtime  percall filename:lineno(function)
         1    0.000    0.000    0.000    0.000 <string>:1(<module>)
         1    0.000    0.000    0.000    0.000 {built-in method builtins.exec}
         1    0.000    0.000    0.000    0.000 {method 'disable' of '_lsprof.↵
                                               Profiler' objects}
```

스크립트를 인수로 사용하면 예제 13.2처럼 쓸 수도 있다.

예제 13.2 cProfile 모듈로 스크립트 측정

```
$ python -m cProfile myscript.py
        343 function calls (342 primitive calls) in 0.000 seconds

Ordered by: standard name

ncalls tottime percall cumtime percall filename:lineno(function)
     1   0.000   0.000   0.000   0.000 :0(_getframe)
     1   0.000   0.000   0.000   0.000 :0(len)
   104   0.000   0.000   0.000   0.000 :0(setattr)
```

```
    1    0.000    0.000    0.000    0.000 :0(setprofile)
    1    0.000    0.000    0.000    0.000 :0(startswith)
  2/1    0.000    0.000    0.000    0.000 <string>:1(<module>)
    1    0.000    0.000    0.000    0.000 StringIO.py:30(<module>)
    1    0.000    0.000    0.000    0.000 StringIO.py:42(StringIO)
```

결과 목록은 각 함수가 호출된 횟수와 실행에 소요된 시간을 보여 준다. -s 옵션을 사용하면 특정 필드 기준으로 정렬할 수 있다. 예를 들어, -s time은 내부 시간 기준으로 결과를 정렬한다.

이 방법이 편리할 수 있지만 사용할 때나 파싱하기에는 까다로울 수 있다. C로 코딩한 경험이 있다면, 아마도 밸그린드(http://valgrind.org/)라는 훌륭한 도구를 이미 알고 있을 것이다. 이 도구는 C 프로그램의 프로파일링 데이터를 제공하며, 이 데이터를 KCacheGrind(http://kcachegrind.sourceforge.net/html/Home.html)라는 또 다른 도구를 사용해서 시각화(visualize)할 수 있다. KCacheGrind는 cProfile이 생성한 프로파일링 정보도 호출 트리로 쉽게 변환

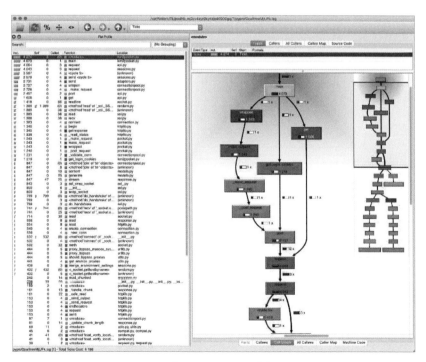

그림 13.1 KCacheGrind 예제

한다. cProfile의 -o 옵션을 사용해서 프로파일링 데이터를 저장할 수 있으며, pyprof2calltree는 다른 형식으로의 변환도 지원한다.

```
$ python -m cProfile -o myscript.cprof myscript.py
$ pyprof2calltree -k -i myscript.cprof
```

이 시각화 정보는 많은 것을 제공하므로 프로그램의 어떤 부분이 지나치게 많은 리소스를 소비하는지 확인하는 데 도움을 준다.

　RunSnakeRun(http://www.vrplumber.com/programming/runsnakerun/) 은 프로파일링 정보를 시각화하는 또 다른 도구다. `pip install runsnakerun` 명령으로 쉽게 설치해서 쓸 수 있다.[1]

```
$ python -m cProfile -o myscript.cprof myscript.py
$ runsnake myscript.cprof
```

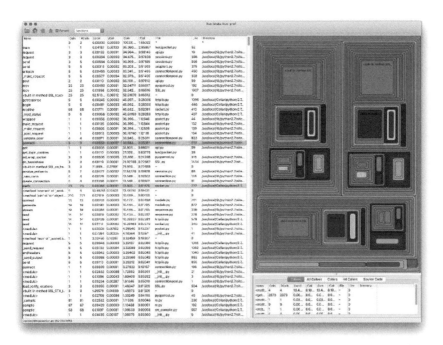

그림 13.2 RunSnakeRun 예제

1　아쉽게도 RunSnakeRun은 파이썬 2에서만 동작한다.

RunSnakeRun은 KCacheGrind와 동일한 기능을 제공하지만 보여 줄 항목을 선택하는 데 다소 제약이 있다. 하지만 좀 더 대화형에 가깝고 프로파일링 정보를 탐색하기도 쉽다. 플랫폼에서 이 중 어느 하나라도 사용할 수 있다면 그것으로 충분하지만, 둘 다 사용 가능하다면 서로를 보완할 수 있기 때문에 어느 한쪽에 익숙해지기 전까지 양쪽을 모두 써 보는 것이 좋다.

13.2 프로파일링 전략과 사례

프로파일링을 위해서는 당연히 애플리케이션을 실행해야 하지만, 프로파일링 모드로 전체 프로그램을 실행하면 불필요한 데이터가 너무 많이 생성되므로 이해하는 데 걸림돌이 될 수 있다. 애플리케이션에 단위 테스트나 기능 테스트가 있다면 프로파일링할 때 이를 활용하는 것이 좋다. 이 방법은 프로파일링 데이터를 얻으려고 할 때 매우 유용한 방법이다.

테스트 활용은 흥미로우면서도 단순한 방법으로 프로파일링에 대한 첫 번째 결과를 얻기에 좋은 전략이다. 하지만 단위 테스트나 기능 테스트에서 볼 수 있는 핫 스팟(hot spot)이 애플리케이션이 실제 환경에서 작동할 때 발생하는 핫 스팟인지 확인할 길은 없다. 바꿔 말하면, 프로그램 최적화를 통해 최대한의 이득을 얻으려면 실제 운영 환경과 동일한 조건에서 프로파일링을 실행해야 한다.

나는 시계열 연산을 수행하는 카르보나라(Carbonara)라는 작은 라이브러리를 작성했다. 성능 확인과 속도 향상을 위해 test_fetch라는 단위 테스트 중 하나를 사용해서 프로파일링을 진행했다. 이 테스트는 매우 단순하다. 시계열 객체에 데이터를 집어넣고 계산된 집계 결과를 가져온다.

그림 13.3의 호출 목록은 틱(tick)의 88%(50개 중 44개의 틱)가 set_values에서 소비됐다는 걸 보여 준다. 틱은 계산 주기 단위다. 이 함수는 값을 가져오지는 않고 시계열에 집어넣기 위해 사용된다. 따라서 데이터 삽입 속도가 매우 느리고 획득 속도는 빠르다고 볼 수 있다.

표의 다른 부분을 보면 update, _first_block_timestamp, _truncate, _resample 등의 함수가 틱의 나머지를 차지하는 걸 보여 준다. 목록에 있는 일

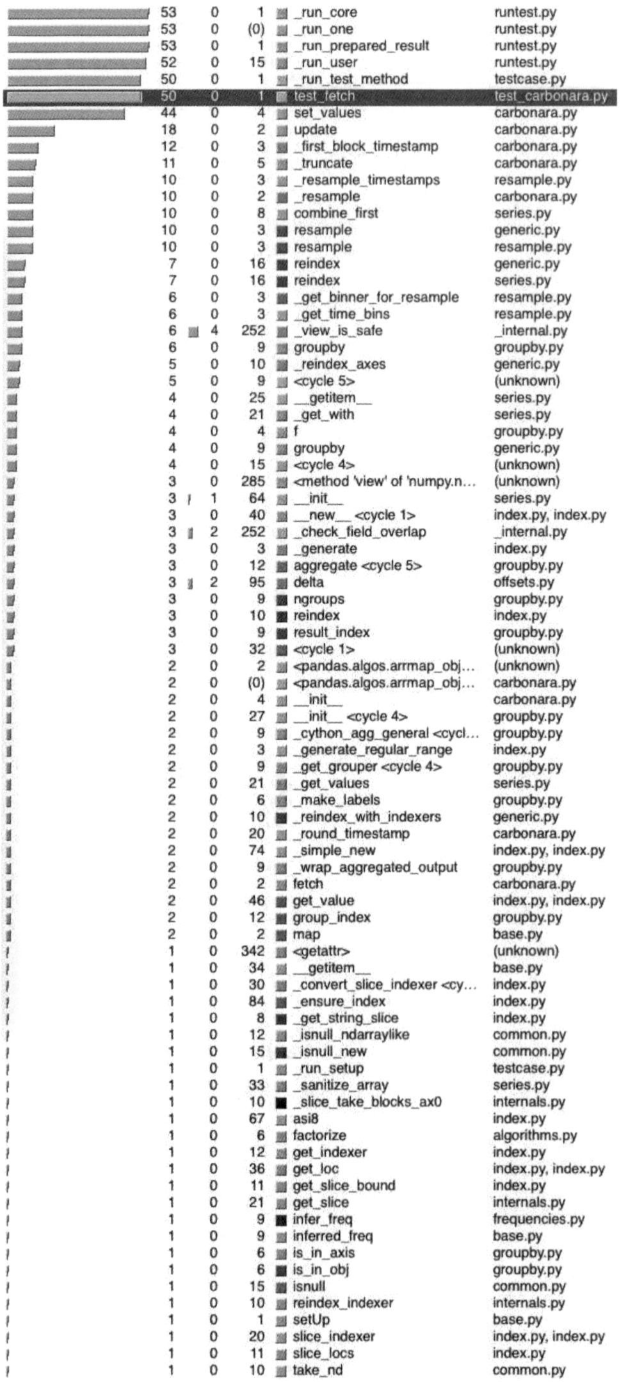

53	0	1	_run_core	runtest.py
53	0	(0)	_run_one	runtest.py
53	0	1	_run_prepared_result	runtest.py
52	0	15	_run_user	runtest.py
50	0	1	_run_test_method	testcase.py
50	0	1	test_fetch	test_carbonara.py
44	0	4	set_values	carbonara.py
18	0	2	update	carbonara.py
12	0	3	_first_block_timestamp	carbonara.py
11	0	5	_truncate	carbonara.py
10	0	3	_resample_timestamps	resample.py
10	0	2	_resample	carbonara.py
10	0	8	combine_first	series.py
10	0	3	resample	generic.py
10	0	3	resample	resample.py
7	0	16	reindex	generic.py
7	0	16	reindex	series.py
6	0	3	_get_binner_for_resample	resample.py
6	0	3	_get_time_bins	resample.py
6	4	252	_view_is_safe	_internal.py
6	0	9	groupby	groupby.py
5	0	10	_reindex_axes	generic.py
5	0	9	<cycle 5>	(unknown)
4	0	25	__getitem__	series.py
4	0	21	_get_with	series.py
4	0	4	f	groupby.py
4	0	9	groupby	generic.py
4	0	15	<cycle 4>	(unknown)
3	0	285	<method 'view' of 'numpy.n...	(unknown)
3	1	64	__init__	series.py
3	0	40	__new__ <cycle 1>	index.py, index.py
3	2	252	_check_field_overlap	_internal.py
3	0	3	_generate	index.py
3	0	12	aggregate <cycle 5>	groupby.py
3	2	95	delta	offsets.py
3	0	9	ngroups	groupby.py
3	0	10	reindex	index.py
3	0	9	result_index	groupby.py
3	0	32	<cycle 1>	(unknown)
2	0	2	<pandas.algos.arrmap_obj...	(unknown)
2	0	(0)	<pandas.algos.arrmap_obj...	carbonara.py
2	0	4	__init__	carbonara.py
2	0	27	__init__ <cycle 4>	groupby.py
2	0	9	_cython_agg_general <cycl...	groupby.py
2	0	3	_generate_regular_range	index.py
2	0	9	_get_grouper <cycle 4>	groupby.py
2	0	21	_get_values	series.py
2	0	6	_make_labels	groupby.py
2	0	10	_reindex_with_indexers	generic.py
2	0	20	_round_timestamp	carbonara.py
2	0	74	_simple_new	index.py, index.py
2	0	9	_wrap_aggregated_output	groupby.py
2	0	2	fetch	carbonara.py
2	0	46	get_value	index.py, index.py
2	0	12	group_index	groupby.py
2	0	2	map	base.py
1	0	342	<getattr>	(unknown)
1	0	34	__getitem__	base.py
1	0	30	_convert_slice_indexer <cy...	index.py
1	0	84	_ensure_index	index.py
1	0	8	_get_string_slice	index.py
1	0	12	_isnull_ndarraylike	common.py
1	0	15	_isnull_new	common.py
1	0	1	_run_setup	testcase.py
1	0	33	_sanitize_array	series.py
1	0	10	_slice_take_blocks_ax0	internals.py
1	0	67	asi8	index.py
1	0	6	factorize	algorithms.py
1	0	12	get_indexer	index.py
1	0	36	get_loc	index.py, index.py
1	0	11	get_slice_bound	index.py
1	0	21	get_slice	internals.py
1	0	9	infer_freq	frequencies.py
1	0	9	inferred_freq	base.py
1	0	6	is_in_axis	groupby.py
1	0	6	is_in_obj	groupby.py
1	0	15	isnull	common.py
1	0	10	reindex_indexer	internals.py
1	0	1	setUp	base.py
1	0	20	slice_indexer	index.py, index.py
1	0	11	slice_locs	index.py
1	0	10	take_nd	common.py

그림 13.3 최적화 전의 카르보나라 프로파일링 정보

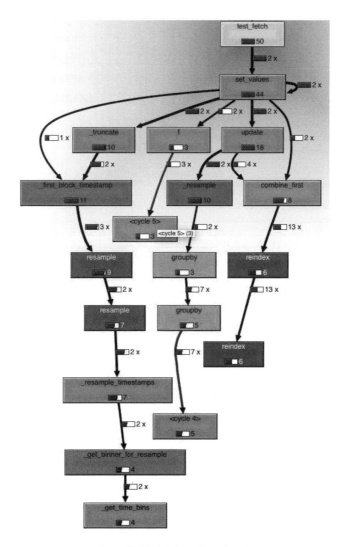

그림 **13.4** 최적화 전의 카르보나라 호출 그래프

부는 카르보나라에 해당하지 않으므로 (아직은) 최적화할 필요가 없다. 때로는 최적화할 수 있는 유일한 대상이 호출 횟수일 때도 있다.

그림 13.4의 호출 그래프는 현재 일어나고 있는 일을 좀 더 자세히 설명해 준다. 카르보나라가 내부적으로 어떻게 작동하는지에 대한 지식을 활용하면, _first_block_timestamp에 대한 왼쪽의 전체 스택이 많은 의미를 갖지 않

은 것처럼 보인다. 이 함수는 특정 시계열의 첫 번째 타임스탬프를 찾는다. 예를 들어, 시계열이 13:34:45의 타임스탬프로 시작하고 5분의 주기가 있다면 13:30:00을 반환해야 한다. 현재 작동하는 방식은 하나의 요소만 있는 시계열에서 팬더스[2]의 resample 함수를 호출하는 것이다. 하지만 속도는 매우 느린 것 같다. set_values가 소비한 시간의 25%를 차지한다.

_round_timestamp라는 이름의 라운딩 알고리즘의 단순한 버전[3]을 직접 구현함으로써 다음 방법으로 코드를 다시 쓰는 것이 가능하다.

```
def _first_block_timestamp(self):
-    ts = self.ts[-1:].resample(self.block_size)
-    return (ts.index[-1] - (self.block_size * self.back_window))
+    rounded = self._round_timestamp(self.ts.index[-1], self.block_size)
+    return rounded - (self.block_size * self.back_window)
```

테스트를 다시 실행하면 이번에는 다른 결과를 보여 준다. 그림 13.5와 같이 호출되는 함수 목록은 다르게 나타나며, set_values 실행 시간은 88%에서 71%까지 떨어졌다.

set_values에 대한 호출 스택에는 _first_block_timestamp 함수에 대한 호출이 더 이상 보이지 않는다. 사실, 구분하기 힘들 정도로 실행 시간이 빨라졌기 때문에 KCachegrind가 더 이상 표시하지 않는다.

정리하자면 몇 분 만에, 그것도 그리 대단한 방법을 사용하지도 않았고, 이미 존재하는 코드를 썼음에도 성능이 25% 향상됐다. 애플리케이션이 단위 테스트를 가지고 있다면 이렇게 못할 이유가 없다.

---

2 파이썬 데이터 분석 라이브러리다(http://pandas.pydata.org).
3 팬더스를 쓰지 않고 순수 파이썬으로 구현

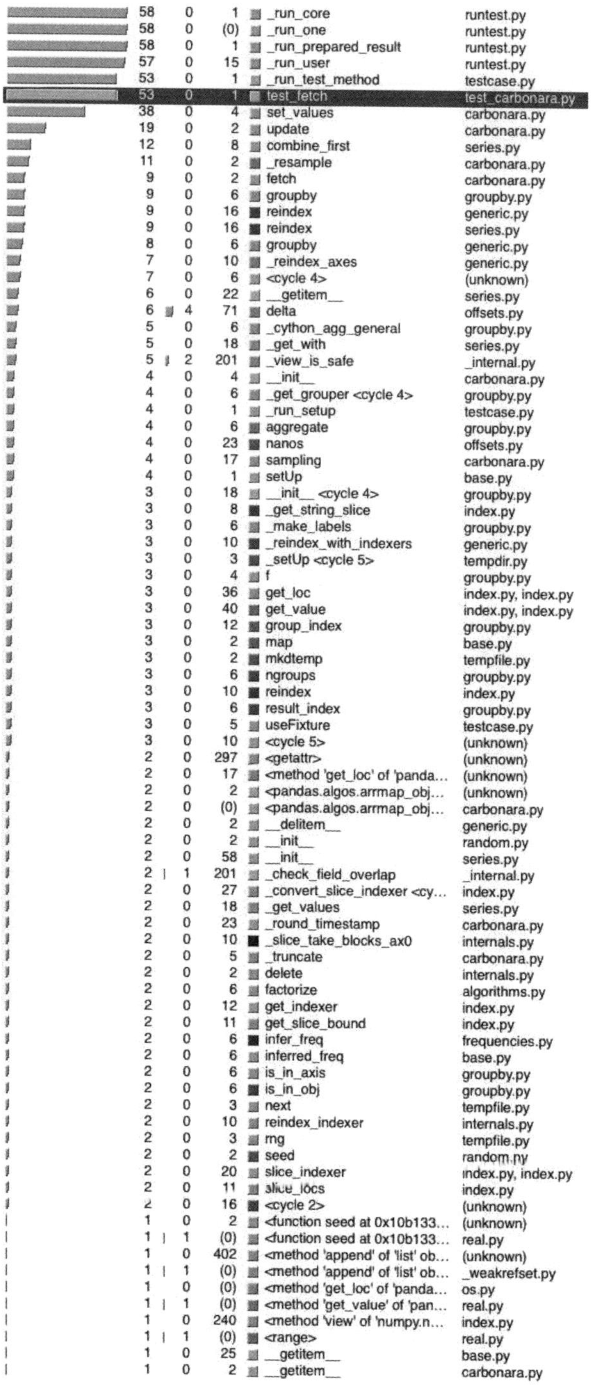

58	0	1	_run_core	runtest.py
58	0	(0)	_run_one	runtest.py
58	0	1	_run_prepared_result	runtest.py
57	0	15	_run_user	runtest.py
53	0	1	_run_test_method	testcase.py
53	0	1	test_fetch	test_carbonara.py
38	0	4	set_values	carbonara.py
19	0	2	update	carbonara.py
12	0	8	combine_first	series.py
11	0	2	_resample	carbonara.py
9	0	2	fetch	carbonara.py
9	0	6	groupby	groupby.py
9	0	16	reindex	generic.py
9	0	16	reindex	series.py
8	0	6	groupby	generic.py
7	0	10	_reindex_axes	generic.py
7	0	6	<cycle 4>	(unknown)
6	0	22	__getitem__	series.py
6	4	71	delta	offsets.py
5	0	6	_cython_agg_general	groupby.py
5	0	18	_get_with	series.py
5	2	201	_view_is_safe	_internal.py
4	0	4	__init__	carbonara.py
4	0	6	_get_grouper <cycle 4>	groupby.py
4	0	1	_run_setup	testcase.py
4	0	6	aggregate	groupby.py
4	0	23	nanos	offsets.py
4	0	17	sampling	carbonara.py
4	0	1	setUp	base.py
3	0	18	__init__ <cycle 4>	groupby.py
3	0	8	_get_string_slice	index.py
3	0	6	_make_labels	groupby.py
3	0	10	_reindex_with_indexers	generic.py
3	0	3	_setUp <cycle 5>	tempdir.py
3	0	4	f	groupby.py
3	0	36	get_loc	index.py, index.py
3	0	40	get_value	index.py, index.py
3	0	12	group_index	groupby.py
3	0	2	map	base.py
3	0	2	mkdtemp	tempfile.py
3	0	6	ngroups	groupby.py
3	0	10	reindex	index.py
3	0	6	result_index	groupby.py
3	0	5	useFixture	testcase.py
3	0	10	<cycle 5>	(unknown)
2	0	297	<getattr>	(unknown)
2	0	17	<method 'get_loc' of 'panda...	(unknown)
2	0	2	<pandas.algos.arrmap_obj...	(unknown)
2	0	(0)	<pandas.algos.arrmap_obj...	carbonara.py
2	0	2	__delitem__	generic.py
2	0	2	__init__	random.py
2	0	58	__init__	series.py
2	1	201	_check_field_overlap	_internal.py
2	0	27	_convert_slice_indexer <cy...	index.py
2	0	18	_get_values	series.py
2	0	23	_round_timestamp	carbonara.py
2	0	10	_slice_take_blocks_ax0	internals.py
2	0	5	_truncate	carbonara.py
2	0	2	delete	internals.py
2	0	6	factorize	algorithms.py
2	0	12	get_indexer	index.py
2	0	11	get_slice_bound	index.py
2	0	6	infer_freq	frequencies.py
2	0	6	inferred_freq	base.py
2	0	6	is_in_axis	groupby.py
2	0	6	is_in_obj	groupby.py
2	0	3	next	tempfile.py
2	0	10	reindex_indexer	internals.py
2	0	3	rng	tempfile.py
2	0	2	seed	random.py
2	0	20	slice_indexer	index.py, index.py
2	0	11	slice_locs	index.py
2	0	16	<cycle 2>	(unknown)
1	0	2	<function seed at 0x10b133...	(unknown)
1	1	(0)	<function seed at 0x10b133...	real.py
1	0	402	<method 'append' of 'list' ob...	(unknown)
1	1	(0)	<method 'append' of 'list' ob...	_weakrefset.py
1	0	(0)	<method 'get_loc' of 'panda...	os.py
1	1	(0)	<method 'get_value' of 'pan...	real.py
1	0	240	<method 'view' of 'numpy.n...	index.py
1	1	(0)	<range>	real.py
1	0	25	__getitem__	base.py
1	0	2	__getitem__	carbonara.py

그림 13.5 최적화 후의 카르보나라 프로파일링 정보

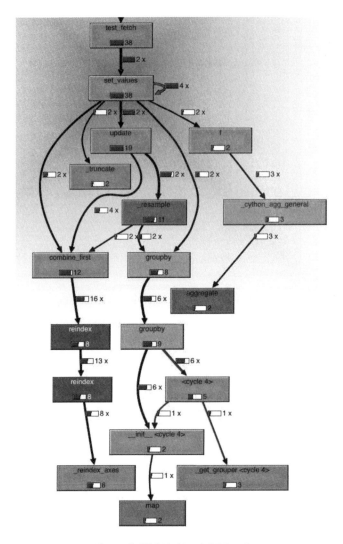

그림 13.6 최적화 후의 카르보나라 호출 그래프

13.3 데이터 복사 방지

많은 양의 데이터를 바이트 배열 형태로 처리해야 할 경우는 자주 발생한다. 문자열에서 이러한 많은 양의 데이터를 복사, 자르기, 수정 등의 방법으로 조작하는 건 매우 비효율적이다.

크기가 큰 바이너리 파일을 읽어서 다른 파일에 일부분씩 복사하는 애플리케이션을 생각해 보자. 메모리 사용량을 측정하기 위해 memory_profiler (https://pypi.python.org/pypi/memory_profiler)라는 라이브러리를 사용한다. 이 라이브러리는 애플리케이션의 메모리 사용량을 라인 단위로 볼 수 있게 해 준다.

예제 13.3 memory_profiler 사용하기(`03_memory-view-copy.py`)

```
@profile
def read_random():
    with open("./any_large_file", "rb") as source:
        content = source.read(1024 * 10000)
        content_to_write = content[1024:]
    print("Content length: %d, content to write length %d" %
        (len(content), len(content_to_write)))
    with open("/dev/null", "wb") as target:
        target.write(content_to_write)

if __name__ == '__main__':
    read_random()
```

memory_profiler를 사용해서 예제 13.3 코드를 실행해 보자.

```
$ python -m memory_profiler 03_memory-view-copy.py
Content length: 10240000, content to write length 10238976
Filename: 03_memory-view-copy.py

Mem usage    Increment    Line Contents
================================================
14.488 MiB   14.488 MiB   @profile
                          def read_random():
14.488 MiB   0.000 MiB        with open("./any_large_file", "rb") as ↵
    source:
24.281 MiB   9.793 MiB            content = source.read(1024 * 10000) ①
34.078 MiB   9.797 MiB            content_to_write = content[1024:] ②
34.078 MiB   0.000 MiB        print("Content length: %d, content to ↵
    write length %d" %
34.078 MiB   0.000 MiB            (len(content), len(content_to_write)))
34.078 MiB   0.000 MiB        with open("/dev/null", "wb") as target:
34.078 MiB   0.000 MiB            target.write(content_to_write)
```

① `any_large_file`에서 10MB를 읽는다. 파이썬은 이 데이터를 문자열로 저장하기 위해 약 10MB의 메모리를 할당한다.

② 첫 번째 1KB를 뺀 전체 데이터 블록을 복사한다.

이 예제에서 흥미로운 사실은 content_to_write 변수를 만들 때, 메모리 사용량이 약 10MB 증가한다는 점이다. 그 이유는 슬라이스 연산자가 첫 번째 KB를 뺀, 콘텐츠 전체를 새로운 문자열 객체로 복사하기 때문이다.

많은 양의 데이터를 다룰 때 큰 바이트 배열에서 이렇게 작업하면 큰 재앙을 가져온다. C 코드를 작성해 본 경험이 있다면 malloc과 memcpy를 사용했을 때 메모리 사용량과 일반적인 성능 측면에서 상당한 비용이 발생한다는 사실을 알고 있을 것이다. 즉 메모리 할당 및 복사는 느리다.

하지만 C 개발자는 문자열이 결국 배열이라는 것을 알고 있으며, 전체 문자열이 연속된 메모리 영역에 있다면, 포인터 연산으로 배열의 내용을 확인할 수 있다는 것도 알고 있다.

파이썬에서도 버퍼 프로토콜(buffer protocol)을 구현하는 객체를 사용해서 이렇게 쓸 수 있다. 이 프로토콜은 PEP 3118(https://www.python.org/dev/peps/pep-3118/)에 정의됐으며 문자열을 비롯한 다양한 타입에 이 프로토콜을 제공하기 위해 사용되는 C API를 설명한다.

객체가 이 프로토콜을 구현하면, memoryview 클래스 생성자를 사용해서 원래의 객체 메모리를 참조하는 새로운 memoryview 객체를 생성할 수 있다. 다음 예제를 보자.

```
>>> s = b"abcdefgh"
>>> view = memoryview(s)
>>> view[1]
98 ①
>>> limited = view[1:3]
<memory at 0x7fca18b8d460>
>>> bytes(view[1:3])
b'bc'
```

① 98은 문자 b의 아스키 코드값이다.

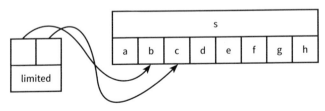

그림 13.7 memoryview 객체의 슬라이스 사용

memoryview 객체의 슬라이스 연산자는 memoryview 객체 자체를 반환한다. 즉 데이터를 복사하지 않고 단순히 특정 슬라이스를 참조만 한다.

이 사실을 이용해서 프로그램을 다시 작성해 보자. 이번에는 memoryview 객체를 사용해서 데이터를 참조한다.

```python
@profile
def read_random():
    with open("./any_large_file", "rb") as source:
        content = source.read(1024 * 10000)
        content_to_write = memoryview(content)[1024:]
    print("Content length: %d, content to write length %d" %
        (len(content), len(content_to_write)))
    with open("/dev/null", "wb") as target:
        target.write(content_to_write)

if __name__ == '__main__':
    read_random()
```

이번 코드가 사용하는 메모리 양은 앞서 예제 13.3 코드가 사용했던 메모리 양의 절반 정도에 불과하다.

```
$ python -m memory_profiler 04_memory-view-ref.py
Content length: 10240000, content to write length 10238976
Filename: 04_memory-view-ref.py

Mem usage     Increment    Line Contents
=====================================
14.676 MiB    14.676 MiB   @profile
                           def read_random():
14.676 MiB    0.000 MiB        with open("./any_large_file", "rb") as ↵
    source:
24.469 MiB    9.793 MiB            content = source.read(1024 * 10000) ①
24.469 MiB    0.000 MiB            content_to_write = memoryview(content)↵
    [1024:] ②
24.469 MiB    0.000 MiB        print("Content length: %d, content to ↵
    write length %d" %
24.469 MiB    0.000 MiB            (len(content), len(content_to_write)))
24.469 MiB    0.000 MiB        with open("/dev/null", "wb") as target:
24.469 MiB    0.000 MiB            target.write(content_to_write)
```

① ./any_large_file에서 10MB를 읽는다. 파이썬은 이 데이터를 문자열로 저장하기 위해 약 10MB의 메모리를 할당한다.

② 첫 번째 1KB를 뺀 전체 데이터 블록을 참조한다. 복사가 일어나지 않기 때

문에 추가로 사용되는 메모리도 없다.

이 방법은 특히 소켓을 사용할 때 유용하다. 알고 있겠지만, 소켓을 통해 데이터를 보낼 때는 호출 한 번으로 모든 데이터가 전송되지 않는다. 단순히 구현하면 다음과 같다.

```python
import socket

s = socket.socket(…)
s.connect(…)
data = b"a" * (1024 * 100000) ①
while data:
    sent = s.send(data)
    data = data[sent:] ②
```

① 1억 개 이상의 문자 a로 바이트 객체를 만든다.

② 첫 번째로 전송된 sent 바이트를 제거한다.

이제는 이 코드의 문제점이 보일 것이다. 이 코드는 소켓이 모든 데이터를 전송할 때까지 데이터를 계속해서 복사한다. memoryview를 사용하면 데이터를 복사하지 않고도 동일한 작업을 할 수 있다.

```python
import socket

s = socket.socket(…)
s.connect(…)
data = b"a" * (1024 * 100000) ①
mv = memoryview(data)
while mv:
    sent = s.send(mv)
    mv = mv[sent:] ②
```

① 1억 개 이상의 문자 a로 바이트 객체를 만든다.

② 아직 전송되지 않고 남아 있는 데이터를 가리키는 memoryview 객체를 만든다.

이 코드는 어떤 복사도 일어나지 않기 때문에 data 변수에 처음 할당한 100MB 이외에는 메모리를 추가로 사용하지 않는다.

　이와 같이 memoryview 객체를 사용하면 효과적인 데이터 쓰기 작업을 할 수 있으며, 데이터를 읽을 때도 똑같이 사용할 수 있다. 파이썬에서 대부분의 I/O 작업은 버퍼 프로토콜을 구현한 객체[4]의 처리 방법을 알고 있다. 이 경우에는 memoryview 객체가 따로 필요 없으며, I/O 함수가 미리 할당된 객체에 쓰기 작업을 수행하도록 할 수 있다.

```
>>> ba = bytearray(8)
>>> ba
bytearray(b'\x00\x00\x00\x00\x00\x00\x00\x00')
>>> with open("/dev/urandom", "rb") as source:
...     source.readinto(ba)
...
8
>>> ba
bytearray(b''m.z\x8d\x0fp\xa1')
```

이러한 기법을 사용하면 C에서 malloc 호출 횟수를 줄이기 위한 방법처럼 버퍼를 미리 할당해서 채울 수도 있다. memoryview를 사용하면 메모리 영역의 어느 지점에든 데이터 배치가 가능하다.

```
>>> ba = bytearray(8)
>>> ba_at_4 = memoryview(ba)[4:] ①
>>> with open("/dev/urandom", "rb") as source:
...     source.readinto(ba_at_4) ②
...
4
>>> ba
bytearray(b'\x00\x00\x00\x00\x0b\x19\xae\xb2')
```

① bytearray의 오프셋 4부터 끝까지를 참조한다.

② /dev/urandom 파일의 내용을 bytearray의 오프셋 4부터 끝까지 쓴다. 따라서 오직 4바이트만 사용한다.

> array 모듈의 객체와 struct 모듈의 함수는 모두 버퍼 프로토콜을 정확하게 처리할 수 있으므로 데이터 복사를 방지할 수 있다.

네트워크 애플리케이션의 전형적인 패턴은 원격 클라이언트에 파일을 보내는

---

4 (옮긴이) 버퍼 프로토콜을 구현한 파이썬 기본 타입은 bytes, bytearray가 있으며 array.array 같은 확장 타입도 있다.

것이다. 보통, 파일을 열고 내용을 읽어서 소켓으로 보낸다.

```
import socket

s = socket.socket(…)
s.connect(…)
with open("file.txt", "r") as f:
    content = f.read()
s.send(content)
```

이 코드는 소켓으로 보내기 전 파일 내용을 읽어 content 변수에 저장하기 위해 큰 메모리 영역을 할당하고 복사하므로 속도가 느리다는 단점이 있다.

근래의 운영 체제는 이 문제를 해결하기 위해 sendfile이라는 시스템 호출을 제공한다. 이 시스템 호출은 이식성이 없지만 해당 시스템이 이를 지원한다면 사용해 보는 것도 좋다. 파이썬에서는 os.sendfile(out, in, offset, count)을 통해 사용할 수 있다. out은 소켓에 쓰고, in은 파일에서 읽어 들이며, offset은 파일의 어느 부분부터 읽을지 지정하며, count는 파일에서 복사할 바이트 수다.

상위 레벨의 래퍼는 socket.socket.sendfile이다.

```
import socket
import os

s = socket.socket(…)
s.connect(…)
with open("file.txt", "r") as f:
    s.sendfile(f)
```

sendfile 함수는 정확한 파일 디스크립터를 운영 체제에 전달하여, 파이썬이 어떤 메모리도 할당하지 않도록 하므로 최대한 빠르게 처리된다.

파이썬을 사용할 때는 데이터를 할당하고 복사하는 방법을 잘 알고 있어야 한다. 파이썬은 개발자에게 많은 편의를 제공하는 고급 언어지만, 부주의하게 쓰면 자신도 모르게 비용을 지불하는 경우가 생긴다.

13.4 디스어셈블링 코드

때로는 코드의 작은 부분을 자세히 들여다보는 것이 도움이 될 때도 있다. 이

때 dis 모듈을 사용하면 내부에서 어떤 일이 발생하는지 알아낼 수 있다. dis
모듈은 파이썬 바이트코드의 디스어셈블러로 사용할 수 있다.

```
>>> def x():
...     return 42
...
>>> import dis
>>> dis.dis(x)
  2           0 LOAD_CONST               1 (42)
              3 RETURN_VALUE
```

dis.dis 함수는 매개 변수로 전달된 함수를 디스어셈블해서 바이트코드 명령
어 목록을 출력한다. 코드를 올바르게 최적화하려면 각 코드 라인이 실제로 어
떻게 동작하는지 이해하는 것이 좋다.

다음 코드의 함수 두 개는 문자 'a', 'b', 'c'를 각각 다른 방식으로 연결한다.

```
abc = ('a', 'b', 'c')

def concat_a_1():
    for letter in abc:
        abc[0] + letter

def concat_a_2():
    a = abc[0]
    for letter in abc:
        a + letter
```

두 함수는 모두 동일한 작업을 수행하지만 디스어셈블을 통해 생성된 바이트
코드는 꽤 다르다.

```
>>> import dis
>>> dis.dis(concat_a_1)
  2           0 SETUP_LOOP              26 (to 29)
              3 LOAD_GLOBAL             0 (abc)
              6 GET_ITER
        >>    7 FOR_ITER               18 (to 28)
             10 STORE_FAST              0 (lctter)

  3          13 LOAD_GLOBAL             0 (abc)
             16 LOAD_CONST              1 (0)
             19 BINARY_SUBSCR
             20 LOAD_FAST               0 (letter)
             23 BINARY_ADD
             24 POP_TOP
```

```
                    25 JUMP_ABSOLUTE            7
          >>        28 POP_BLOCK
          >>        29 LOAD_CONST              0 (None)
                    32 RETURN_VALUE
>>> dis.dis(concat_a_2)
   2                 0 LOAD_GLOBAL             0 (abc)
                     3 LOAD_CONST             1 (0)
                     6 BINARY_SUBSCR
                     7 STORE_FAST             0 (a)

   3                10 SETUP_LOOP             22 (to 35)
                    13 LOAD_GLOBAL             0 (abc)
                    16 GET_ITER
          >>        17 FOR_ITER              14 (to 34)
                    20 STORE_FAST             1 (letter)

   4                23 LOAD_FAST              0 (a)
                    26 LOAD_FAST              1 (letter)
                    29 BINARY_ADD
                    30 POP_TOP
                    31 JUMP_ABSOLUTE         17
          >>        34 POP_BLOCK
          >>        35 LOAD_CONST             0 (None)
                    38 RETURN_VALUE
```

두 번째 버전에서는 루프를 돌기 전에 임시 변수에 abc[0]을 저장한다. 이 임시 변수는 루프를 반복할 때마다 abc[0]을 찾을 필요가 없게 하므로 루프 내에서 실행되는 바이트코드를 조금 더 작게 만든다. timeit를 사용해서 측정해 보면 두 번째 함수는 첫 번째 함수보다 약 10% 빠르며, 실행하는 데 마이크로 초밖에 걸리지 않는다. 사실 이 함수를 수백만 번 호출하지 않는 이상 이러한 최적화는 의미가 없을 수도 있다. 하지만 이와 같이 dis 모듈을 사용하면, 내부에서 일어나는 일에 대해 자세한 통찰력을 얻을 수 있다는 것을 알아 두자.

루프 외부에 값을 저장하는 '트릭'을 정말로 사용해야 하는지 여부는 논쟁의 여지가 있다. 궁극적으로 이러한 것을 최적화하는 일은 컴파일러의 임무다. 하지만 한편으로는 파이썬 언어가 매우 동적인 언어이므로 컴파일러의 최적화가 기대와 다르게 동작할 수 있기 때문에 코드를 쓸 때 주의가 필요하다.

자주 보게 되는, 다른 나쁜 버릇은 아무런 이유 없이 함수 내에 함수를 정의하는 것이다. 이렇게 되면 함수는 중복해서 재정의되므로 비용도 그만큼 발생한다.

예제 13.4 함수 내에 정의된 함수 디스어셈블링

```
>>> import dis
>>> def x():
...     return 42
...
>>> dis.dis(x)
  2           0 LOAD_CONST            1 (42)
              3 RETURN_VALUE
>>> def x():
...     def y():
...         return 42
...     return y()
...
>>> dis.dis(x)
  2           0 LOAD_CONST            1 (<code object y at 0x7f0b9297b270, ↵
                                         file "<stdin>", line 2>)
              3 LOAD_CONST            2 ('x.<locals>.y')
              6 MAKE_FUNCTION        0
              9 STORE_FAST           0 (y)

  4          12 LOAD_FAST             0 (y)
             15 CALL_FUNCTION         0 (0 positional, 0 keyword pair)
             18 RETURN_VALUE
```

예제 13.4는 단순히 LOAD_CONST 대신 MAKE_FUNCTION, STORE_FAST, LOAD_FAST
및 CALL_FUNCTION을 호출하면서 코드가 복잡해졌다. 굳이 불필요한 연산을 더
사용할 이유가 없다. 파이썬의 함수 호출은 이미 비효율적이다.

함수 내에 함수 정의가 필요한 유일한 경우는 클로저를 만들 때뿐이다. 이는
다음 출력 결과처럼 파이썬의 옵코드(opcode)에 정의된 올바른 사용 사례.[5]

예제 13.5 클로저 디스어셈블링

```
>>> def x():
...     a = 42
...     def y():
...         return a
...     return y()
...
>>> dis.dis(x)
  2           0 LOAD_CONST            1 (42)
              3 STORE_DFREF          0 (a)

  3           6 LOAD_CLOSURE          0 (a)
```

---

5 (옮긴이) dis 모듈이 입력으로 받는 CPython 바이트코드는 opcode.h에 정의되어 있으며, 'LOAD_CLOSURE'에 대한
   정의도 포함돼 있다.

```
       9 BUILD_TUPLE              1
      12 LOAD_CONST               2 (<code object y at 0x7f22baf28a50, ↵
                                     file "<stdin>", line 3>)
      15 LOAD_CONST               3 ('x.<locals>.y')
      18 MAKE_CLOSURE             0
      21 STORE_FAST               0 (y)

5     24 LOAD_FAST                0 (y)
      27 CALL_FUNCTION            0 (0 positional, 0 keyword pair)
      30 RETURN_VALUE
```

dis 모듈은 프로그램 코드를 자세히 들여다볼 수 있는 훌륭한 도구로, 프로파일링과 함께 코드가 느린 이유를 이해하는 데 큰 도움을 준다.

13.5 성능에 관한 빅터 스티너(Victor Stinner) 인터뷰

자기소개와 어떻게 파이썬을 사용하게 됐는지 설명을 부탁한다.

레드햇에서 오픈스택 개발을 하고 있고 2010년부터 CPython
핵심 개발자로 활동하고 있다.

나는 항상 프로그래밍에 몰두한다. 가장 낮은 수준인 인텔 x86 어셈블러부터 자바스크립트나 베이직(BASIC) 같은 고수준 언어에 이르기까지 광범위한 프로그래밍 언어를 다뤘다. 최고의 성능이 필요할 때는 C를 사용하지만 파이썬은 일상적인 업무에 필요한 요구 사항을 충족시키기에 충분하다. 파이썬은 작성하기 쉽고 메모리 관리나 크래시 분석 같은 짜증 나는 일이 별로 없다. 그래서 더 많은 단위 테스트를 작성하고 코딩 스타일을 다듬는 것처럼 '좋은 소프트웨어'를 만드는 데 시간을 더 투자할 수 있다.

10년이 지난 지금, 돌이켜 보면 새로운 코드를 처음부터 작성하기보다는 오래된 코드를 읽고 문제 있는 부분을 수정하는 데 더 많은 시간을 소비했다. 확장 가능한 테스트 집합을 사용하면 마음이 든든하다. 버팀목도 없이 스트레스를 받으면서 일을 하는 건 피곤하며, 심하게는 일을 그만두게 만들 수 있다.

완전히 공감한다. 당신은 파이썬에 관한 성능 분석에 많은 시간을 보냈다. 테스트 집합은 어떤 도움을 줬나? 프로파일링이나 코드 최적화에 도움이 될 만한 지침이 있는가?

여러 달 동안 파이썬의 전체적인 최적화를 위해 여러 가지 변경을 실험했지만

benchmarks로 인해 작업이 차단됐다. CPython에는 'benchmarks'라는 벤치마크 제품군이 있다. 44개의 벤치마크로 구성됐지만 어떻게 실행하는지, 특히 재현 가능하고 신뢰할 수 있는 결과를 얻는 방법에 대한 문서가 없었다.

나는 왜 벤치마크 결과가 명백한 이유 없이 변했는지 조사하는 데 6개월을 보냈다. 원인은 시스템 잡음(jitter)과 애플리케이션 문제, 터보 부스트 같은 고급 CPU 기능, CPU 명령 캐시 같은 코드 배치, 평균 대 최소 등 상당히 많고 복잡했다. 나는 벨기에에서 열린 FOSDEM 세미나에서 이 문제에 대해 설명하기도 했다(https://archive.fosdem.org/2017/schedule/event/python_stable_benchmark/).

내 목표는 모든 사람이 사용할 수 있는 벤치마크 집합을 제공하는 것이다. 그래서 벤치마크를 실행하는 간단한 API를 제공하는 새로운 perf 모듈을 구현했다. 이 모듈은 여러 개의 워커 프로세스를 순차적으로 생성하고 웜업(warm-up) 샘플을 무시하고 샘플의 평균을 계산한다. 나는 perf 모듈을 사용해서 'benchmarks' 프로젝트를 다시 만들었다. 가능한 한 쉽게 사용할 수 있도록 프로젝트 이름을 'performance'로 바꾸고 PyPI에 게시했다. 파이썬이 깃허브(GitHub)으로 옮겨 갔기 때문에 프로젝트를 hg.python.org(머큐리얼)에서 github.com(깃)으로 이동시켰다.

성능 코드를 정리하고 안정화를 위해 계속해서 수정했다. 결국에는 speed.python.org에서 옛날 벤치마크 결과를 제거했고 성능 및 최적의 사례로 계산된 새로운 결과를 게시했다. 결과는 1년 내내 매우 안정적이었기 때문에 만족하고 있다.

벤치마크 결과를 다시 신뢰할 수 있게 됐고 성능 회귀를 확인하는 것이 가능해졌다. 좀 더 일반적으로, 벤치마크를 실행할 때는 한 번만 실행하지 말고 여러 번 주기적으로 실행하는 것이 좋다. 예를 들어, 한 달간 일주일에 한 번 하는 식이다. 이렇게 했을 때, 2주 동안은 매우 안정적이었지만, 코드 변경과 성능 변화 사이에 냉확한 연결이 없었음에도 갑자기 20% 느려지거나 20% 빨라지기도 했다.

프로파일링을 위해 훌륭한 리눅스 성능 도구를 많이 사용한다. `perf stat --repeat`는 CPU 캐시, 메모리 로드와 같은 저수준 지표의 평균 및 표준 편차를 계산한다. "perf record" + "perf report"는 경량 통계 프로파일러다. 스택 추적을 초당 최대 10만 회 수집하고 코드가 가장 많이 소비한 기능을 분석한다. 이 도구는 단일 프로세스나 시스템 전역에서 동작한다. 안타깝게도 아직 파이썬 프레임을 지원하지 않으므로 파이썬 애플리케이션에서는 오직 C 함수만 보여 준다.

마지막으로, 수레바퀴를 다시 만들지 말자. 기존의 최적화된 파이썬 내장 타입과 PyPI의 기존 라이브러리를 재활용하자.

파이썬을 더 빠르게 하기 위해 벤치마크를 실행하는 성능 도구를 많은 시간을 들여 만들었다. 가장 크게 개선된 사항은 무엇인가?

안타깝지만 C API와의 하위 호환성 때문에 CPython의 괄목할 만한 성능 개선을 이끌어 내기는 어렵다. 이 API는 커뮤니티의 많은 영역, 특히 데이터 과학 분야의 SciPy, NumPy, 판다스 등에서 매우 중요하다. 나는 최근에 C API가 없었다면 파이썬이 그렇게 인기가 높지 않았을 것이라는 이야기를 들었다. CPython은 포트란(Fortran) 77로 작성된 BLAS 라이브러리와 같이 수년 전에 만들어진 코드도 재사용 가능한 훌륭한 연결 언어다.

CPython의 C API는 참조 카운트, 가비지 수집기의 특정 구현, C 구조체, 메모리 할당자, GIL 등을 사용한다. 간단히 말해서 이 기본 요소들은 수정할 수 없으므로 성능 향상을 위해서는 다른 기법을 찾아야 한다.

파이썬 3.6에서는 여러 가지 최적화가 구현되어 있다. 바이트코드 형식은 가변 크기(1 또는 3바이트)에서 고정 크기(2바이트)로 변경됐다. 함수를 호출 (`CALL_FUNCTION`)하는 바이트코드도 다시 설계됐고 최적화됐다. 키워드 인수를 사용하여 함수를 호출하고 `LOAD_CONST` 명령 수를 줄이기 위해 키워드 이름이 상수 튜플에 압축됐다.

나는 `PyMem_Malloc`을 호출할 때 애플리케이션이 GIL을 유지하도록 디버그 훅을 구현했다. 지금은 `PYTHONMALLOC=debug` 환경 변수를 사용해서 릴리스 빌드에서 디버그 훅을 사용할 수 있다. 이전에는 파이썬을 디버그 모드로 다시 빌드해야 했기 때문에 여러 가지 문제가 있었다. 이 검사 덕분에 `PyMem_Malloc`이 시스템 `malloc`을 사용하는 대신, 수명이 짧은 작은 객체에 최적화된 파이썬의 빠른 메모리 할당자를 사용할 수 있게 됐다.

나는 '빠른 호출'을 구현하는 데 대부분의 시간을 보냈다. 여기서 '빠른 호출'이란, 위치 인수를 전달하기 위해 임시 튜플 생성을 방지하고, 키워드 인수를 전달하기 위해 임시 딕셔너리 생성을 피하는 내부 최적화를 말한다. 임시 튜플 생성이 20나노초(nanoseconds)만 소비하므로 비용이 크지는 않지만, C로 구현된 많은 파이썬 함수는 100나노초 미만이다. 이렇게 보면, 튜플이 런타임의 20%를 차지하는 셈이다.

앞으로 몇 년 동안 파이썬의 성능 부분은 어떻게 발전할 것으로 보는가?

나는 누군가가 CPython용 JIT 컴파일러 개발에 성공하기를 바란다. 안타깝게도 CPython에 JIT 컴파일러를 추가한 두 프로젝트인 파이스톤(Pyston)과 Pyjion은 더 이상 활발하게 진행되지 않는 것 같다. :-(

또한 CPython에서 GIL을 제거하는 래리 해스팅스(Larry Hastings)의 gilectomy 프로젝트가 여러 CPU를 사용할 때 CPython을 더 빠르게 만들 수 있기를 바란다.

적어도 PyPy는 CPython에 비하면 훨씬 빠르다. CPython의 C API를 위한 에뮬레이션 레이어는 매번 릴리스될 때마다 빨라지고 있으며, 지금은 파이썬 3 지원에 적극적으로 참여하고 있다.

파이썬의 느린 속도를 보완하기 위한 조언을 해 준다면?

여러분이 '마이크로 최적화'로 프로젝트를 최적화하기 시작했다면 일을 거꾸로 하고 있는 셈이다. 매우 높은 레벨, 즉 전체 프로젝트의 아키텍처 관점에서 '큰 그림'을 봐야 한다. 개별 컴포넌트가 아니라 컴포넌트 간의 관계에 더 집중해야 한다. 웹 서버를 예로 들면, 모든 CPU에 적절한 워커 프로세스가 배치됐는지 먼저 확인하고, 프로파일러를 사용해서 프로젝트 코드의 어떤 부분이 많은 시간을 소비하는지 파악한다. 벤치미그 실행도 잊어서는 안 된다. 벤치마크로 검증되지 않은 최적화는 신뢰할 수 없다. 일반적으로 '최적화'는 잘못된 가정 때문에 실제로 기능을 더 느리게 만드는 결과를 초래하기도 한다.

설사 단일 파이썬 명령에서 전체 실행 시간의 90%를 소비한다고 해서 반드시 해당 명령을 최적화해야 한다는 것을 의미하지는 않는다. 즉 해당 명령을 중심으로 잡되, 그 주위의 코드 역시 살펴봐야 한다는 말이다. 비정상적인 최적화는 함수 호출을 줄여 주는 매우 단순한 캐시보다 절대 효율적이지 못하다. 캐시를 추가하는 데는 몇 초 정도면 되므로 실험하기 쉽다. 반면에 수수께끼 같은 최적화를 적용하는 데는 며칠이 걸릴 수 있으며 기묘한 버그를 낳기도 한다. 캐시 적용의 효과가 있다면, 나중에 캐시 크기나 캐시 무효화 등을 조정하는 데 좀 더 시간을 보낼 수 있다.

인터넷에는 마이크로 최적화에 관해, 코드를 지저분하게 만들고 유지 보수에 많은 비용을 초래하는 잘못된 충고가 가득하다. 마이크로 최적화에 시간을 낭비하지 말고, 더 빠른 알고리즘과 데이터 구조를 사용하는 것이 좋다.

에필로그

이 책을 통해 파이썬으로 확장 가능한 분산 애플리케이션을 만드는 방법을 전체적으로 살펴봤다. 지금까지 본 것처럼 이 과정에는 작업 분산을 위한 큐 기반 시스템이나 일관된 해시 링 활용처럼 파이썬에만 국한되지 않는 아키텍처 결정이 많이 필요하다.

파이썬 자체만으로 모든 문제를 해결할 수는 없다. 앞으로의 애플리케이션은 캐싱이나 분산 환경에서 합의 문제를 해결할 수 있는 외부 시스템에 의존해야 한다. 이 중 일부 서비스는 별도의 책을 통해 설명해야 할 만큼 중요하다. 이 책에서는 짧게 요약하는 데 그쳤다. 해당 서비스를 깊이 이해하고 특징을 파악하는 것은 여러분에게 달려 있다.

몇 가지 약점이 있지만 파이썬은 대규모 애플리케이션에서 충분한 몫을 해낼 수 있다고 생각하며, 이 책이 그 사실을 분명히 드러냈기를 바란다. 이 길에는 빠지기 쉬운 함정도 많지만 지금까지 읽었던 많은 페이지 그리고 그 내용이 여러분을 올바른 방향으로 안내할 것이다.

파이썬 개발에 관한 팁과 일반적인 코딩 기술을 향상시키고 싶다면, 내 첫 책 『실전 파이썬 프로그래밍』도 읽어 보기 바란다.

이제 분산 및 확장 가능한 파이썬 애플리케이션 개발에 즐겁게 뛰어들어 보자. 즐거운 해킹을 하기를(Happy hacking)!

찾아보기